L'EMPIRE DES ANGES

Né en 1961 à Toulouse, Bernard Werber a publié sa première nouvelle dans un *fanzine* à l'âge de 14 ans. Après avoir été pendant dix ans journaliste scientifique dans les plus grands *news magazines* français, il se consacre à l'écriture romanesque.
Dès son premier livre, *Les Fourmis*, ce jeune écrivain s'est imposé comme un maître original d'un nouveau style de littérature, entre la saga d'aventures, le roman fantastique et le conte philosophique. *Le Jour des fourmis*, publié deux ans plus tard, traduit en vingt-deux langues, a obtenu le Grand Prix des lectrices de *Elle* et le Grand Prix des lecteurs du Livre de Poche 1995. *La Révolution des fourmis* est venu clore cette trilogie. Bernard Werber a même été mis au programme de certaines classes de français, philosophie et... mathématiques.
Il est également l'auteur des *Thanatonautes*, du *Livre du Voyage*, du *Père de nos pères*, et de *L'Ultime Secret*.

Paru dans Le Livre de Poche :

Les Fourmis :

1. Les Fourmis

2. Le Jour des fourmis

3. La Révolution des fourmis

Coffret les fourmis

Le Livre du Voyage

Le Père de nos pères

Les Thanatonautes

BERNARD WERBER

L'Empire des anges

ROMAN

ALBIN MICHEL

Pour Véronique

« Les trois voies de la sagesse sont :
L'humour,
Le paradoxe,
Le changement. »

Dan Millman,
champion du monde de trampoline.

1.

LES COULISSES DU PARADIS

1. JE MEURS

« Un jour, on meurt. »
Source : individu interrogé dans la rue au hasard d'un micro-trottoir.

Donc je meurs.

C'est arrivé vite et fort.

À l'improviste. Il y a eu un grand bruit. Je me suis retourné. J'ai vu l'avant d'un Boeing 747 (probablement égaré suite à une grève des aiguilleurs du ciel) qui surgissait dans ma baie vitrée, fracassait les murs, traversait mon salon, anéantissait mes meubles, pulvérisait mes bibelots, s'avançait vers moi dans sa course folle.

On a beau être aventurier, on a beau se sentir explorateur, pionnier des mondes nouveaux, on finit un jour par être confronté à des problèmes qui nous surpassent. En tout cas un avion qui défonce mon salon, c'est un problème qui me surpasse.

Tout s'est passé au ralenti. Dans un vacarme hallucinant, alors que le décor se désagrégeait en mille morceaux autour de moi, et que d'énormes volutes de poussière, de gravats s'élevaient, j'ai entrevu les visages des pilotes. Il y avait un grand maigre et un petit chauve. Ils étaient surpris. Ce devait être la première fois qu'ils amenaient des passagers directement dans des maisons. Le grand maigre avait le visage révulsé d'horreur alors que l'autre donnait tous les signes d'une grande panique. Je ne les entendais pas bien à cause du grondement, mais celui qui avait la bouche ouverte devait hurler fort.

J'ai reculé, mais un avion en plein élan, un Boeing 747 qui plus est, ça ne s'arrête pas d'un coup. Geste dérisoire, j'ai mis mes mains devant mon visage, j'ai fait une grimace de contrition et j'ai fermé fort les yeux. J'espérais encore à cet instant que cette irruption ne soit qu'un cauchemar.

Là, j'ai attendu. Pas longtemps. Peut-être un dixième de seconde, mais il m'a paru très long. Puis il y a eu le choc. Une immense gifle m'a poussé, puis plaqué contre le mur avant de me broyer. Après, tout est devenu silencieux et sombre. C'est le genre de choses qui surprend toujours. Pas seulement les erreurs d'aiguillages aériens des Boeing, mais aussi sa propre fin.

Je ne veux pas mourir aujourd'hui. Je suis encore trop jeune.

Plus d'images, plus de sons, plus de sensations externes. Tsss... Mauvais signes... Le système nerveux dispose d'encore un peu de jus. Mon corps est peut-être « récupérable ». Avec de la chance, des secours arriveront à temps, feront redémarrer le cœur, colmateront par-ci par-là les membres cassés. Je resterai longtemps au lit et tout redeviendra progressivement comme avant. Mon entourage dira que c'est un miracle que je m'en sois sorti.

Allez, j'attends les secours. Ils vont venir. Mais qu'est-ce qu'ils fabriquent ? J'y suis. À cette heure-ci il doit y avoir des embouteillages partout.

Je sais qu'il ne faut pas se laisser aller. La mort c'est un laisser-aller de trop. Il faut faire marcher mon cerveau. Il faut penser. Penser à quoi ?

Tiens, à une chanson de mon enfance.

« Il était un petit navire,
Il était un petit navire,

Qui n'avait ja-ja-jamais navigué,
Qui n'avait ja-ja-jamais navigué... »

C'est quoi après, les paroles ?

Zut, la mémoire se met en grève elle aussi. Fermeture de la bibliothèque.

Mon cerveau s'est arrêté, je le sens bien, mais je... je continue de penser. Descartes avait tort. On peut « ne plus être » et « penser encore ». Je fais même plus que penser, j'ai une parfaite conscience de ce qu'il se passe. De tout ce qu'il se passe. Je n'ai jamais été aussi conscient.

Je sens qu'il va survenir quelque chose d'important. J'attends. Ça y est. J'ai l'impression... J'ai l'impression que... quelque chose sort de moi ! Une vapeur se dégage. Une vapeur qui prend la forme de mon enveloppe de chair. Comme un décalque transparent de moi !

Est-ce cela mon « âme » ? Cet « autre moi » diaphane se détache lentement de mon corps par le haut de mon crâne. J'ai peur et je suis excité en même temps. Puis je bascule.

L'« autre moi » observe mon ancien corps. Il y a des petits morceaux partout. Bon, il faut se faire une raison, à moins de trouver un très bon chirurgien passionné de puzzles... il n'est plus récupérable.

Bon sang, quelle sensation ! Je vole. Je monte.

Un fil d'argent me relie encore à mon ancienne chair, comme un cordon ombilical. Je poursuis mon vol et ce film argenté s'étire.

« Il était un petit navire
Qui n'avait ja-ja-jamais navigué. »

C'est moi, le petit navire. Mon corps flotte. Je vole. Je m'éloigne de mon ancien moi. Je distingue un peu mieux le Boeing 747. L'avion est ratatiné. J'ai une vue d'ensemble sur mon ancien immeuble. Il ressemble à un mille-feuille : les étages se sont écroulés les uns sur les autres.

Je plane au-dessus des toits. Je suis dans le ciel.

Mais qu'est-ce que je fais là ?

« Je suis professeur à la faculté d'anthropologie de Paris et je crois pouvoir répondre à votre question. On peut dire que la civilisation humaine est apparue dès que certains primates ont commencé à ne plus jeter leurs défunts aux ordures et à les couvrir au contraire de coquillages et de fleurs. Les premières sépultures ornementées ont été découvertes à proximité de la mer Morte. Elles ont été datées au Carbone 14 à 120 000 ans. Cela signifie que, en ces temps reculés, des gens croyaient qu'à la mort succédait un phénomène "magique". On peut remarquer aussi qu'est apparu simultanément l'art non figuratif afin de tenter de décrire cette "magie".

Plus tard, les premières œuvres fantastiques ont été celles d'artistes s'efforçant d'imaginer "l'après-mort". Probablement d'ailleurs pour tenter de se rassurer eux-mêmes... »

Source : individu interrogé dans la rue au hasard d'un micro-trottoir.

Quelque chose m'attire là-haut. Une fabuleuse lumière. Maintenant je vais enfin savoir. Qu'y a-t-il après la vie ? Qu'y a-t-il au-dessus du monde visible ?

Vol au-dessus de ma ville.

Vol au-dessus de ma planète.

Je sors de la zone terrestre. Mon cordon d'argent s'étire davantage encore puis finit par céder.

Maintenant plus aucun demi-tour n'est possible. C'en est vraiment fini de ma vie dans la peau de Michael Pinson, charmant monsieur au demeurant, mais qui a eu le tort de mourir.

Au moment où je quitte la « vie », je me rends compte que j'ai toujours considéré la mort comme quelque chose qui n'arrive qu'aux autres. Une légende. En tout cas une épreuve qui aurait pu m'être épargnée.

On meurt tous un jour. Et pour moi ce jour c'est aujourd'hui.

« Je crois qu'après la mort, il n'y a rien. Rien de rien. Je crois qu'on atteint l'immortalité en faisant des enfants, qui eux-mêmes engendreront d'autres enfants, et ainsi de suite... Ce sont eux qui transmettent dans le temps notre petit flambeau. »

Source : individu interrogé dans la rue au hasard d'un micro-trottoir.

2. LE GRAND SAUT

Je sais que je n'ai plus le choix. La Terre n'est plus qu'une poussière au loin. Les fragments de mon ancien corps abandonné là-bas ont été maintenant retrouvés par les pompiers.

Étonnant, il me semble entendre leurs voix. « Quel accident ! Un avion qui percute un immeuble ça n'arrive pas tous les jours. Comment va-t-on faire pour retrouver les corps dans ce magma de béton ? »

Bon, ce n'est plus mon problème.

Mais la fabuleuse lumière m'aspire. Je me dirige vers le centre de ma galaxie. Enfin, je le vois. Le continent des morts est le trou noir situé au milieu de la Voie lactée.

Il ressemble à une bonde de lavabo, un vortex qui fait tout tourbillonner en spirale autour de lui. Je m'approche. On croirait une fleur palpitante, une gigantesque orchidée formée de poudre de lumière tournoyante.

Ce trou noir aspire tout : les systèmes solaires, les étoiles, les planètes, les météorites. Et il m'emporte aussi.

Je me souviens des cartes du continent des morts. Les Sept Ciels. J'accoste au... Premier Ciel. C'est un territoire conique bleu. On y pénètre à travers une écume d'étoiles.

« Chaque année des millions d'êtres humains naissent sur Terre. Ils transforment des tonnes de viandes, de fruits et de légumes en tonnes d'excréments. Ils s'agitent, ils se reproduisent puis ils meurent. Ça n'a rien d'extraordinaire mais là réside le sens de notre existence : Naître. Manger. S'agiter. Se reproduire. Crever.

Entre-temps on a l'impression d'être important parce qu'on fait du bruit avec notre bouche, des mouvements avec nos jambes et nos bras. Moi je dis : nous sommes peu de chose et nous sommes amenés à devenir pourriture puis poussière. »

Source : individu interrogé dans la rue au hasard d'un micro-trottoir.

Au seuil du continent des morts, je distingue maintenant des présences. À côté de moi, d'autres morts, telle une migration complète de papillons monarques, foncent vers la lumière.

Des victimes de la route. Des condamnés à mort exécutés. Des prisonniers torturés. Des malades incurables. Un passant malchanceux qui a reçu un pot de fleurs sur la tête. Un randonneur mal informé qui a confondu une vipère et une couleuvre. Un bricoleur qui s'est éraflé avec un clou rouillé sans être vacciné contre le tétanos.

Certains ont cherché les problèmes. Pilotes amateurs

de brouillard ignorant tout du vol aux instruments. Skieurs hors piste qui n'ont pas vu la crevasse. Parachutistes dont la toile s'est transformée en torche. Dresseurs de fauves pas assez attentifs. Motards qui se figuraient avoir le temps de doubler le camion.

Ce sont les défunts du jour. Je les salue.

Plus près, m'effleurant presque, je reconnais des silhouettes beaucoup plus familières. Rose, ma femme ! Amandine, mon ancienne maîtresse !

Je me souviens.

Elles étaient dans la pièce d'à côté au moment où le Boeing 747 s'est abattu sur notre immeuble des Buttes-Chaumont. Et c'est avec elles que j'ai connu la grande aventure des « thanatonautes ».

Thanatonautes, de *thanatos* : la mort, et *nautês* : navigateur.

Le terme avait été forgé par mon ami Raoul Razorbak. Une fois que nous avons eu le mot, nous avons eu la science. Et une fois que nous avons eu la science, nous avons eu les pionniers. Nous avons bâti des thanatodromes, nous avons lancé la thanatonautique.

Repousser la « *Terra incognita* de l'après-vie », tel était notre objectif. Nous l'avons atteint. Nous avons soulevé le rideau du dernier grand mystère, celui de la signification de la mort des humains. Toutes les religions l'avaient évoqué, toutes les mythologies l'avaient décrit en métaphores plus ou moins précises, nous étions les premiers à en parler comme de la découverte d'un continent « normal ».

Nous redoutions de ne pas pouvoir mener notre aventure à son terme. Que ce Boeing 747 se soit comme par hasard abattu sur notre immeuble est la preuve que nous avons fini par gêner en « haut lieu ».

Et là je revois ce que nous avons découvert... mais en aller simple. Car, nos cordons étant brisés, je sais bien que cette fois-ci tout retour dans nos peaux anciennes est inconcevable. Nous nous enfonçons dans le cône du vortex qui va en se rétrécissant. Nous traversons jusqu'au bout ce premier territoire et nous parvenons à un mur en forme de membrane molle et opaque. Comme Mach 1 avait été le premier mur du son, nous avions autrefois, mes amis et moi, appelé Moch 1 le premier mur de la mort. Aujourd'hui, ensemble, nous le franchissons.

J'hésite à passer. Les autres y vont franchement. Tant pis. J'y vais aussi. Nous débouchons alors sur...

« Un scandale. C'est un scandale. Je suis infirmière dans un service de soins palliatifs. À force d'accompagner des gens dans leur agonie, je me suis fabriqué ma propre idée là-dessus. Et je trouve que c'est scandaleux. Je crois qu'on est en train de faire comme si la mort n'existait pas. Les petits-enfants voient un jour une ambulance venir chercher le grand-père pour le conduire à l'hôpital. On ne le voit plus pendant quelques semaines et puis, un beau matin, un coup de téléphone annonce qu'il est mort. Résultat : les nouvelles générations ne voient pas ce qu'est vraiment la mort. Et lorsque ces petits-enfants deviennent adultes, puis vieillards et sont confrontés à leur propre mort, ils paniquent. Non seulement parce que c'est de leur disparition qu'il s'agit, mais parce qu'ils se trouvent confrontés à une inconnue totale. Si je dois donner un conseil aux petits-enfants, c'est : N'ayez pas peur, allez voir vos grands-parents à l'hôpital ! Vous recevrez là-bas la plus grande leçon de... vie. »

Source : individu interrogé dans la rue au hasard d'un micro-trottoir.

Je franchis le premier mur et débouche sur... le Deuxième Ciel. Le territoire noir de toutes les peurs.

Elles se matérialisent sous forme d'horreurs issues du tréfonds de mon imagination. Ténèbres. Frissons.

Monstres facétieux et démons modernes m'y accueillent.

Sur neuf corniches de plus en plus escarpées, j'affronte mes cauchemars les plus hideux. Mais la lumière centrale est toujours présente et continue à me guider droit devant.

J'affronte toutes mes frayeurs de face, dans une semi-pénombre. Puis je parviens à nouveau à une porte, membrane opaque. Moch 2. Je la franchis et débouche sur...

« Je suis veuve et j'ai suivi mon mari jusqu'à ses derniers jours. Cela s'est passé en cinq phases. Au début, il refusait de mourir. Il exigeait que notre existence continue tout comme avant et il parlait de son retour à la maison après sa guérison. Ensuite, quand les médecins lui ont dit qu'il était condamné, il est entré dans une grande colère. On aurait dit qu'il lui fallait un coupable. Il a accusé le médecin qui s'occupait de lui d'être un incapable. Il m'a accusée de l'avoir placé dans un mauvais hôpital. Il m'a accusée d'en vouloir à son argent et de l'avoir fait exprès pour toucher l'héritage au plus vite. Il reprochait à tout le monde de l'abandonner et de ne pas venir le voir assez souvent. Il faut dire qu'il était tellement désagréable que même les enfants traînaient les pieds. Et puis, il s'est calmé et est entré dans une troisième phase qu'on pourrait qualifier de "phase du marchand de tapis". C'était comme s'il marchandait : bon, je suis condamné mais je voudrais bien tenir jusqu'à mon prochain anniversaire ou, en tout cas, j'aimerais bien tenir jusqu'au prochain Mondial de football. Que je voie la demi-finale. Ou tout au moins les quarts de finale.

Quand il a compris que c'était vraiment fichu, il a fait une dépression. Ça a été terrible. Il ne voulait plus parler, il ne voulait plus manger. C'était comme si sou-

dain il avait renoncé à tout. Il ne se battait plus, il avait perdu toute énergie. Il ressemblait à un boxeur sonné qui a abandonné sa garde et qui s'affale dans les cordes en attendant le coup de grâce.

Enfin, il est entré dans la cinquième phase : l'acceptation. Il a retrouvé le sourire. Il a réclamé un baladeur pour écouter ses musiques favorites. Il aimait tout particulièrement les Doors, ça lui rappelait sa jeunesse. Il est mort presque souriant, casque sur la tête, en écoutant : Here is the end. *»*

Source : individu interrogé dans la rue au hasard d'un micro-trottoir.

... le monde rouge de mes fantasmes après le monde bleu de l'entrée et le monde noir de la peur. Y sont matérialisés mes désirs les plus fripons.

Je suis au Troisième Ciel. Sensation de plaisir, de feu, de chaleur humide. Volupté. Confrontation avec mes fantasmes sexuels les plus extravagants, mes appétits les plus refoulés. Je m'y embourbe un peu. Des scènes particulièrement excitantes se projettent dans mon esprit. Les actrices les plus sexy et les top-models les plus aguicheurs m'implorent de les enlacer.

Ma femme et mon ex-maîtresse affrontent de leur côté de beaux éphèbes.

J'ai envie de rester ici mais je me reconcentre sur la lumière centrale comme un plongeur sous-marin soucieux de ne pas s'éloigner de sa corde. Je franchis ainsi Moch 3.

« La mort, on voudrait que ça n'existe pas. Mais en fait, heureusement qu'elle existe, si vous voulez mon avis. Car la pire chose qui puisse nous arriver serait d'être éternels. Qu'est-ce qu'on s'ennuierait, vous ne croyez pas ? »

Source : individu interrogé dans la rue au hasard d'un micro-trottoir.

Quatrième Ciel : le territoire orange. Le territoire où l'on subit la douleur du temps qui passe. Vision d'une file de défunts s'étendant à l'infini par-delà l'horizon, à peine plus agitée qu'une queue à l'entrée d'un cinéma.

À en croire leurs vêtements, certains semblent patienter là depuis des siècles. À moins que ce ne soit tous les figurants d'un film-catastrophe, victimes d'un accident de tournage, il est évident que piétinent ici des morts très anciens.

Ils attendent.

Ce territoire orange, c'est sans doute le lieu que la religion chrétienne nomme le « Purgatoire ». Je sens que nous devrions aussi nous placer en bout de queue et attendre. Cependant sur Terre, déjà, j'avais pour très mauvaise habitude de ne jamais respecter les files d'attente et de doubler tout le monde. Ce comportement m'a d'ailleurs valu des disputes mémorables, voire des pugilats. N'empêche, nous doublons. Même si certains protestent en criant que nous n'en avons pas le droit, personne ne nous arrête.

En remontant la foule, je remonte l'histoire et découvre les héros de batailles homériques apprises dans mes livres de classe, des philosophes grecs, des rois de pays depuis longtemps effacés de la carte.

J'aimerais bien demander des autographes mais l'endroit ne s'y prête guère.

Rose, Amandine et moi survolons les morts. Ils forment comme un vaste fleuve s'écoulant vers la lumière (le Styx ?). L'entrée du territoire orange en constitue la source et plus on avance, plus la file des défunts se rétrécit jusqu'à devenir ruisseau. Au fond : nouveau mur opaque. Nous traversons Moch 4.

« La mort, je n'y pense jamais. Rien que d'y songer, j'ai peur que ça l'attire. Je vis, je vis, ensuite advienne que pourra, on verra bien. »

Source : individu interrogé dans la rue au hasard d'un micro-trottoir.

Nous voici au Cinquième Ciel. Le territoire jaune. Le monde du Savoir. Là où sont révélés les grands secrets de l'humanité. Je grappille au passage quelques informations précieuses que je ne pourrai malheureusement pas transmettre à mes congénères encore vivants.

Sensation de grande sagesse. Des voix ténues m'expliquent des choses que je n'avais jamais bien comprises. Une à une, j'entends les réponses aux questions que j'ai étourdiment posées durant ma dernière vie.

La file des morts rétrécit.

Beaucoup de trépassés s'attardent, fascinés par ces réponses aux questions qui les ont toujours tracassés. Le ruisseau devient ruisselet. Je m'efforce de ne pas me laisser impressionner par toutes ces friandises pour l'esprit. Je m'accroche à la lumière. Je sors de Moch 5 et je débouche sur...

« L'étonnement.

Oui, je dirais un étonnement partagé. Je suis libéré depuis peu pour bonne conduite après avoir purgé une peine incompressible de trente ans de prison. Je peux donc parler maintenant en toute impunité. J'ai tué quatorze personnes. Quand je tuais, j'étais surpris de voir les gens stupéfaits, voire révoltés, lorsque je leur annonçais que j'allais mettre un terme à leur vie. On aurait dit qu'ils se figuraient que leur vie leur appartenait, comme leur voiture, leur chien, leur maison. »

Source : individu interrogé dans la rue au hasard d'un micro-trottoir.

... le Sixième Ciel. Le territoire vert. J'y découvre la Beauté. Vision de rêves, sensation de couleurs et d'harmonie. Je me sens laid et balourd. De nombreux défunts du fleuve des morts s'agglutinent d'ailleurs ici, fascinés par la vision de la Beauté.

Rose, ma femme, me tire par le bras. Il faut continuer sans nous laisser ensorceler par le spectacle.

Nous avançons. Nous sommes de moins en moins nombreux.

Et je franchis Moch 6 pour déboucher sur... le Septième Ciel, le territoire blanc.

Ici semble aboutir la migration des morts. La lumière provient d'une chaîne de montagnes. La plus haute émet la plus intense lueur. Je me dirige vers cette cime. Un sentier conduit au plateau du Jugement.

Au centre, le long fleuve des morts n'est plus qu'une rigole. Ça avance au compte-gouttes. Chaque âme attend que celle qui la précède soit appelée au guichet pour bouger d'un pas et se placer derrière la ligne réservée à cet effet.

Rose, Amandine et moi, nous nous introduisons dans cette file d'attente.

Un personnage translucide vient nous chercher. Au premier coup d'œil, je sais de qui il s'agit. Le gardien des clefs. L'huissier du Paradis. Aussi nommé Anubis, le seigneur de la nécropole par les Égyptiens, Yama, dieu des Morts par les hindouistes, Charon le passeur du Styx par les Grecs, Mercure, le guide des âmes par les Romains et saint Pierre par les chrétiens.

— Suivez-moi...

Grand bonhomme barbu un peu hautain.

— D'accord.

Il sourit et hoche la tête. Super, quand je parle, il entend aussi. Il nous conduit tout droit au plateau du Jugement. Nous nous plaçons devant trois juges qui commencent par nous dévisager sans rien dire. J'entends quelque part saint Pierre égrener :

Nom : Pinson

Prénom : Michael

Nationalité : française

Cheveux dans la dernière vie : bruns

Yeux : bruns

Taille dans la dernière vie : 1,78 m

Signe particulier : néant

Point faible : manque de confiance en soi

Point fort : curiosité

Je sais qui sont ces trois juges. Eux aussi ont des noms divers dans toutes les mythologies : Zeus, Thémis, Thanatos pour les Grecs. Maat, Osiris, Thot pour les Égyptiens. Izanami, Izanagi, Omoigane pour les Japonais. Les trois archanges : Gabriel, Michel, Raphaël pour les chrétiens.

— Ton âme va être pesée, m'annonce le plus grand des trois, Gabriel.

Ainsi cet ectoplasme est bien mon âme...

— On n'a qu'à les juger tous les trois ensemble, ajoute le plus gros, Raphaël.

Leur jugement est expéditif. Les archanges nous accusent d'avoir dans notre quête thanatonautique révélé trop tôt et trop largement les mystères de l'au-delà, justement réservés aux seuls Grands Initiés. Nous n'avions pas le droit de dévoiler aux autres humains et le sens de la vie et le sens de la mort.

— Éperonnés par votre seule curiosité, vous avez découvert les Sept Ciels et informé le public de façon purement... gratuite et laïque !

— Nul ici ne vous a jamais donné l'autorisation de répandre ce genre d'informations secrètes.

— Si au moins vous les aviez dissimulées derrière des paraboles, des mythologies...

— Si au moins vous aviez mis pour condition à leur divulgation une initiation quelconque...

Les archanges évoquent tous les dégâts que risquaient d'occasionner nos informations hâtives sur les secrets du continent des morts.

— Les gens se suicideraient juste par curiosité pour « visiter » en touristes le Paradis !

— Heureusement nous sommes intervenus à temps pour étouffer dans l'œuf vos maladresses.

Les archanges ont cru qu'ils allaient devoir détruire tous les ouvrages sur les thanatonautes, toutes les librairies et les bibliothèques les recelant. Ils ont cru qu'il leur faudrait falsifier la mémoire collective des hommes afin d'en effacer les traces de nos égarements. Mais par chance, cela n'a pas été nécessaire. Le livre des thanatonautes n'a eu aucun retentissement. Les quelques lecteurs qui sont tombés dessus par hasard ont cru qu'il ne s'agissait que d'un récit de science-fiction comme tant d'autres. La sortie de notre ouvrage est passée inaperçue, noyée sous la marée des nouvelles parutions.

Car ainsi s'exerce dorénavant la nouvelle censure. Elle opère non par l'occultation, mais par l'excès. Les livres dérangeants sont étouffés sous la masse des livres insipides.

Du coup, les archanges n'ont pas eu à intervenir directement, mais ils ont été inquiets et nous devons payer pour cela. Un seul verdict possible : condamnés.

— À quoi ? interroge Amandine. À aller en Enfer ?

Les trois archanges la dévisagent avec condescendance.

— L'Enfer ? Désolé, ça n'existe pas. Il n'y a que le Paradis ou... la Terre. Ceux qui échouent sont condamnés à retourner se réincarner sur Terre.

— Ou alors, on peut dire que « l'Enfer c'est la Terre », remarque avec une pointe d'amusement l'archange Raphaël.

L'archange Gabriel rappelle :

— Les réincarnations, c'est comme le bac au lycée. Quand on échoue, on redouble. En ce qui vous concerne, là, vous êtes recalés. Donc, retour à la case départ pour une nouvelle session.

Je baisse la tête.

Rose ma femme, Amandine mon amie, et moi, tous nous pensons la même chose : « Encore une vie pour rien. »

Combien avant nous ont dû pousser le même soupir ?

Mais les autres défunts s'impatientent. On nous presse de laisser la place. Saint Pierre nous entraîne vers la montagne. Nous gagnons son sommet. La pointe projette la puissante lumière qui nous a guidés jusqu'au Jugement dernier.

Juste au-dessous, deux tunnels se présentent. Une entrée est cernée de pourtours ocre, l'autre de bleu marine. L'entrée ocre ramène à la Terre pour de nouvelles réincarnations, la bleue conduit au pays des anges. Il n'y a pas de panneaux indicateurs mais, comme pour tout, ici, l'explication s'inscrit directement dans notre esprit.

Avec un dernier petit signe d'adieu, saint Pierre nous laisse devant le tunnel ocre.

— À bientôt, après votre prochaine vie ! lâche-t-il, laconique.

Nous entreprenons d'avancer dans le couloir. À mi-chemin, nous nous heurtons à une membrane opaque semblable aux Moch qui ferment les Sept Ciels. Ce mur franchi, nous basculerons dans une nouvelle vie. Amandine me regarde, prête à y aller.

— Adieu les amis, tâchons de nous retrouver dans notre prochaine existence.

Discrètement, elle m'adresse un clin d'œil. Elle n'est pas parvenue à m'avoir pour compagnon permanent dans cette vie, elle compte bien y réussir dans la prochaine.

— En avant pour de nouvelles aventures, déclame-t-elle en se précipitant.

Rose se presse contre moi. À l'oreille, je lui murmure les mots de ralliement des thanatonautes lors des grandes guerres de colonisation du continent des morts :

— Toi et moi, ensemble contre les imbéciles.

Faute de corps à étreindre, nos deux ectoplasmes s'embrassent sur la bouche. Mes lèvres ne sentent rien, mais tout mon être s'émeut.

— Ensemble..., répète-t-elle en écho.

Nous nous retenons un instant par les mains. Par le bout des doigts. Nos index fusionnent, s'effleurent, et enfin se détachent.

Rose se détourne pour abréger ce pénible moment et, vite, se dirige vers sa nouvelle réincarnation.

Bon, à mon tour. Je m'engage d'un bon pas dans le couloir en me répétant qu'il faut absolument que, dans ma prochaine vie, je me souvienne d'avoir été un thanatonaute.

Je frémis de tout mon ectoplasme en m'avançant. Je vais enfin savoir ce qu'il y a derrière ce mur.

De l'autre côté de la mort, il y a...

« Une bonne prise ! Voilà ce qui compte. Une bonne prise et ne jamais oublier le talc sur les mains. Moi, je suis acrobate de cirque. Trapéziste sans filet. Avec une bonne prise, je sais que je ne risque rien. D'ailleurs, la mort je n'y pense jamais et je ne m'en porte que mieux. Je sais que lorsqu'on commence à regarder en bas, on risque la chute. Donc, la mort connais pas. Et, entre nous, je préférerais parler d'autre chose. Vous avez déjà assisté à mon numéro ? »

Source : individu interrogé dans la rue au hasard d'un micro-trottoir.

3. JUGEMENT EN APPEL

... un bras. Un bras attrape mon âme et m'immobilise net.

Un bonhomme transparent interrompt mon élan et me déclare, furibond, qu'il est inadmissible que mon procès ait eu lieu en son absence.

— Ce n'est pas la procédure correcte, tout est à recommencer.

Pour Amandine et Rose tout aurait dû aussi se passer autrement mais, malheureusement pour elles, c'est trop tard. Elles sont déjà trop loin dans le couloir. Moi, en revanche, je suis encore passible d'une révision.

Mon interlocuteur est un petit barbu au regard fiévreux mal dissimulé par des besicles. Il me tire, me pousse, insiste. Il dit qu'il est mon « ange gardien ».

Ainsi donc j'avais un ange gardien ? Quelqu'un qui surveillait ce que je faisais ? M'aidait peut-être... Cette information me rassure et m'étonne en même temps. Je n'étais donc pas seul. Toute ma vie quelqu'un m'a accompagné. Je le regarde plus attentivement.

Cette silhouette frêle, cette barbiche, ces lunettes du dix-neuvième siècle... Il me semble l'avoir déjà vu quelque part.

Le bonhomme se présente : Émile Zola.

— Monsieur Émile Zola, l'auteur de *Germinal* ?

— Votre serviteur, monsieur. Mais l'heure n'est pas aux ronds de jambe. Le temps presse. Dépêchons-nous.

Il m'affirme suivre ma vie depuis son début et m'assure que je ne dois pas me laisser faire maintenant.

— L'intrigue... euh, le karma était bon. La chute est ratée. Par-dessus le marché, la bonne procédure du jugement des âmes n'a pas été respectée. Ce procès est inique. Injuste. Anti-social.

Émile Zola m'explique qu'aux termes des lois en vigueur au Paradis, mon ange gardien aurait dû être présent à mes côtés lors de la pesée de mon âme afin de pouvoir, le cas échéant, me servir d'avocat.

Il me tire hors du tunnel et me pousse vers le plateau où trônent toujours les trois archanges. Devant le tribunal, il bouscule tout le monde, exige qu'on recommence tout. Il menace d'ébruiter l'affaire. Promet que son intervention fera jurisprudence. Il en appelle à toutes les règles de vie du Paradis. Il tempête :

— J'accuse les archanges d'avoir falsifié la pesée de l'âme de mon client. J'accuse les archanges d'avoir bâclé un procès qui les embarrassait. J'accuse enfin cette cour céleste de n'avoir eu pour seul objectif que d'expédier au plus vite une âme dont le seul péché est d'avoir eu de la curiosité !

Visiblement, les trois archanges ne s'attendaient pas à ce coup de théâtre. Ça ne doit pas être tous les jours que quelqu'un se permet de contester une de leurs sentences.

— Monsieur Zola, je vous en prie. Veuillez accepter le verdict du tribunal céleste.

— Il n'en est pas question, monsieur l'archange Gabriel. Je dis et je répète qu'à force de ne considérer que les seuls agissements des thanatonautes, les magistrats ont omis de se pencher comme ils le devaient sur la vie de mon client et sur ses actes au quotidien. Or, c'est par là qu'il convenait et convient de commencer. J'insiste, Michael Pinson a connu une vie exemplaire. Bon mari, bon père de famille, bon citoyen, ami remarquable, ses proches savaient pouvoir compter sur lui. Toute son existence, il l'a menée avec justesse et droiture. Il a multiplié les gestes de générosité pure et, en récompense, voilà qu'on le condamne à redescendre souffrir sur Terre. Je ne permettrai pas qu'on brûle son âme avec une telle désinvolture.

Après un moment de silence, Raphaël intervient :

— Euh... Qu'en pensez-vous, monsieur Pinson ? Après tout, vous êtes le principal intéressé, il me semble. Alors, désirez-vous repasser devant notre tribunal ?

Maintenant que tous ceux que j'aime, Rose, Amandine, Raoul, Freddy, ne sont plus à mes côtés, je me sens démotivé. Je dois reconnaître cependant que l'ardeur d'Émile Zola est plus que communicative et je me dis que si Dreyfus ne l'avait pas eu pour défenseur, sans doute son cas n'aurait-il jamais été révisé.

— Je veux être... rejugé.

Émile Zola rayonne.

Mine bougonne des juges.

— Bon, ça va, ça va, on va procéder à un nouveau pesage d'âme, concède l'archange Michel.

« Depuis la mort de ma mère, j'ai l'impression que ma vie n'a plus de sens. Je suis là, d'accord, mais je ne vis que dans son souvenir. Elle était tout pour moi. À présent je suis perdu. »

Source : individu interrogé dans la rue au hasard d'un micro-trottoir.

Mon procès peut enfin avoir lieu dans les formes. Les trois archanges m'exposent ma vie passée et m'aident à commenter ce que j'ai fait de bien et de mal. Pour juger mes actions, les critères sont l'évolution, l'empathie, l'attention, la volonté de bien faire. Ma vie défile en une mosaïque d'instants fugaces, comme une vidéo, avec des accélérations sur certains passages et des ralentis sur d'autres. Par moments, il y a des arrêts sur image pour me permettre de mieux me rendre compte de ce qui s'est alors passé.

Enfin je jette un regard lucide et distancié sur ce que j'ai accompli en tant que Michael Pinson. Avant qu'on me juge, je me juge. Drôle de sensation. Ainsi c'était cela, ma vie ? Ce qui me frappe d'abord, c'est tout ce temps que j'ai gaspillé. J'avais peur. Je constate que j'ai toujours été retenu par la peur de l'inconnu.

Pour un être dont la principale qualité était la curiosité, c'est un comble et un paradoxe.

Que d'élans cette peur a contenus ! Cette intense curiosité m'a aussi permis de couper court à bien des routines, de refuser les scléroses en tout genre. Ç'aurait pu être pire.

Me revoyant, je me souviens encore de ma tendance « ermite ». Combien de fois ai-je souhaité être seul, tranquille, loin de mes congénères, sur quelque île déserte ou dans un chalet perché sur une montagne...

Ma vie m'apparaît comme une œuvre d'art et les archanges, qui en sont les critiques zélés, m'expliquent comment j'aurais pu encore l'améliorer et en quoi elle était unique. Ils n'hésitent pas à me féliciter pour certains de mes actes les plus méritoires.

D'autres moments de ma vie sont moins glorieux. De petites lâchetés pour la plupart. Généralement au nom de ma sempiternelle tranquillité.

Chacun de mes actes est longuement discuté. Mon avocat fait feu de tout bois.

L'archange Michel comptabilise mes bons et mes mauvais points. J'ai entendu dire qu'il m'en faut 600 pour être libéré du devoir de réincarnation. Le calcul est très précis : chaque petit mensonge, chaque élan du cœur, chaque renoncement, chaque initiative vaut son lot de bons ou de mauvais points. Au final, l'archange Michel annonce le score : 597 sur 600.

Raté. De très peu mais raté quand même.

Mon avocat bondit.

— J'accuse ces chiffres d'être truqués et je réclame qu'il soit procédé à un nouveau comptage. Reprenons tous les faits, un par un. J'accuse...

Derrière nous, j'entends les soupirs d'impatience de toutes ces âmes qui attendent leur tour pour être pesées. L'archange Gabriel, qui visiblement n'en peut plus de tous les « J'accuse » à répétition de mon ange gardien, jette l'éponge : les archanges n'ont alors besoin que d'une seconde pour se concerter tant ils ont hâte à présent de se débarrasser de nous. Nouveau verdict :

— Bon, très bien, ça suffit comme ça, vous avez gagné. On arrondit à 600. Vous êtes libéré du cycle des réincarnations. Vous pouvez dire que vous avez de la chance d'être tombé sur un ange gardien-avocat aussi tenace, dit saint Michel.

Émile Zola applaudit, enchanté.

— La vérité finit toujours par triompher.

Les archanges m'annoncent qu'avec mes 600 points je suis désormais un 6.

— Et c'est quoi un 6 ?

— Un être de niveau de conscience 6. Cela te permet, si tu le souhaites, de te libérer définitivement de la prison de la chair.

J'ai donc le choix. Revenir sur Terre pour y être réincarné en Grand Initié chargé de faire évoluer les humains en vivant au milieu d'eux, en ce cas je ne conserverais qu'un vague souvenir de mon passage au Paradis. L'autre solution est de devenir un ange.

— Et c'est quoi un « ange » ?

— Un être de lumière ayant en charge trois âmes humaines. Un ange a pour tâche de réussir à en faire évoluer au moins une afin qu'elle aussi sorte du cycle des réincarnations. Comme Émile Zola est parvenu à le faire pour toi.

Je réfléchis un moment. Les deux solutions sont tentantes.

— Dépêche-toi, il y a encore un tas de clients derrière toi, grommelle l'archange Gabriel. Alors, ton choix ?

« La mort ? Rien à craindre. Je sais que je suis doté d'un ange gardien qui me protège de tous les dangers. Une fois, alors que je traversais la rue, j'ai eu l'intuition qu'il fallait absolument que je fasse un pas en

arrière. Croyez-le ou pas, à peine ai-je reculé qu'une moto que je n'avais pas pu voir m'a frôlé de près. Je suis sûr que c'est mon ange gardien qui m'a prévenu. »

Source : individu interrogé dans la rue au hasard d'un micro-trottoir.

4. ANGE

— Je choisis d'être un ange.

— C'est un bon choix, tu ne le regretteras pas, me certifie Émile Zola.

Les archanges nous pressent de laisser la place aux suivants. Mon ange gardien m'entraîne vers l'entrée du deuxième tunnel dans la montagne. Des parois émane une clarté bleu marine comme un diamant éclairé de l'intérieur.

Émile Zola me laisse face à cette grande caverne illuminée non sans me serrer la main pour me féliciter une dernière fois. J'avance dans le tunnel. Une membrane bouche le chemin. Je la soulève comme une tenture de théâtre. De l'autre côté, il y a un personnage nonchalant qui se tient très droit au milieu du couloir.

— Bienvenue parmi les anges, je suis votre ange instructeur.

— Ange instructeur ? C'est quoi ça encore ?

— Après l'ange gardien, l'ange instructeur prend le relais de la formation de l'âme, m'annonce-t-il, comme si cela allait de soi.

Je le considère.

Il ressemble à Kafka. Oreilles hautes et longues. Yeux en amande. Visage triangulaire de renard. Le regard est fiévreux.

— Mon nom est Wells.

— Wells ? LE Wells ?

Il étire un sourire.

— Non, non. Je suis Edmond Wells, rien à voir avec H.G. Wells ou Orson Welles, mes homonymes, si c'est eux que vous aviez en tête... N'empêche, j'aime bien mon nom. Vous connaissez sa signification en anglais ? « Puits. » Voyez en moi celui dans lequel vous pouvez « puiser » à volonté. Et puisque nous sommes appelés à passer du temps ensemble, tutoyons-nous.

— Moi, c'est Pinson, Michael Pinson. Rien à voir avec l'oiseau.

Il me donne sur l'épaule une bonne tape que je ne ressens pas.

— Enchanté, ange Michael.

Cela me fait drôle d'entendre le mot ange apposé devant mon prénom comme une sorte de « docteur » ou « maître ».

— Vous étiez qui, sinon, dans le « civil » ? lui dis-je.

— Dans ma dernière vie, avant de sortir du cycle des réincarnations ? Eh bien, un peu comme toi, disons que j'ai été un explorateur dans mon genre. Mais moi, ce n'était pas « l'infiniment dessus » qui m'intéressait mais plutôt « l'infiniment dessous »... Le sous-terre.

— Le sous-terre ?

— Oui, la vie cachée sous la peau de la planète. Les vrais petits lutins de la forêt.

Côte à côte nous avançons dans le tunnel qui n'en finit pas de traverser la montagne. Soudain, je m'arrête.

— Edmond Wells. Edmond Wells...

Je répète ce nom, songeur. Je l'ai déjà lu dans un journal. Je cherche jusqu'à ce que le souvenir me revienne. Ça y est :

— Vous n'avez pas été impliqué dans une affaire d'assassinats de fabricants d'insecticides ?

— Tu brûles.

« Les vrais petits lutins de la forêt »... Je plisse le front.

— C'est vous qui avez fabriqué une machine à communiquer avec les fourmis !

— J'avais baptisé cet engin « La pierre de Rosette » car elle servait de truchement entre les deux civilisations les plus sophistiquées de la planète, deux civilisations cependant incapables de se comprendre et de s'estimer : les hommes et les fourmis.

Il semble ressentir une certaine nostalgie pour son invention puis se reprend :

— Je t'apprendrai ton « métier » d'ange avec ses devoirs, ses méthodes et ses pouvoirs. Mais surtout, ne l'oublie jamais, être ici constitue déjà en soi UN IMMENSE PRIVILÈGE.

Il martèle :

— COMPRENDS-TU AU MOINS QUE NE PLUS RENAÎTRE EST LE PLUS BEAU CADEAU QU'UN HUMAIN PUISSE ESPÉRER ?

Je commence à me faire à l'idée que je suis libéré du cycle des réincarnations.

— Et qu'allez-vous m'apprendre, Monsieur Wells ?

5. ENCYCLOPÉDIE

LE SENS DE LA VIE : « Le but de tout est d'évoluer. »
Au commencement était...
Le zéro : Le vide.
Ce vide a évolué pour devenir de la matière. Et cela a donné...
Un : Le minéral.
Puis ce minéral a évolué pour devenir vivant. Et cela a donné...

Deux : Le végétal.

Puis le végétal a évolué pour devenir mobile. Et cela a donné...

Trois : L'animal.

Puis l'animal a évolué pour acquérir de la conscience. Et cela a donné...

Quatre : L'homme.

Puis l'homme a évolué pour que sa conscience lui permette d'accéder à la sagesse. Et cela a donné...

Cinq : L'homme spirituel.

Puis l'homme spirituel a évolué pour n'être que pur esprit libéré de la matière. Et cela a donné...

Six : L'ange.

Edmond Wells,
***Encyclopédie du Savoir Relatif et Absolu*, tome IV.**

6. EDMOND WELLS

— Donc je suis un 6 ?

— Donc tu es un « ange », rectifie Edmond Wells.

— Je m'étais toujours figuré les anges avec une auréole sur la tête et de petites ailes dans le dos.

— Cette image toute faite a des origines anciennes. L'auréole est une déclinaison de la plaque de métal dont les Romains entouraient les statues des saints chrétiens afin de les protéger des fientes des oiseaux. Quant aux petites ailes dans le dos, elles remontent à une tradition mésopotamienne qui signalait par ses appendices dorsaux tout ce qui était considéré comme relevant du monde supérieur. Il y avait ainsi des chevaux, des taureaux, des lions ailés...

— Qu'est-ce que cela change d'être un ange ?

Je regarde ma main. Un halo irisé que je n'avais

pas encore remarqué cerne mon corps d'une lueur bleu marine.

— Les modifications physiques ne sont pas ce qu'il y a de plus important, reprend Edmond Wells, ce nouvel état modifie d'abord ton regard sur les êtres et les choses.

Edmond Wells m'explique un peu mieux ce que sera mon nouveau métier. Trois âmes incarnées dans des humains me seront confiées. À moi de me débrouiller pour que l'une au moins évolue jusqu'aux 600 points, devienne un « 6 » et sorte ainsi du cycle des réincarnations. Mon travail consistera à suivre, aider et accompagner ces trois vies de terriens. À leur décès, je serai là pour leur servir d'avocat lors de la pesée devant les trois archanges.

— Comme Émile Zola l'a fait pour moi tout à l'heure ?

Edmond Wells approuve.

— Grâce à cette réussite, Émile Zola a pu passer au niveau supérieur d'évolution des anges.

Je comprends maintenant pourquoi Émile Zola s'est montré aussi opiniâtre face à mes juges et s'en est allé ensuite plein d'enthousiasme.

— Quel est ce « niveau supérieur d'évolution des anges » ?

Mon mentor me signale qu'à chaque étape franchie, je recevrai les connaissances correspondantes. À moi de réussir d'abord ma carrière d'ange si je veux être initié à un monde supérieur.

Tout en devisant, nous avons atteint le bout du tunnel. Le pourtour de sa sortie irradie du même éclat de diamant bleu marine que son entrée. Devant nous s'étend « le pays des anges ».

« Les anges ? Non, désolé, je n'y crois pas. Ce n'est qu'affaire de mode, tout ça. Par moments, la mode est aux anges, à d'autres elle est aux extraterrestres. Ça

donne à réfléchir aux gens désœuvrés et superstitieux. Pendant ce temps-là, ils oublient le chômage et la crise économique. »

Source : individu interrogé dans la rue au hasard d'un micro-trottoir.

7. LE PAYS DES ANGES

Je contemple l'immense panorama qui s'offre à mon regard.

— Tu n'es pas obligé de marcher au sol, m'indique Edmond Wells. Plus de gravité ici, nous sommes libérés des contingences de la matière. Tu peux te déplacer où tu veux, comme tu veux, dans l'espace.

N'était le sol translucide un peu laiteux, on pourrait se croire au milieu d'un territoire humain « normal ».

Edmond Wells m'indique quelques repères.

— À l'ouest la plaine où les anges se promènent lorsqu'ils veulent discuter entre eux. Au nord les montagnes abruptes avec leurs cavernes troglodytiques pour que les anges puissent s'isoler lorsqu'ils veulent être tranquilles. Viens, montons.

D'ici le territoire fait penser à un œil. En effet, au centre de cette longue amande blanche effilée se trouve un rond turquoise. Comme un iris. C'est une forêt d'arbres bleutés.

Et, au milieu de cet iris, il y a en guise de pupille, plus brillant, un lac noir. Mais à la différence d'une véritable pupille humaine, ce lac n'est pas circulaire, il a un peu la forme d'un... cœur. J'ai l'impression que le Paradis est un œil turquoise qui me regarde avec un cœur noir au centre.

— C'est le lac des Conceptions, me signale Edmond Wells.

Nous nous approchons de cette zone plus sombre. Les arbres turquoise qui l'entourent ressemblent à des pins parasols aux cimes drues et plates.

Sous les arbres, il y a des anges. Ils sont le plus souvent assis en tailleur, en lévitation à un mètre du sol, sous les branchages, avec, devant eux, trois sphères disposées en triangle. Les anges les contemplent avec beaucoup d'intérêt. Certains sont nerveux, d'autres excités et passent sans cesse d'une sphère à l'autre.

Sur des kilomètres, des milliers d'anges se tiennent ainsi et observent. Je les regarde mais déjà mon instructeur me tire vers le haut.

— Ce sont quoi ces arbres ?

— Ce ne sont pas vraiment des arbres, ils servent à améliorer l'émission et la réception d'ondes venant de la terre.

On virevolte. Je découvre, au sud, les vallées où les anges se réunissent en « assemblées restreintes ».

Nous bifurquons.

À l'est, une autre entrée qui, elle, présente des reflets de diamant vert. Tout est lumineux et translucide, toujours parcouru de reflets. Noirs pour l'eau du lac, turquoise pour les arbres, blanc nacré pour le sol.

— La porte de Saphir constitue l'entrée du pays des anges, c'est par là que tu es venu.

Edmond Wells me désigne la grotte aux éclats verts, à l'est.

— Celle d'Émeraude, ici, c'est la sortie, c'est par là que tu partiras quand tu auras terminé ta mission d'ange. Allons discuter dans les plaines de l'ouest. J'y connais un coin tranquille où nous serons à l'aise pour notre première session d'enseignement.

Le secret des chiffres est l'objet de la première leçon d'Edmond Wells. Il m'explique que la forme des chiffres utilisés en Occident est d'origine indienne et nous indique le parcours de l'évolution de la vie. Le trait horizontal représente : l'attachement ; la courbe : l'amour ; le croisement : le choix.

1 : le minéral. Un simple trait vertical sans courbe ni ligne horizontale. Pas d'attachement, pas d'amour. Le minéral n'a pas de sensibilité.

2 : le végétal. Une ligne d'attachement au sol : la racine qui le fixe au sol. Au-dessus, une courbe d'amour tournée vers le ciel : la feuille ou la fleur aiment la lumière.

3 : l'animal. Deux courbes d'amour. L'animal aime la terre et il aime le ciel. Mais faute de trait horizontal, il n'est fixé à rien. Il est donc ballotté par ses émotions.

J'ai l'impression d'avoir déjà entendu cette énumération. Pourquoi me la répète-t-on ? Me prendrait-on donc pour un être stupide ?

— Ce message que nous apporte la forme des chiffres indiens, reprend Edmond Wells, il te paraît simple, et pourtant il est porteur de tous les mystères, de tous les secrets, de tous les arcanes de l'évolution de la conscience. C'est pourquoi il est essentiel de le répéter et d'y revenir sans cesse. Le monde évolue conformément à la symbolique des chiffres indiens.

Edmond Wells revient à ses dessins sur notre plancher de nuages.

— 4 : l'humain. Une croix le symbolise. C'est qu'il a le choix. Il est au carrefour où l'on décide de la nouvelle direction à prendre. L'humain a alors l'alternative entre redescendre au stade animal du 3 ou s'élever vers le stade du dessus.

Du bout des doigts, mon instructeur esquisse un 5.

— 5 : le sage. Il présente une ligne horizontale d'attachement au ciel et une courbe d'amour vers la terre. Il plane dans sa tête et il aime le monde...

— On dirait l'inverse du 2, lui dis-je, m'impliquant enfin dans la leçon.

— ... le 5 tend à évoluer vers... toujours davantage de conscience. Toujours davantage de liberté. Toujours davantage de complexité. Le 5 veut se libérer de la prison de la chair, laquelle lui impose peur et douleur. Il veut devenir un 6.

Il inscrit un 6.

— 6 n'est qu'une seule courbe. Une courbe d'amour car l'ange aime. Regarde cette spirale. Son amour part en haut du ciel, redescend en bas vers la terre et remonte en son centre. C'est un amour qui fait le tour de tout pour l'amener à s'aimer lui-même.

— Tous les 6 sont ainsi ?

— Non. Tous les 6 en sont capables, c'est tout. Et je compte bien te transformer afin que tu parviennes à devenir un 6 digne de ce nom.

— Et le 7 ?

Edmond Wells se renfrogne aussitôt.

— Aujourd'hui, ta leçon s'arrête au 6. Tu ne peux connaître que ce que tu es. Concentre-toi sur ta tâche présente plutôt que de te disperser. Je ne suis pas une machine à répondre à toutes les questions. Viens !

Il s'élève de nouveau au-dessus du sol. Il faut que je m'habitue à ce pouvoir de diriger mon corps sur trois dimensions, comme en plongée sous-marine. Si ce n'est qu'en plongée sous-marine tous les mouvements sont alourdis et ralentis par le frottement de l'eau, alors qu'ici chaque geste est fluide.

Il est d'autres nouveautés auxquelles je dois aussi m'accoutumer, par exemple à ne pas respirer. Je constate que, presque inconsciemment, mon corps a toujours été bercé par le rythme de mes poumons. Métronome discret, il scandait toute mon existence. Ici, il s'est effacé. Je suis dans un temps sans fin, dans un corps immatériel.

Edmond Wells m'annonce qu'à présent nous allons choisir les pions avec lesquels je jouerai ma partie. Il m'entraîne au-dessus du lac noir central en forme de cœur. À bien le regarder, je distingue des images qui se reflètent sur sa surface. Le lac forme comme un vaste écran horizontal découpé par une mosaïque de milliers de petits écrans. Sur chacun : des corps humains nus enlacés s'agitent. Inutile de frotter mes yeux absents. Je ne rêve pas, ce sont bien là des couples en train de faire l'amour.

— C'est le coin... films pornos ?

Il hausse les épaules.

— C'est le lac des Conceptions que nous avons survolé tout à l'heure. C'est ici que tu vas choisir les parents des êtres dont tu auras la charge.

Autour de nous d'autres anges, flanqués de leur instructeur, volettent et observent eux aussi les petites images qui ondoient à la surface du lac.

— En les regardant faire l'amour ?

— En effet. Mais auparavant, je vais te livrer encore un grand secret. La recette d'une âme.

8. ENCYCLOPÉDIE

RECETTE D'UNE ÂME : Au départ l'âme d'un être humain est déterminée par trois facteurs : l'hérédité, le karma, le libre arbitre. Leurs proportions de départ sont réparties généralement ainsi :

25 % hérédité.

25 % karma.

50 % libre arbitre.

L'hérédité : cela signifie qu'une âme, en début de parcours, est influencée pour un quart par la qualité des gènes, la qualité de l'éducation, le lieu de vie, la qualité du milieu de vie déterminé par ses parents.

Le karma : cela signifie qu'une âme, en début de parcours, est influencée pour un quart par des éléments qui subsistent de sa vie précédente, désirs inassouvis, erreurs, blessures, etc., qui hantent toujours son inconscient.

Le libre arbitre : cela signifie qu'une âme, en début de parcours, décide pour moitié librement ce qu'elle fait sans aucune influence extérieure.

25 %, 25 %, 50 %, telles sont les proportions de départ. Avec ses 50 % de libre arbitre, un être peut ensuite modifier cette recette. Soit il peut s'affranchir de l'influence de son hérédité en se soustrayant très jeune à l'emprise de ses parents. Soit il peut s'affranchir de son karma en refusant de tenir compte de ses pulsions inconscientes. Ou, au contraire, il peut renoncer à son libre arbitre en acceptant de n'être que le jouet de ses parents et de son inconscient.

Ainsi la boucle est bouclée. Paradoxe suprême, l'homme peut même avec son libre arbitre renoncer à... son libre arbitre.

Edmond Wells,
***Encyclopédie du Savoir Relatif et Absolu*, tome IV.**

9. TROIS CONCEPTIONS : NAISSANCE — 9 MOIS

Je contemple cette humanité en pleine effervescence. Si j'ai bien compris, en choisissant parmi ces couples, je vais décider des 25 % d'hérédité des êtres dont j'aurai la charge.

Je plane au-dessus du lac des Conceptions. Je passe en revue les écrans. Il y a là des couples représentant tous les continents, tous les pays, tous les peuples.

Certains s'étreignent sur des lits, d'autres gesticulent sur des tables de cuisine, dans des cabines d'ascenseur, sur des plages, derrière des fourrés...

Images étranges que celles de ces gens saisis dans cet instant censé être parmi les plus secrets et les plus intimes. Comment choisir ? Habitué à laisser parler mon intuition, je m'arrête finalement sur un duo dont les mouvements ont quelque chose d'harmonieux. L'homme est brun, le visage pâle et grave. La femme est brune aussi, cheveux longs, l'air gentil. Je les désigne du doigt.

— Ceux-là, dis-je.

Edmond Wells m'informe qu'il s'agit d'une famille française de Perpignan. Les Nemrod. Des libraires moyennement riches. Famille nombreuse. Quatre filles. Plus un chat. Mon instructeur frappe légèrement l'écran pour signaler que cette conception est réservée.

— Ainsi plus aucun autre ange ne pourra te l'enlever.

Il examine ensuite l'ADN des concepteurs et me transmet le résultat :

— Mmm...

— Quoi ?

— Rien de grave. Maladies respiratoires côté géniteur. Il va toussoter.

— Et côté génitrice ?

Mon mentor se livre au même travail.

— Cheveux roux.

Il projette dans mon esprit la vision accélérée de la rencontre du spermatozoïde et de l'ovocyte. Je vois ainsi vingt-trois chromosomes masculins s'allier à vingt-trois chromosomes féminins.

— Et ce sera une fille ou un garçon ?

Il scrute la fusion des deux gamètes et annonce :

— XY, ce sera un garçon. Passons au suivant.

Je cherche longuement et finis par élire un couple à la peau de miel. Ils sont tous deux si beaux dans leur nudité que de leur accouplement ne pourra naître qu'un superbe bébé.

— Des Noirs américains de Los Angeles, m'indique Edmond Wells.

Mère mannequin, père acteur. La famille Sheridan. Aisée. Grande bourgeoisie. Ce sera leur premier enfant, très désiré car pour parvenir à concevoir la mère a subi un traitement dans un service spécialisé après avoir longtemps redouté de demeurer stérile. ADN des concepteurs plus que satisfaisant. Pas de handicap physique.

— XX, ce sera une fille.

Je songe que ce classement en XX, XY est somme toute celui décrit par la Bible. Cette fameuse « côte » prélevée sur Adam, c'est peut-être tout simplement la barre inférieure du X qui se transforme en Y.

Je laisse encore parler mon intuition pour sélectionner le dernier couple.

— Des Russes de Saint-Pétersbourg, m'annonce Edmond Wells. Les Tchekov. Famille pauvre. Père et mère chômeurs. Ce sera leur premier enfant.

Le couple se connaît depuis peu de temps et vit séparément. Vraisemblablement une future famille monoparentale. Excellents ADN des concepteurs. XY, ce sera un garçon très robuste.

Edmond Wells procède à différentes vérifications en se branchant sur des longueurs d'onde que, de nous deux, il est seul à connaître. Il relève la tête et annonce :

— Deux garçons, une fille, bel assortiment. Mauvaise santé pour le Français, correcte pour l'Américaine, très bonne pour le Russe. Nous pourrons ainsi vérifier l'impact de la condition physique sur la personnalité.

Il se frotte les mains.

— Parfait, parfait en vérité ! s'exclame-t-il tout en

rédigeant mentalement trois fiches qu'il inscrit aussitôt dans mon esprit.

Il se concentre encore et ajoute :

— À ce que je peux déjà percevoir, le Français se nommera... Jacques, l'Américaine... Venus, et le Russe... Igor. Ah, voilà trois bons « clients ».

— « Clients » ?

— C'est le terme technique en vigueur ici pour qualifier les âmes dont on a la charge. Parce qu'on est un peu comme des avocats devant défendre leurs clients.

— Et pour ces « clients », quelle est ma tâche à accomplir à présent ?

— Attendre sept mois pour voir quel karma il leur sera donné de recevoir.

— Sept mois, c'est long !

— En bas, pas ici. Car ici le temps est relatif et non plus absolu.

Il sourit.

— Pour tous d'ailleurs le temps « est » relatif puisque chacun le perçoit différemment.

De mémoire, il récite :

— « Pour connaître la valeur d'une année, interroge l'étudiant qui a raté son examen.

Pour connaître la valeur d'un mois, interroge la mère qui a mis au monde un enfant prématurément.

Pour connaître la valeur d'une semaine, interroge l'éditeur d'une revue hebdomadaire.

Pour connaître la valeur d'une heure, interroge l'amoureux qui attend son rendez-vous.

Pour connaître la valeur d'une minute, interroge l'homme pressé qui vient de rater son bus.

Pour connaître la valeur d'une seconde, interroge celui qui a perdu un être cher dans un accident de voiture.

Pour connaître la valeur d'un millième de seconde, interroge le médaillé d'argent d'une finale olympique. »

Et, facétieux, mon mentor ajoute :

— Pour connaître la valeur d'une destinée humaine, interroge ton ange instructeur. Nous ne nous attachons pas aux menues circonstances, à tous ces instants anodins de la vie de nos clients. Nous nous précipitons directement sur les moments importants et les choix déterminants.

Edmond Wells s'éloigne. Il a d'autres anges débutants à instruire.

Je reste là, fasciné, à contempler dans les reflets du lac des Conceptions les milliers de couples occupés à faire l'amour, la prochaine humanité en passe d'être conçue. J'ai envie de les encourager car plus ils prendront de plaisir dans ces conceptions, plus je devine qu'elles seront réussies.

10. ENCYCLOPÉDIE

L'OVULE : On a longtemps cru que c'était le plus rapide des spermatozoïdes qui venait féconder l'ovocyte. On sait désormais qu'il en va différemment. Une centaine de spermatozoïdes arrivent simultanément sur l'ovule qui les fait patienter sur sa surface. Comme dans une salle d'attente.

Qu'attend-il ?

Il est en fait occupé à opérer son choix parmi ces prétendants. Quel est le critère de ce choix ? On l'a découvert depuis peu.

L'ovule élit le spermatozoïde dont la formule génétique est la plus différente de la sienne. Comme si déjà, à ce stade premier, nos cellules savaient que la nature s'enrichit de la différence et non de la similitude. En optant pour le spermatozoïde le plus

« étranger », l'ovule obéit à une première sagesse biologique : éviter les problèmes de consanguinité. Car plus les deux formules génétiques sont proches, plus il y a de risques de maladies consanguines.

Edmond Wells,
***Encyclopédie du Savoir Relatif et Absolu*, tome IV.**

11. UNE RENCONTRE INATTENDUE

— Alors, petit vicieux, on se rince l'œil ?

Je sursaute. Cette voix !

— Tous ces mortels qui copulent, moi ça me dégoûte. Ça sue et ça halète. Et puis... et puis, c'est frustrant, finalement, de voir tous ces gens qui font l'amour alors que nous ne connaîtrons plus jamais le plaisir charnel.

Je me retourne.

Raoul RAZORBAK !

Dégingandé, maigre, visage long et rectangulaire, nez pointu, physionomie de rapace. Il joue avec ses grandes mains aux doigts effilés. Il est exactement tel que la première fois où je l'ai rencontré au cimetière du Père-Lachaise. Il m'avait toujours subjugué. Son assurance, sa désinvolture, sa confiance en lui et dans ses rêves d'exploration avaient changé le sens ma vie.

— Raoul, mais qu'est-ce que tu fabriques ici ?

Il est tranquillement agenouillé, les jambes recroquevillées sous ses bras.

— J'ai demandé à être réincarné dans le cycle végétal pour me reposer un peu. Ça m'a été accordé à titre exceptionnel. J'ai donc été vigne, j'ai donné du raisin, mes grappes ont été cueillies. Transformé en vin, j'ai été bu et puis je suis revenu ici en conservant mon capital de points. Mon ange gardien a fait le nécessaire pour que j'accède au statut d'ange.

— Si je m'attendais à te retrouver au Paradis !

— Au Paradis ? Tu plaisantes ! Ce Paradis, c'est pire qu'un hospice de vieux ! C'est bons sentiments et compagnie. Résultat, on s'ennuie ferme. Dégageons vite fait et continuons à explorer l'univers, nom d'un chien !

Il s'agite.

— Ici, c'est rien qu'une énorme administration. On gère, on épie, on surveille les mortels. Tu parles d'un plaisir ! Moi qui avais la hantise de finir fonctionnaire. Ah, Michael, on aurait mieux fait de choisir de retourner sur Terre pour jouer les Grands Initiés. On s'est fait avoir. Anges, tu parles ! Et si on ne réagit pas, on va rester anges pendant cent mille ans, à voir se succéder client après client. Le bagne !

Même furibond, je suis enchanté de retrouver mon meilleur ami. Je me sens rassuré, tout à coup. Je ne suis plus seul. Un ami d'en bas qu'on retrouve en haut, c'est vraiment l'aubaine.

Il pointe ses bras vers les chaînes de montagnes de nuages qui nous cernent.

— Je t'assure, ici c'est la plus pernicieuse des prisons. Regarde, nous sommes coincés entre ces murailles. On est en Enfer, ouais !

— Raoul, tu blasphèmes.

— Mais non. Je sais bien que l'Enfer n'existe pas mais franchement, image d'Épinal pour image d'Épinal, je le regrette. Ça m'aurait davantage amusé de me retrouver parmi des chaudrons, entouré de femmes nues lascives, de harpies et de diablotins, dans une ambiance rougeoyante et paillarde, un peu comme dans le Troisième Ciel, tu vois ? Au lieu de ça, ce n'est que blanc et bleu, nuages et compagnons transparents, sans rien de marrant à l'horizon. Ah, filer d'ici, partir, bouger, retrouver notre aventure d'explorateurs du vingt et unième siècle. Repousser les limites du connu. Reprendre l'épopée des thanatonautes. Aller plus loin vers l'Inconnu.

Il noue un bras autour de mes épaules.

— Depuis que l'humanité existe, il y a eu des gens désireux de savoir « ce qu'il y avait derrière la montagne ». Et toi et moi, Michael, nous faisons partie de ceux qui partent les premiers pour y aller voir. Explorateurs nous sommes, explorateurs nous restons. Alors, mon ami, je te propose de partir à la découverte de la prochaine *Terra incognita.*

J'examine plus attentivement Raoul. Il a conservé son allure de Sherlock Holmes et, à nouveau, près de lui, je fais figure de fidèle docteur Watson. Que va-t-il encore me proposer comme aventure ? Une fois le Paradis atteint, on connaît tout de tout, que pourrions-nous explorer de plus ?...

« La mort ? Oui, j'y ai pensé. J'aimerais mourir en m'endormant. Je m'endors, je crois que je rêve et je meurs. Après je voudrais être incinéré. Cela coûtera moins cher à ma famille. Ils mettront ma petite urne sur le dessus de la cheminée et ils ne seront pas obligés de venir fleurir ma tombe. Quant à l'héritage... mmm ! Allez, tiens, je vais vous le dire. J'ai caché de l'argent dans une statue d'hippopotame dans la cave, derrière la grosse commode faux Louis XV. Il suffit de la pousser. Celui qui trouvera le trésor pourra le garder. »

Source : individu interrogé dans la rue au hasard d'un micro-trottoir.

12. LE CHOIX DES ÂMES. MOINS 2 MOIS

Edmond Wells me tapote l'épaule.

— Les âmes sont sur le point de s'installer dans les corps de tes clients. Pas de temps à perdre. Suis-moi.

Je quitte Raoul. Mon instructeur me guide vers une zone tranquille du Sud et me prie de m'asseoir en tailleur à l'entrée. D'ici, nous surplombons tout le pays des anges.

— Un endroit parfait pour observer confortablement la suite des événements.

Il s'empare de mes mains et dirige mes paumes vers le ciel. Il se produit alors un fait extraordinaire. Trois sphères voguent vers nous depuis l'horizon nord-est et viennent se placer entre mes mains. Une au-dessus de ma main gauche, une au-dessus de ma main droite et la dernière plus en hauteur, pile entre les deux. L'ensemble forme un triangle en lévitation.

— Au travers de ces sphères, non seulement tu verras l'âme de tes clients, mais tu les entendras et tu pourras aussi les contrôler.

Une à une, il frôle les trois bulles qui s'éclairent. À l'intérieur je distingue mes clients comme si je disposais d'une caméra capable de filmer dans le ventre de leur mère. Mes sphères sont orange car mes clients baignent dans leur liquide amniotique.

— Je vais t'apprendre une seconde expression propre au jargon des anges. Ces sphères de contrôle des âmes que tu tiens là, nous les appelons des « œufs ». Parce que nous les couvons comme des œufs.

Edmond Wells s'installe à mes côtés.

— Maintenant, le temps du don des âmes.

— On peut choisir ses âmes ?

Il sourit.

— Non. Cette fois, c'est au monde du dessus, celui des 7, d'intervenir.

Nous attendons. Une à une, les trois sphères s'irisent comme si elles avaient reçu une décharge électrique. Edmond Wells scrute la première sphère qui vient de s'allumer et m'annonce que Jacques est désormais nanti de l'âme d'un Indien pueblo ayant vécu sa dernière existence il y a un siècle. Conteur itinérant, il allait de tribu en tribu afin de narrer aux enfants les grandes légendes de leur peuple. Il a été surpris quand le campement où il séjournait a été attaqué par des chercheurs d'or. Il s'est caché mais les assaillants l'ont poursuivi et rattrapé. Ils ont tranché ses longues nattes noires ointes de graisse d'ours dont il était si fier et puis ils l'ont pendu.

Nombre de points à la pesée de son âme : 350.

Edmond Wells considère la seconde sphère qui vient de s'éclairer. Igor a reçu l'âme d'un astronaute français. Un individu solitaire ayant eu une enfance difficile auprès d'une mère acariâtre. Il a connu la prison, mais il s'est racheté grâce aux missions périlleuses pour lesquelles il s'est porté volontaire dans l'espace. À la suite d'un chagrin d'amour, il s'est tué lors d'une expédition particulièrement risquée...

Nombre de points à la pesée de son âme : 470.

En ce qui concerne la troisième sphère qui vient de s'éclairer, Venus abrite désormais l'âme d'un riche Chinois disparu il y a plus de deux siècles. Épicurien bien que de santé moyenne, il avait pour passions la bonne chère et les jolies femmes. Il bénéficiait de l'amitié de l'Empereur en personne et fréquentait les puissants de la Cité interdite. Des brigands se sont emparés de lui lors d'un de ses voyages en province. Ils l'ont dévalisé avant de l'enterrer vivant. Longtemps, il s'est débattu sous la terre. Une mort atroce.

Nombre de points à la pesée de son âme : 320.

— Bel assortiment, apprécie Edmond Wells. Deux de tes âmes dépassent les 333 points.

— Et cela signifie, 333 points ?

— Il s'agit de la moyenne de niveau de conscience de l'humanité. Si l'on additionne les notes des âmes des six milliards d'êtres humains et qu'on en calcule la moyenne on obtient 333. Cela signifie qu'il y a quand même une majorité de gens plus proches du plancher que du plafond... À nous de faire monter la moyenne, m'encourage mon instructeur.

Je considère mes « clients » dans leurs « œufs ».

— L'objectif, poursuit Edmond, est de faire s'élever leur niveau de conscience. « Quand une âme s'élève, c'est toute l'humanité qui s'élève. »

— Vous voulez dire que si je parviens à rehausser le niveau d'au moins l'un de mes trois clients, l'humanité pourra passer de 333 à 334 ?

— Les progrès ne sont pas aussi spectaculaires. Il faudrait que beaucoup d'humains évoluent d'un coup pour que la moyenne monte d'un point, m'explique mon mentor.

Il me demande d'aller assister à la naissance de mes protégés pour leur imposer, sitôt sortis du ventre de leur mère, l'empreinte des anges. Le geste scellera notre pacte entre ange gardien et mortel gardé. Ils pourront dès lors oublier leur précédent karma.

— Il te suffira d'appuyer sous leur nez pour y créer une gouttière.

Du doigt, il répète le geste sur mon propre visage.

— Mais ensuite, interdit de retourner sur Terre, gronde-t-il. Interdit !

13. ENCYCLOPÉDIE

COOPÉRATION-RÉCIPROCITÉ-PARDON : En 1974, le philosophe et psychologue Anatol Rapaport, de

l'Université de Toronto, émet l'idée que la manière la plus « efficace » de se comporter vis-à-vis d'autrui est 1) la coopération ; 2) la réciprocité ; 3) le pardon. C'est-à-dire que lorsqu'un individu, ou une structure ou un groupe, rencontre d'autres individus, structure ou groupe, il a intérêt à proposer l'alliance, puis, selon la règle de réciprocité, à donner à l'autre en fonction de ce qu'il reçoit. Si l'autre aide il l'aide, si l'autre agresse il l'agresse en retour de la même manière et avec la même intensité. Après il doit pardonner et reproposer la coopération.

En 1979, le mathématicien Robert Axelrod organisa un tournoi entre logiciels autonomes capables de se comporter comme des êtres vivants. Une seule contrainte : chaque programme devait être équipé d'une routine de communication, sous-programme lui permettant de discuter avec ses voisins.

Robert Axelrod reçut 14 disquettes de programmes envoyées par des collègues, universitaires intéressés par ce tournoi. Chaque programme avait des lois différentes de comportement (les plus simples, deux lignes de code de conduite, les plus complexes une centaine). Le but étant d'accumuler le maximum de points. Certains programmes avaient pour règle d'exploiter au plus vite l'autre, de lui voler ses points puis de changer de partenaire. D'autres essayaient de se débrouiller seuls, gardant leurs points, fuyant tous les contacts avec ceux qui pouvaient les voler. D'autres encore avaient des règles du type : « Si l'autre est hostile, l'avertir qu'il doit cesser, puis procéder à une punition. » Ou : « Coopérer puis trahir par surprise. »

Chaque programme a été opposé 200 fois à chacun de ses autres concurrents.

C'est le programme d'Anatol Rapaport, équipé

du comportement CRP (Coopération-Réciprocité-Pardon), qui a battu tous les autres.

Encore plus fort : le programme CRP, placé en vrac au milieu des autres, est perdant au début devant les programmes agressifs, mais il finit par être victorieux puis même « contagieux » au fur et à mesure qu'on lui laisse du temps. Les programmes voisins, s'apercevant qu'il est le plus efficace pour accumuler des points, finissent par adopter la même attitude.

La loi CRP s'avère donc la plus rentable sur le long terme. Chacun peut le vérifier dans son quotidien. Cela signifie qu'il faut oublier toutes les avanies qu'un collègue de travail ou un concurrent vous fera et continuer sans cesse à lui proposer de travailler avec lui comme si de rien n'était. À la longue, la méthode est payante. Ce n'est pas de la gentillesse, il y va juste de votre propre intérêt démontré par l'informatique.

Edmond Wells,
***Encyclopédie du Savoir Relatif et Absolu*, tome IV.**

14. FŒTUS JACQUES. MOINS 2 MOIS

Tiens, comme c'est étrange... Je flotte. Je suis dans un sac rempli d'un liquide un peu opaque. Ma mère ? Sans doute.

Je me souviens de mon existence précédente. J'étais indien d'Amérique. Je racontais des histoires à la veillée. Et puis les Blancs sont arrivés. Ils m'ont tué. Pendu.

À présent je vais revenir dans le monde. Mais où

donc ? Dans quel pays, dans quelle époque, auprès de quels parents ? Je m'angoisse.

Ça discute là-haut. C'est probablement ma nouvelle mère. Que dit-elle ? Je m'étonne de si bien la comprendre. Maman parle de moi. Elle dit qu'elle m'appellera Jacques. Elle dit que la nuit je donne des coups de pied, et qu'alors elle voit pointer les extrémités de mes orteils sur son ventre. Ah bon ! Ça lui plaît, ça ? Très bien, allons-y d'une ruade.

Elle dit qu'elle compte avoir recours à l'haptonomie.

— C'est quoi, l'haptonomie ? demande son amie.

— Une technique permettant de faire participer le père à la grossesse. Il pose ses deux mains à plat sur le ventre de sa femme et, par le seul contact de ses paumes, il signale la présence d'une seconde personne attentive au fœtus.

C'est vrai. Hier encore, je les ai senties, ces mains. Il n'y a donc pas que maman, il y a aussi papa.

Maman explique que moi, bébé Jacques, je reconnais parfaitement les mains de mon père et que je viens m'y nicher sitôt qu'il les pose sur son ventre.

Je pousse le cordon ombilical. Je m'ennuie ici. Je me demande comment ce sera dehors.

15. FŒTUS VENUS. MOINS 2 MOIS

Donc j'existe.

C'est étrange. Je sais que je ne suis qu'un fœtus et, pourtant, je perçois quelque chose. Pas dehors. À côté de moi.

Je suis compressée et je ne le supporte pas. Que mon corps soit dans l'impossibilité de bouger m'obsède. Je fais de mon mieux pour identifier ce qui me bloque et, soudain, je découvre que, contre moi, il y a un frère jumeau.

J'ai un frère jumeau !

Je devine que nous sommes tous deux reliés à maman par nos cordons ombilicaux respectifs mais qu'en plus, merveille, nous disposons d'une connexion directe entre nous. On peut donc communiquer.

— Qui es-tu ?

— Et toi, tu es qui ?

— Je suis une petite fille dans le ventre de maman.

— Et moi un petit garçon.

— Je suis bien contente d'avoir de la compagnie. J'ai toujours pensé que la vie de fœtus était une expérience solitaire.

— Tu veux que je te parle de moi ?

— Bien sûr.

— Je me suis suicidé dans ma vie précédente. Il me restait encore un peu de temps à tirer, alors j'ai été réexpédié ici-bas pour parachever mon karma. Et toi ?

— Moi, avant, j'étais un vieillard chinois, un mandarin riche et puissant. J'avais plein de femmes et de serviteurs.

Je bouge. Ces souvenirs me donnent envie de tourner et de m'étirer.

— Je te gêne ?

— Je suis un peu à l'étroit, en effet. Je dois te gêner moi aussi.

— Moi, ça m'est égal, petite sœur. Je préfère être à l'étroit et en bonne compagnie qu'avoir mes aises tout seul dans cette pénombre.

16. FŒTUS IGOR. MOINS 2 MOIS

Donc j'existe.

Je ne discerne pas grand-chose. Rien qu'un environnement rouge orangé. Et je perçois des bruits. Des battements de cœur. Le transit intestinal. La voix de maman. Elle dit des choses que je ne comprends pas.

— Je-ne-veux-pas-garder-ce-bébé.

Du charabia.

Je ressasse les syllabes jusqu'à retrouver une connaissance ancienne qui me permette de les interpréter.

Voix d'homme. Ce doit être papa.

— Tu n'es qu'une sotte. Tu lui as déjà donné un nom, Igor. À partir du moment où l'on désigne les choses, elles commencent à exister.

— Au début, je le voulais, mais maintenant je n'en veux plus de cet enfant.

— Il est trop tard, je te dis. Tu n'avais qu'à réfléchir avant. À présent, plus aucun médecin n'acceptera d'interrompre ta grossesse.

— Il n'est jamais trop tard. Nous n'avons pas les moyens d'entretenir un gosse, autant nous en débarrasser tout de suite.

Ricanements.

— Tu n'es qu'une ordure ! crie maman.

— Je t'assure que tu finiras par l'aimer, insiste papa.

Sanglots de femme.

— J'ai l'impression d'avoir dans mon corps une tumeur qui grandit et qui me ronge. Ça me dégoûte.

Raclements de gorge.

— Oh, et puis fais ce que tu veux ! s'exclame papa. De toute façon, moi j'en ai assez de tes gémissements perpétuels. Je m'en vais. Je te quitte. Débrouille-toi.

Porte qui claque. Maman pleure, puis hurle.

Un temps. Et puis soudain je reçois une volée de coups de poing ! Papa est parti. C'est donc maman qui se frappe ainsi toute seule le ventre.

À l'aide !

Elle ne m'aura pas. Je tente de me venger d'une série de petits coups de pied dérisoires. C'est facile de s'attaquer à plus petit que soi, surtout quand l'autre est coincé et ne peut fuir.

17. ENCYCLOPÉDIE

HAPTONOMIE : À la fin de la Seconde Guerre mondiale, Franz Veldman, médecin néerlandais rescapé des camps de concentration, estima que si le monde allait à vau-l'eau, c'était parce que les enfants n'étaient pas suffisamment aimés assez tôt.

Il remarqua que les pères, préoccupés essentiellement par leur travail ou la guerre, ne se souciaient que rarement de leur progéniture avant l'adolescence. Il chercha alors un moyen d'intéresser le père dès la prime enfance, voire même durant la grossesse de la mère. Comment ? Par imposition directe des mains sur le ventre de la génitrice. Il inventa l'haptonomie, du grec *hapto* : toucher, et *nomos*, la loi.

La loi du toucher.

Rien qu'en caressant attentivement la peau tendue de la mère, le père peut signaler sa présence à l'enfant et nouer un premier lien avec lui. L'expérience a prouvé que, très souvent, le fœtus sait reconnaître précisément entre plusieurs touchers celui appartenant à son père. Les pères les plus

doués parviennent même à faire faire à l'enfant en gestation des pirouettes allant d'une main à l'autre.

En constituant au plus tôt un triangle « mère-père-enfant », l'haptonomie a pour mérite de responsabiliser davantage le père. De plus, la mère se sent moins seule dans sa gestation. Elle partage son expérience avec le père et peut ainsi lui parler de ce qu'elle ressent lorsque les mains de son compagnon se posent sur elle et son enfant.

L'haptonomie n'est évidemment pas la panacée des enfances heureuses, mais elle ouvre probablement de nouvelles voies dans la vie affective et de la mère et du père et du fœtus. Jadis, dans la Rome antique, la coutume était d'entourer la mère enceinte de commères (littéralement *cum mater* : « qui accompagne la mère »). Mais il est évident que la personne la plus à même d'accompagner la mère dans son aventure demeure encore le père.

Edmond Wells,
***Encyclopédie du Savoir Relatif et Absolu*, tome IV.**

18. LES IDÉES DE RAOUL

J'observe mes œufs.

Les parents de Jacques utilisent l'haptonomie. Bonnes conditions de couvaison.

Igor reçoit des coups. Très mauvaises conditions de couvaison.

À ma grande surprise, Venus a un frère jumeau. Je ne sais pas si c'est bon ou mauvais.

— Nous perdons notre temps ici. Redevenons nous-mêmes. Découvrons les prochaines limites. Repoussons les frontières du connu, me dit Raoul revenant à la charge dès qu'Edmond Wells s'est éclipsé.

Mes sphères continuent à tourner lentement devant moi. Je les lui indique d'un mouvement du menton.

— Je ne vais pas les garder toutes les trois collées à moi en permanence. Comment je m'y prends pour m'en débarrasser ?

Raoul me montre qu'il suffit de retourner mes mains vers le sol pour que mes œufs me quittent et s'envolent. Aussitôt, ils foncent vers le nord-est comme autant de petits avions téléguidés.

— Où vont-ils ?

— Quelque part dans les montagnes.

Je retourne mes paumes vers le ciel et, immédiatement, les trois sphères surgissent de l'horizon nord-est et se repositionnent automatiquement dans mes mains. Je commence à comprendre le système. Raoul s'agace.

— Cesse de t'amuser. J'ai besoin de ton aide, Michael. Souviens-toi de notre slogan à la grande époque de la thanatonautique : « Loin, toujours plus loin vers l'inconnu. »

Je lève la tête vers le ciel improbable.

— Il n'y a plus d'inconnu. Seulement des responsabilités à l'égard de nos fœtus.

Raoul m'invite à voleter vers l'est. Nous avons changé de lieu d'observation, mais il subsiste toujours une inconnue. Nous ignorons ce qui se trouve au-dessus du monde des anges. Nous arrivons à la limite est de leur territoire.

— Que veux-tu faire ?

De la tête, il me désigne la porte d'Émeraude.

— Tu sais bien que nous franchirons cette porte quand nous aurons sauvé un humain, dis-je.

Les longs doigts de Raoul s'agitent dans les airs :

— Mais tu n'as donc pas encore compris ? Nos clients sont tous des crétins qui n'évolueront jamais.

19. FŒTUS JACQUES. MOINS 1 MOIS

Je suis nerveux. À force de m'agiter à l'intérieur de ma mère, je me prends dans le cordon ombilical. Il s'enroule autour de mon cou et, alors, je revis tout le drame de ma pendaison. Je panique, puis me fige. En cessant de remuer, je parviens à me dégager.

20. FŒTUS VENUS. MOINS 1 MOIS

Le liquide amniotique prend un goût amer. Que se passe-t-il ?

— Hé ho ! le jumeau ! Il y a un problème. Tu dors ?

Le jumeau met du temps à répondre.

— C'est seulement que je me sens fatigué, tellement fatigué... J'ai l'impression de me vider de l'intérieur.

J'essaie de comprendre ce qu'il se passe car, pour ma part, je suis en train de m'enrichir d'une nourriture délicieuse. Une liqueur pleine d'intelligence, de sucre et de gentillesse. Je sursaute :

— Je suis en train de me gaver de ton énergie !

— C'est donc ça, murmure-t-il. Je connais ce phénomène.

Il s'exprime avec difficulté.

— Nous sommes des jumeaux transfuseur-transfusé. Je le sais car, dans ma vie précédente, j'ai été accoucheur obstétricien. Il m'en reste quelques souvenirs.

— Explique.

— Eh bien, nous avons créé une connexion entre nous, un petit vaisseau dérivatif qui nous relie directement, indépendamment des organes de notre mère. Ce n'est qu'une petite veine mais elle est suffisamment large pour nous permettre de pratiquer des échanges liquides entre nous. C'est pour cela que nous nous entendons si bien. Mais c'est aussi pour cela que l'un de nous deux, toi en l'occurrence, ne peut s'empêcher de pomper l'autre. À moins que l'on nous sorte d'ici dans les jours qui viennent, tu m'auras bientôt complètement aspiré.

Je frissonne :

— Et... ?

— Et je mourrai.

Il se tait, épuisé, mais j'insiste :

— Ils sont au courant, là-bas dehors ?

Il lui faut quelques instants pour répondre.

— Ils savent probablement qu'il y a des jumeaux, mais ils ignorent que tu es en train de m'aspirer. Ils nous ont d'ailleurs déjà donné des prénoms hier, à tous les deux. Tu dormais, mais moi j'ai tout entendu. Tu t'appelles Venus et moi George. Bonjour, Venus !

— Heu... bonjour, George !

Affolée, j'entreprends de tambouriner.

— Eh là-haut, dehors, faites quelque chose ! Déclenchez l'accouchement. George est en train de mourir !

Je trépigne de plus belle. Il me calme.

— Laisse, c'est trop tard. Je continuerai à vivre à travers toi. Je serai toujours là, en toi, ma Venus.

21. FŒTUS IGOR. MOINS 1 MOIS

Je ne dors que d'un œil. Maman pleure. Elle parle toute seule et elle boit beaucoup de vodka. Elle s'enivre et je suis un peu saoul. Je crois qu'elle cherche à m'empoisonner. Mais mon corps s'habitue et développe ses propres résistances. Je tiens l'alcool.

Maman, tu ne m'auras pas comme ça. Je veux naître. Ma naissance sera ma vengeance.

Soudain un rude choc. Je tombe à plat. J'en ai le visage écrasé. Que se passe-t-il ? Je perçois qu'elle rumine : « Je t'aurai, je t'aurai. Tu crèveras, j'y arriverai. »

Nouveau choc.

J'essaie de comprendre ce qu'il se passe dehors et crois deviner. Elle se laisse tomber par terre sur le ventre pour m'éclater !

Je me cramponne. Elle finit par renoncer.

Je guette la prochaine attaque. À quoi vais-je avoir droit encore ? À une aiguille à tricoter ? Cramponne-toi, Igor. Tiens bon. Dehors il doit faire beau...

22. LE MYSTÈRE DES 7

Raoul m'entraîne vers une vieille dame-ange que je reconnais pour l'avoir vue dans les journaux : Mère Teresa.

— Sur Terre, elle a été éblouissante de générosité. Une sainte parmi les saintes, en vérité. N'empêche, elle en est à sa quatrième série de clients et elle continue à se planter. Alors, si Mère Teresa échoue à devenir un 7, personne, vraiment personne, ne peut y réussir.

La vieille femme semble, en effet, effarée face à ses sphères et ne cesse de pousser de petites exclamations agacées comme si elle s'ébouillantait avec de vrais œufs en les sortant de la casserole.

— Edmond Wells m'a dit que dans la vie, on n'affrontait que les problèmes que l'on était prêt à résoudre.

Raoul adopte son air le plus dédaigneux.

— Tu crois tout comprendre ? Nous ne disposons même pas du savoir qui nous permettrait de mesurer notre ignorance.

— Le monde jaune du savoir m'a dévoilé les réponses aux questions que je me posais en tant que mortel. Edmond Wells m'a appris que le sens de l'évolution de la conscience, c'est le secret de la forme des chiffres indiens. Voilà tout ce qu'il y a à comprendre.

— Crois-tu ? Jadis nous étions des thanatonautes, des humains spirituels. Des 5. À présent nous sommes des anges. Des 6. La prochaine étape consiste à devenir des 7. Or, qu'est-ce qu'un 7 ?

— Un 7 est un être qui a reçu la note de 700 points, m'aventuré-je...

Si je n'avais été immatériel, je sens bien que Raoul m'aurait secoué comme un prunier.

— Et concrètement, c'est quoi un 7 ? Un super-ange ? Une autre entité ? Si tu observes la différence entre les pauvres 5 et nous, les 6, il y a de quoi se poser des questions sur ce que peuvent être les 7, il me semble.

Mon ami a beau s'exciter, je demeure circonspect. Il se fait rêveur.

— Être un 7, c'est peut-être grandiose. J'ai cherché dans les textes. Au-dessus des anges, est-il écrit, il y a les « chérubins », les « séraphins ». Il est question des « dominations », des « trônes ». Moi, je crois cependant que le grade supérieur aux anges pourrait fort bien être celui des...

Il murmure comme s'il avait peur d'être entendu :

— Des dieux.

Je reconnais bien là mon vieil ami, toujours à manier les hypothèses les plus délirantes.

— Pourquoi dis-tu « des dieux » et non pas « d'un dieu » ?

Visiblement, il y a beaucoup réfléchi.

— En hébreu, Dieu se dit « EL » et pourtant, dans les textes, il est écrit « ELOHIM », ce qui est la formule au pluriel.

Nous faisons semblant de marcher debout en agitant les jambes au ras du pseudo-sol, comme nous faisions jadis sur Terre.

— Tu en as parlé avec les autres anges ? Qu'en pensent-ils ?

— Sur ce sujet, les anges ne sont guère différents des mortels. La moitié croient en Dieu. Un tiers, des athées, n'y croient pas. Reste un quart d'agnostiques qui, comme nous, consentent à reconnaître qu'ils ne savent pas si Dieu existe.

— Une moitié, un tiers et un quart ça fait plus qu'un tout, ça dépasse un peu.

— Normal. Il y en a qui ont deux points de vue simultanément ou alternativement, reconnaît mon ami.

Il récapitule :

— 4 : les humains, 5 : les sages. 6 : les anges. 7 : les dieux. Cela paraît logique, non ?

Je ne réponds pas tout de suite. Les mortels ne savent rien de l'existence ou de la non-existence de Dieu, ils ne disposent d'aucune preuve et feraient donc mieux de se montrer modestes.

Pour le Michael Pinson que je fus, la position de l'honnête homme était forcément l'agnosticisme, de *agnôstos* : sans certitude. À mon avis, l'agnosticisme correspondait parfaitement au fameux pari de Blaise Pascal qui jugeait bon de miser sur l'existence de Dieu. Moi, sur Terre, j'avais accepté qu'il y ait une chance sur deux pour qu'une vie survienne après la mort, une chance sur deux que les anges existent, une chance sur deux pour qu'il y ait un Paradis. L'aventure des thanatonautes m'avait montré que je ne m'étais pas trompé. Pour l'heure, il ne me semblait pas nécessaire d'augmenter ou de diminuer les chances de croire en Dieu. Pour moi, Dieu était une hypothèse à 50 %.

Raoul poursuit :

— Ici on dit qu'une directive est tombée d'« en haut » : c'en est fini des miracles, des messies, des prophètes, des nouvelles religions « révélées ». Qui donc peut disposer d'assez de pouvoir, d'assez de vision dans le temps pour prendre pareille décision sinon un ou des dieux ?

Raoul n'est pas mécontent de son effet. Il se rend compte de ma perplexité. Devenir un dieu, est-ce là ma prochaine mission ? Je n'ose même pas y penser.

— Cette porte ouvre sur l'Olympe, j'en suis convaincu, martèle Raoul Razorbak en désignant la porte d'Émeraude.

Gêné, je fais semblant de regarder une montre imaginaire qui m'indiquerait le degré de mûrissement de mes œufs.

— Bon. Il faut que j'aille sur Terre assister aux naissances de mes clients, dis-je.

— Je t'accompagne.

Voilà autre chose.

— Tu veux venir sur Terre avec moi ?

— Oui, dit-il. Il y a longtemps que je n'y suis pas retourné. Depuis ma dernière imposition d'empreintes, exactement.

— Tu sais bien qu'il est interdit de revenir sur Terre en dehors de ces moments-là.

Raoul produit un double salto pour montrer qu'il a envie de se détendre en volant sur de grandes distances.

— Il est interdit d'interdire. Allons, Michael, tu sais bien que je suis et demeure un rebelle !

Il s'arrête enfin devant moi et, reprenant sa mine la plus angélique, il récite de mémoire un extrait de l'*Encyclopédie du Savoir Relatif et Absolu* d'Edmond Wells, tome IV, qu'il a appris par cœur.

23. ENCYCLOPÉDIE

TRANSGRESSEUR : La société a besoin de transgresseurs. Elle établit des lois afin qu'elles soient dépassées. Si tout un chacun respecte les règles en vigueur et se plie aux normes : scolarité normale, travail normal, citoyenneté normale, consommation normale, c'est toute la société qui se retrouve « normale » et qui stagne.

Sitôt décelés, les transgresseurs sont dénoncés et exclus, mais plus la société évolue et plus elle se doit de générer discrètement le venin qui la contraindra à développer ses anticorps. Elle apprendra ainsi à sauter de plus en plus haut les obstacles qui se présenteront.

Bien que nécessaires, les transgresseurs sont pourtant sacrifiés. Ils sont régulièrement attaqués, conspués pour que, plus tard, d'autres individus « intermédiaires par rapport aux normaux » et qu'on pourrait qualifier de « pseudo-transgresseurs » puissent reproduire les mêmes transgressions mais cette fois adoucies, digérées, codifiées, désamorcées. Ce sont eux qui alors récolteront les fruits de l'invention de la transgression.

Mais ne nous trompons pas. Même si ce sont les « pseudo-transgresseurs » qui deviendront célèbres, ils n'auront eu pour seul talent que d'avoir su repérer les premiers véritables transgresseurs. Ces der-

niers, quant à eux, seront oubliés et mourront convaincus d'avoir été précurseurs et incompris.

Edmond Wells,
***Encyclopédie du Savoir Relatif et Absolu*, tome IV.**

24. VIRÉE SUR TERRE

Nous franchissons la porte bleu marine de Saphir.

Discrètement, afin de ne pas être remarqués des archanges, nous nous infiltrons dans le Styx et le longeons. Nous traversons les sept territoires du continent des morts, sortons du cône central, nous enfonçons dans le sombre espace et nous envolons vers la Terre. En tant qu'ange, on vole encore plus vite qu'en tant que mort. Il me semble fuser à une vitesse proche de celle de la lumière. Bientôt, nous distinguons au loin notre planète natale. Nous franchissons l'atmosphère en même temps que toutes sortes de petites météorites qui s'enflamment en la pénétrant, et que nous appelions des étoiles filantes.

Nous descendons toujours. Nous croisons un avion qui largue des amateurs de vol en chute libre. Raoul se place en face de l'un des mortels, qui bien sûr ne le voit pas, et s'amuse à le doubler de vitesse. Je lui demande de cesser ses gamineries. J'ai un œuf sur le point d'éclore, moi.

Nous atterrissons quelque part dans une plaine de Toscane.

Nostalgie. Nous ressentons une impression qui devait être celle des premiers astronautes rentrant de mission. Sauf que maintenant notre « chez-nous » n'est plus « ici-bas » mais « ici-haut »... J'ai l'impression d'être devenu étranger chez moi.

Raoul me fait signe que nous n'avons plus de temps à perdre. Il nous faut vite rejoindre l'hôpital de Perpignan où m'attend mon premier client : Jacques Nemrod.

25. NAISSANCE DE JACQUES

Donc je vais naître.

Ce que j'aperçois en premier, c'est une lumière aveuglante au fond d'un tunnel.

On me pousse. On me tire.

Je me souviens de ma vie précédente. J'ai été un Indien pueblo, pendu par des chercheurs d'or. Ma dernière pensée fut : « On n'a pas le droit de me tuer ainsi, mes pieds loin du sol. » Ils m'ont pendu. J'ai étouffé. J'étouffe.

Vite. Raoul me dit qu'il me faut agir vite. Il m'explique quoi faire : lui appliquer un « baiser d'ange ».

Des images de l'ultime massacre s'impriment dans mon esprit. Nos flèches contre leurs balles. Nos arcs contre leurs fusils. Le camp en flammes. Ma capture. Mes nattes qu'on coupe et la corde autour de mon cou.

Jacques est toujours sous le choc de sa mort. Il est trop nerveux. Je lui souffle : « Chut, oublie le passé. » Raoul m'ordonne de lui imposer la marque des anges. Comment m'y prendre ? Il m'indique qu'il faut enfoncer le bout de l'index au-dessus de la bouche, comme si je voulais le contraindre à se taire.

Je pose mon doigt sous le nez et imprime la gouttière sous les minuscules narines.

Jacques se calme.

J'ignore ce qu'il s'est passé tout à l'heure. Une présence ? En tout cas, j'ai tout oublié de mon existence précédente. Je sais que je devais me souvenir de quelque chose, mais je ne sais plus de quoi. D'ailleurs, ai-je seulement eu une existence précédente ? Non, je ne le crois pas.

Donc je vais naître.

On me tire vers la lumière. J'entends des cris.

Ma mère.

J'entends une voix qui ordonne :

— Poussez, madame. Allons, poussez par petits coups. Imitez la respiration du chien.

Ma mère se met à ahaner.

Autre voix :

— Cette affaire dure depuis des heures. L'enfant se présente mal. Nous devrions procéder à une césarienne...

— Non, non, dit ma mère, laissez-moi. J'y arriverai toute seule.

Ah, ça pousse de nouveau. Je sens autour de moi comme des vagues qui m'entraînent. Je progresse dans un goulet de chair sombre. Je glisse par les pieds vers la lumière aveuglante. Mes orteils se retrouvent dans une zone glacée. J'ai envie de remonter me blottir au chaud, mais des mains gantées de caoutchouc m'agrippent pour m'entraîner vers le froid.

Mes jambes sont maintenant dehors, puis mes fesses, puis mon ventre. Ça tire encore. Seuls mes bras et ma tête sont encore protégés. Le reste de mon corps grelotte. Ça tire à nouveau, mais mon menton est bien calé dans un angle, et je ne lâcherai pas.

— Nous n'y arriverons pas, ça ne passe pas, déclare l'accoucheur.

— Mais si, mais si, gémit ma mère.

— Une petite épisiotomie, conseille une voix.

— C'est indispensable ? demande ma mère, guère enthousiaste.

— Nous risquons de lui abîmer la tête en continuant à le tirer ainsi, lui répond-on.

Je demeure un instant corps au froid, tête au chaud, les bras serrés contre mes oreilles. Une lame surgit près de mon menton. Un déchirement et, autour de moi, la pression se relâche. D'un coup, on me tire une dernière fois par les pieds et, cette fois, ma tête passe.

J'ouvre les yeux. La lumière me vrille la tête. Je m'empresse de les refermer.

On m'attrape. Je n'ai pas le temps de comprendre ce qu'il m'arrive. On me suspend tête en bas en m'agrippant par les pieds. Aïe ! Aïe ! Aïe ! J'en ai assez qu'on me maltraite. Je crie de colère. Ils crient aussi.

Ah ça ! ma naissance, je m'en souviendrai ! Je hurle de plus belle. Ça semble leur faire rudement plaisir. Ils rient. Se moqueraient-ils de moi ? Dans le doute, je pleure. Ils rient toujours. Ils me passent de main en main. Hé ! je ne suis pas un jouet quand même ! Quelqu'un me tripote le sexe et dit :

— C'est un garçon.

Objectivement, à vue d'ange, il est assez laid... Raoul considère le nouveau-né et éclate de son grand rire d'antan.

— C'est vrai qu'il est moche.

— Tu crois que ça s'arrangera ?

Le médecin annonce que mon client pèse trois kilos trois. Raoul m'assène une simili-claque dans le dos comme si c'était moi qui avais réussi cet exploit.

— Tous les nouveau-nés ont l'air un peu ratatinés au sortir de leur mère. Et quand on les extirpe aux forceps, c'est pire, ils ressemblent à des gaufres.

Je suis né.

— Qu'il est chou ! se félicitent des voix que je ne comprends toujours pas.

Tout le monde hurle sur cette planète. Ils ne savent pas chuchoter ? Il y a trop de lumière, trop de courants d'air, trop de bruit, trop d'odeurs. Cet endroit ne me plaît pas du tout. Je peux remonter là d'où je viens ? Mais personne ne me demande mon avis. Ils sont affairés à discuter de je ne sais quoi qui leur paraît très important.

— Et vous allez l'appeler comment, votre garçon ?

— Jacques.

Le chahut se poursuit. Des ciseaux s'approchent de mon corps frissonnant. Au secours ! Ils tranchent le cordon ombilical et ça fait très froid, ça.

26. NAISSANCE DE VENUS

Je me souviens de mon existence précédente. J'étais un négociant chinois très riche et très puissant. Je voyageais en palanquin avec mes gens. Des brigands nous ont attaqués. Ils nous ont tout pris puis ils m'ont obligé à creuser ma propre tombe et ils m'y ont précipité. Je les ai suppliés de me laisser la vie à défaut de mes biens. Ils ont jeté à ma suite l'une de mes servantes. « Tiens, on te la laisse pour t'amuser. » Puis ils nous ont recouverts de terre. J'en avais plein les yeux. La servante s'est étouffée la première et j'ai senti que la vie quittait son corps. J'ai tenté de me dégager en brassant la terre qui m'oppressait mais j'étais trop gros pour me libérer. Trop de soupers fins...

Je suffoque. Je ne supporte pas cet horrible enfermement. J'ouvre les yeux. Lorsque j'étais négociant chinois, je suis mort dans un univers noirâtre. Je rouvre les yeux dans un univers rougeâtre. Je suis toujours oppressée. Et il y a encore un cadavre tout contre moi !

C'est George, mon frère jumeau, que j'ai tué sans le vouloir.

J'étouffe, je veux sortir d'ici. De l'air, de l'air ! Je me débats. Aujourd'hui, mon corps est moins lourd. Je tape, je frappe, je gesticule. Il y a forcément quelqu'un capable de m'aider à sortir.

Nous voilà au chevet de Venus.

Quelque chose ne va pas dans son esprit. J'essaie de pénétrer l'âme du bébé et je constate que je n'y parviens pas. Ici se dresse la limite de notre travail d'ange. Nous ne pouvons pas lire les pensées de nos clients.

Ce doit être son passé qui la tourmente. Je m'empresse de lui apposer l'empreinte, mais elle est fébrile, elle ne cesse de remuer et j'ai du mal à lui appliquer mon sceau.

— Elle fait une crise de claustrophobie, dit Raoul.

— Déjà ?

— Bien sûr. Parfois le souvenir de la mort précédente laisse quelques séquelles. Elle ne supporte pas de rester dans un lieu clos. Nous n'avons pas le temps pour l'empreinte. Vite, il faut réagir.

— Je transmets l'intuition d'une césarienne au médecin accoucheur.

Lumière. La liberté enfin ! Des mains me délivrent de ma prison, mais quelque chose demeure accroché à moi.

C'est le cadavre de George ! Il m'étreint comme s'il voulait ne jamais me quitter. Quelle abomination ! Je suis mort en homme un cadavre de femme dans les bras et je renais en femme accrochée à la dépouille d'un homme.

Les infirmières sont obligées d'employer de minuscules pinces pour contraindre un par un les doigts de George à me lâcher.

— Chut, oublie le passé.

À peine son corps est-il exposé à l'air libre que j'imprime la marque des anges au-dessus de ses lèvres. Trop occupés à la détacher de George, les médecins ne regardaient pas la frimousse de Venus. Sinon, ils auraient vu se creuser d'un coup une gouttière sous son nez.

27. NAISSANCE D'IGOR

Donc je vais naître.

Je me souviens que j'étais un astronaute. Je me souviens que j'étais désespéré.

Nous voilà auprès d'Igor maintenant. Lui aussi est nerveux. Il se remémore sa vie antérieure et les traumatismes subis. J'accours et, aussitôt, lui applique la marque des anges. « Chut, oublie le passé. » Il refuse de se calmer. J'appuie plus fort et tant pis si sa gouttière sera profonde. Il retrouve enfin un peu de tranquillité.

Ma mère vient de s'écrouler dans la rue. Depuis le temps qu'elle niait les symptômes, il fallait s'y attendre. Nausées. Vertiges. À chaque fois, je recevais des coups en guise de punition. Comme si c'était ma faute !

Cette fois, elle a perdu les eaux, je me retrouve tout au sec et, par-dessus le marché, elle s'est évanouie.

Des gens l'ont ramassée. Ils se sont récriés et puis

quelqu'un a dit que cette dame devait être enceinte. Un autre s'est exclamé qu'il fallait l'emmener d'urgence à l'hôpital.

— Ça va mieux, annonce maman en reprenant ses esprits, ce n'est juste qu'un évanouissement dû à l'alcool.

Heureusement, ils ne l'ont pas écoutée.

L'établissement est loin. La voiture roule vite. Je le devine aux cahots.

— Respirez lentement, conseille une voix féminine.

— Ce n'est rien, je veux rentrer chez moi, répète maman.

Je commence à suffoquer là-dedans. Je vais mourir, et alors elle aura gagné. Les contractions commencent. Il était temps. Le couple d'automobilistes, je sais que c'est un couple puisque alternent voix d'homme et voix de femme, s'affole. La voiture accélère encore. Les secousses augmentent et les contractions aussi. Je me place en position.

ALLEZ-Y. JE SUIS PRÊT.

— J'ignore comment m'y prendre, soupire l'homme à sa compagne. Je n'ai jamais accouché quiconque, je suis boulanger.

Alors, imagine que tu sors un pain du four, grand dégourdi !

— Il va mourir, il va mourir, se lamente l'homme.

Mais c'est compter sans moi. En dépit de ma génitrice hostile et de ces deux incapables, j'ai envie de vivre et je vivrai.

Par ici la sortie : « Exit. »

Je sors entièrement ma tête. C'était le plus dur. J'ouvre les yeux et ne vois plus rien. Tout est flou.

— Enveloppe-le dans ta veste, ordonne la dame.

Bon, j'ai réussi le plus difficile. Je suis né. La suite devrait être plus aisée.

— J'ai bien cru que nous n'y arriverions jamais. Je ne savais pas qu'un accouchement pouvait être aussi dur.

— On oublie vite, me réconforte Raoul. Mais tu as vu, j'ai bien fait de venir. On n'était pas trop de deux pour influencer les autres automobilistes et éviter que la voiture n'ait un accident.

— Ils sont assez touchants...

— Tu parles... ce sont des monstres, ouais ! Et le cauchemar ne fait que commencer. À présent, tu vas connaître le pire.

— Quoi donc ?

Raoul prend un air navré.

— Le LIBRE ARBITRE ! Le libre arbitre des humains, c'est leur droit de choisir ce qu'ils font de leur vie. Donc le droit de se tromper. Celui de provoquer des catastrophes. Sans rendre de comptes à qui que ce soit. Sans assumer. Et ils ne se gênent pas. Ah, s'il te plaît, méfie-toi de ces deux mots fatals : « libre arbitre ».

28. ENCYCLOPÉDIE

GESTATION : La gestation du petit humain devrait normalement s'effectuer en dix-huit mois pour être complète. Or, au bout de neuf mois, il est nécessaire de l'éjecter du corps maternel car sa tête est déjà trop grosse et, si on attendait encore, elle deviendrait trop volumineuse pour passer au travers du bassin de la mère. C'est comme s'il y avait eu erreur d'ajustement entre le boulet et le canon.

Donc le fœtus quitte le ventre maternel avant d'être complètement formé. Conséquence : il est indispensable de prolonger les neuf mois de vie

intra-utérine du fœtus de neuf mois de vie extra-utérine.

Durant cette période très délicate, la couvaison devra s'accompagner d'une présence très forte de la mère. Les parents devront élaborer un ventre affectif imaginaire dans lequel le nouveau-né se sentira d'autant plus protégé, aimé, accepté qu'il n'est pas encore véritablement né.

À neuf mois se produit ce qu'on appelle le « deuil du bébé », lorsque l'enfant prend conscience qu'il y a différence entre lui et le monde extérieur. Dès lors, il pourra se reconnaître dans une glace comme étant différent du reste du décor. Ce sera enfin sa vraie naissance.

Edmond Wells,
***Encyclopédie du Savoir Relatif et Absolu*, tome IV.**

29. GESTION DES CLIENTS

Edmond Wells m'attend à l'entrée de la porte de Saphir. Il tique un peu en apercevant Raoul, comprenant que cet ange peu orthodoxe m'a accompagné sur Terre, mais, comme il n'est pas son ange instructeur direct, il reste circonspect.

— Ça s'est bien passé, tes baptêmes ? demande-t-il nonchalamment.

— Pas de problème !

Edmond Wells me propose de nous rendre vers la zone sud-ouest. Autour de nous d'autres anges discutent en tête à tête en s'ébattant comme des couples d'hirondelles. Mon mentor étend les bras pour virer sec vers la gauche, je le suis.

— Il est maintenant temps de t'apprendre le boulot proprement dit.

Il choisit un coin tranquille dans les montagnes et nous atterrissons.

— Tu dois orienter tes clients sur la bonne voie. Pour chacun, la route est différente. Ils se sont fixé, il y a longtemps déjà, les missions de leur âme. Ce sont des buts particuliers et différents pour chacun et, à chaque vie, ils essaient de s'améliorer dans cette direction. Or tu ne sais rien de ces missions. Tu peux, certes, les déduire à partir de leur comportement, mais le seul critère objectif de leur évolution demeure le décompte des points lors du Jugement. Celui qui adopte la bonne direction verra à sa pesée sa note s'améliorer de vie en vie. N'oublie pas, 600 points et le client sort du jeu.

— Comment puis-je les aider ?

Il prend mes mains, les retourne et fait venir mes trois petits ballons lumineux. La clarté mouvante des trois écrans sphériques danse sur nos visages transparents.

— Tu disposes de cinq leviers : 1) les intuitions ; 2) les rêves ; 3) les signes ; 4) les médiums ; 5) les chats.

J'enregistre. Il poursuit :

— L'intuition. Tu aiguilles ton client vers ce qu'il doit faire, mais l'indication lui parvient de manière si atténuée qu'elle lui est à peine perceptible.

— Les rêves ?

— Évidemment, nous serions tentés de leur apporter directement par le biais du rêve les solutions à leurs problèmes. Or, nous n'en avons pas le droit. Nous devons passer par un discours onirique au cours duquel nous glissons l'indication sous une forme symbolique. Si ton client est en danger, par exemple, tu lui feras rêver qu'il perd ses dents ou ses cheveux. Le problème avec les rêves, c'est que soit ils les oublient au réveil, soit ils les comprennent de travers. Pour faire passer le message, il faut parfois s'y reprendre plusieurs nuits de suite à l'aide d'histoires symboliques différentes mais en conservant toujours le même noyau d'information. Le grand talent des anges consiste à être les metteurs en scène des rêves. Chaque client a son propre monde de références qu'il importe d'utiliser à bon escient. C'est pour cela que tous les ouvrages répertoriant une symbolique générale des rêves sont nuls et non avenus.

Il caresse l'œuf de Venus.

— Les signes ?

— Ils fonctionnent à la manière des intuitions. Il s'agit d'interventions directes, mais qui ne marchent pas à tous les coups. Autrefois, les humains prenaient leurs décisions en observant un vol d'oiseaux ou en consultant les entrailles d'un poulet. Pour nous, c'était plus facile. À présent, c'est à nous d'inventer des signes. Un chien qui aboie pour signaler qu'il ne faut pas se diriger par là... Une porte rouillée qui refuse de tourner sur ses gonds...

— Les médiums ?

— À utiliser avec parcimonie. Les médiums sont des humains qui ont reçu la faculté de percevoir les voix des anges. Mais deux écueils demeurent. D'abord, ils nous comprennent parfois de travers. Ensuite, il leur arrive de profiter de leur don pour exercer un ascendant sur les êtres qui les écoutent. À n'utiliser donc que dans les cas désespérés.

— Et... les chats ?

— Les chats sont pour la plupart un peu médiums. Avantage sur les humains, ils ne tirent de leurs facultés ni pouvoir ni argent. En revanche, inconvénient majeur : ils ne parlent pas et ne peuvent lancer d'avertissements directs.

Je réfléchis. Mes moyens d'intervention me semblent en effet assez modestes pour lutter contre le spectre du libre arbitre.

— Il existe d'autres leviers ?

Edmond Wells caresse la bulle d'Igor.

— Ces cinq leviers adroitement utilisés permettent déjà d'obtenir quelques fort bons résultats.

Je m'étire.

— Super, j'ai toujours rêvé de piloter des humains. De vrais hommes, une vraie femme, c'est beaucoup plus excitant qu'un jeu vidéo de simulation du genre « essayez de faire survivre votre personnage en milieu hostile ».

— Attention, tu n'as pas le droit de faire n'importe quoi. Tu as un grand devoir envers tes clients. Tu dois exaucer leurs vœux. Et quand je dis leurs vœux, cela signifie absolument tous leurs vœux.

— Même ceux contraires à leurs intérêts ?

— C'est là que réside l'énorme privilège de leurs 50 % de libre arbitre. Il t'est interdit d'y toucher. Tu dois respecter jusqu'aux plus aberrants de leurs désirs.

Raoul avait raison. Notre ennemi n'est pas le diable, ou un quelconque méchant céleste. Notre ennemi est le libre arbitre des hommes.

30. JACQUES. 1 AN

Je vis ma vie de bébé.

Je n'aime pas quand les parents m'attrapent sous les bras. J'aime quand ils me saisissent par le siège et que je peux m'asseoir dans la paume de leurs mains.

Papa me lance souvent en l'air. Je risque de m'écraser au plafond. Ça me fait peur. Pourquoi les papas se sentent-ils obligés de lancer leurs gosses en l'air ?

Tout m'angoisse. J'ai envie de me cacher sous les couvertures et que les autres me laissent en paix.

Une petite fille m'a été présentée comme étant ma sœur. Elle a l'air contente de me voir car elle n'arrête pas de me mettre des choses dans la bouche en me disant : « Allez, bébé, il faut manger. » Elle me cale dans la poussette de sa poupée et court partout en hurlant : « Bébé est sale ! Il faut lui donner un bain et lui shampouiner les yeux ! »

Elle n'est pas la seule fillette ici à se prétendre ma sœur. Il y en a d'autres, que je perçois comme autant de présences intéressantes, mais potentiellement dangereuses. Certaines m'appliquent des bisous, d'autres me tirent les cheveux. Il y en a qui me donnent le biberon et d'autres qui me font des chatouilles.

J'ai découvert que, dans la famille, nous avions aussi un chat. Il m'apparaît comme étant l'entité la plus sereine de la maison. Sa fourrure est aussi veloutée que la peluche de mes nounours et il en sort un bruit de ronronnement grave qui me plaît.

Mes sœurs essaient de me montrer comment marcher. Je suis déjà tombé une fois et le souvenir de mes bleus me rend méfiant quant à de nouvelles tentatives. La station debout m'inquiète. À quatre pattes, on chute de moins haut.

À part le chat, comme éléments rassurants dans la maisonnée, il y a aussi le pot et la télévision. Lorsque je suis sur le pot, personne ne vient me déranger. La télé, elle, a pour propriété de bouger tout le temps et, en plus, elle ronronne comme le chat.

À la télé, il y a des histoires en permanence. J'adore les histoires. Elles me font oublier mes angoisses.

31. VENUS. 1 AN

Je suis couverte de baisers et d'attentions. Ma mère me répète que je suis la plus belle petite fille du monde.

Je me suis vue dans le miroir et, en effet, je suis ravissante. J'ai de longs cheveux d'ébène, ma peau couleur de miel est fine et douce comme de la soie, et mes yeux sont vert clair. Il paraît qu'à ma naissance, au contraire des autres bébés, je n'étais même pas chiffonnée. Maman m'a expliqué que c'est parce que je suis sortie directement de son ventre sans qu'elle ait eu d'efforts à faire pour m'en expulser.

À part ça, ils m'ont présenté un vieux monsieur, le père de maman. Ils l'appellent « pépé », et pépé m'accable de bisous mouillés. Je déteste les bisous mouillés. Pour s'autoriser des trucs aussi baveux, il doit être vraiment en manque d'affection.

Le soir, j'exige qu'on allume une veilleuse près de mon lit pour ne pas être plongée dans l'obscurité. Sinon, j'ai l'impression que quelqu'un de malfaisant se dissimule sous le sommier et qu'il va m'attraper par les pieds.

Je ne supporte pas non plus qu'on m'enveloppe dans une couverture. J'ai besoin d'avoir toujours les jambes à l'air. Sinon ça m'énerve, ça m'énerve. En plus, si le monstre de sous le lit surgit tout à coup, je me retrouverai coincée et je ne pourrai pas m'enfuir.

Je ne mange pas de tout. Je ne supporte que le doux et le sucré. J'aime ce qui est beau, gentil, sucré.

32. IGOR. 1 AN

Il faut que je survive à ma mère.

Je lui échappe dans la baignoire où elle cherche à me noyer. Je lui échappe dans le lit où elle cherche à m'étouffer avec un oreiller.

Je sais être glissant.

Je sais prévenir les menaces.

Je sais me réveiller la nuit à la moindre lueur.

Je sais, grâce à mon ouïe très fine, deviner quand elle surgit derrière moi.

Je sais être leste et rapide.

J'apprends vite à marcher.

Pour mieux fuir.

33. ENCYCLOPÉDIE

INSTINCT MATERNEL : Beaucoup s'imaginent que l'amour maternel est un sentiment humain naturel et automatique. Rien de plus faux. Jusqu'à la fin du dix-neuvième siècle, la plupart des femmes appartenant à la bourgeoisie occidentale plaçaient leurs enfants en nourrice et ne s'en occupaient plus.

Les paysannes n'étaient guère plus attentionnées. On emmaillotait les bébés dans des langes très serrés puis on les accrochait au mur pas trop loin de la cheminée afin qu'ils n'aient pas froid.

Le taux de mortalité infantile étant très élevé, les parents étaient fatalistes, sachant qu'il n'y avait qu'une chance sur deux pour que leurs enfants survivent jusqu'à l'adolescence.

Ce n'est qu'au début du vingtième siècle que les gouvernements ont compris l'intérêt économique, social et militaire de ce fameux « instinct maternel ». En particulier lors de recensements de la population, car on s'aperçut alors du grand nombre d'enfants mal nourris, maltraités, battus. À la longue, les conséquences risquaient d'être lourdes pour l'avenir d'un pays. On développa l'information, la prévention, et, peu à peu, les progrès de la

médecine en matière de maladies infantiles permirent d'affirmer que les parents pouvaient dorénavant s'investir affectivement dans leurs enfants sans crainte de les perdre prématurément. On mit donc à l'ordre du jour l'« instinct maternel ».

Un nouveau marché naquit peu à peu : couches-culottes, biberons, laits maternisés, petits pots, jouets. Le mythe du Père Noël se répandit dans le monde.

Les industriels de l'enfance, au travers de multiples réclames, créèrent l'image de mères responsables, et le bonheur de l'enfant devint une sorte d'idéal moderne.

Paradoxalement, c'est au moment où l'amour maternel s'affiche, se revendique et s'épanouit, devenant le seul sentiment incontestable dans la société, que les enfants, une fois grands, reprochent constamment à leur mère de ne pas s'être suffisamment souciée d'eux. Et, plus tard, ils déversent... chez un psychanalyste leurs ressentiments et leurs rancœurs envers leur génitrice.

Edmond Wells,
***Encyclopédie du Savoir Relatif et Absolu*, tome IV.**

34. LE MONDE DU DESSUS

Grâce à mes sphères de contrôle, j'observe mes clients sous tous les angles comme si j'avais à mon service une vingtaine de caméras. Une pensée, et j'obtiens un plan panoramique, des plans larges, des plans américains, des gros plans. Mes caméras tournent à volonté autour de mes clients pour mieux scruter les personnages secondaires, les figurants et l'environnement. Je maîtrise non seulement les angles de prises de vues mais aussi les lumières. Je peux observer mes héros même plongés dans le noir, les distinguer nettement sous une pluie battante. Je peux pénétrer dans leur corps, voir leur cœur battre, leur estomac digérer. Seules leurs pensées me sont cachées.

Raoul ne partage pas mon enthousiasme.

— Au début, moi aussi, cela m'excitait. Et puis j'ai fini par me rendre compte de mon impuissance.

Il considère la sphère d'Igor.

— Hum, pas très joli tout ça.

Je soupire.

— Je m'inquiète pour Igor. Sa mère finira par le tuer.

— Un gosse haï par sa mère..., rumine Raoul. Cela ne te rappelle rien ?

Je réfléchis sans trouver.

— Félix, me souffle-t-il.

Je sursaute. Félix Kerboz, notre premier thanatonaute ! Lui aussi était détesté par sa mère. Éperonné, je fixe de plus près le karma d'Igor et reconnaît qu'en effet, mon Russe est une réincarnation de notre ex-compagnon pionnier de la thanatonautique.

— Comment est-ce possible ?

Raoul Razorbak hausse les épaules.

— À l'époque, le terme « thanatonaute » n'était pas encore entré dans les mœurs, le tribunal angélique a classé Félix « astronaute ».

Je me souviens de ce garçon un peu simple qui pour se sortir plus vite de prison testait des médicaments dangereux et, en échange d'une amnistie, s'était porté volontaire pour un vol thanatonautique. Il avait été ainsi le premier à se rendre sur le continent des morts et à en revenir. Je trouve quand même un peu sévère qu'ayant déjà eu une mère haineuse dans sa vie précédente, il ait été loti d'une génitrice encore pire dans cette existence-ci.

Raoul m'affirme que c'est normal. Lorsqu'un problème n'a pas été résolu dans une vie, il est automatiquement reposé dans la suivante.

— L'âme de Félix Kerboz n'étant pas parvenue à transcender ni à comprendre sa mère, elle va tenter d'y arriver dans sa nouvelle vie d'Igor Tchekov. Ce sont sans doute les 7, les « gens du dessus » ou... les « dieux », qui en ont décidé ainsi. S'il échoue encore à régler son problème avec sa mère dans cette existence, de quelle atroce marâtre le dotera-t-on dans la suivante ?...

Je plisse le front.

— Pire que la mère d'Igor, je ne vois pas...

Raoul Razorbak émet un ricanement.

— Alors là, tu peux faire confiance aux « gens du dessus ». Ils ont l'imagination féconde quand il s'agit d'inventer des épreuves nouvelles pour les humains. Le prochain avatar d'Igor-Félix pourrait très bien avoir à affronter une mère adorable mais excessivement possessive qui l'étoufferait sous un amour jaloux.

— Mais c'est de l'acharnement karmique !

La physionomie de mon ami se creuse tandis que ses mains s'agitent comme des serres.

— Je vois que tu commences à comprendre. Tout se passe comme si, là-haut, ils s'évertuaient à enfoncer la tête de nos clients jusqu'à ce qu'ils se décident à réagir. Ils considèrent que ce n'est que tout au fond de la piscine que l'humain est à même de donner le coup de talon qui le fera remonter à la surface. J'ignore qui sont ces « dieux », mais je ne suis pas convaincu qu'ils recherchent le bien de l'humanité.

— Que puis-je faire alors pour l'aider ?

Raoul Razorbak serre les poings.

— Pas grand-chose, hélas ! Nous sommes les fantassins de l'armée des êtres de lumière. Nous sommes en première ligne pour assister au désastre, mais ce sont les officiers stratèges planqués à l'arrière qui prennent les décisions... Et nous ignorons ce qui les motive.

Je me sens soudain impuissant. Raoul me secoue, furibond.

— C'est pour cela que nous devons découvrir à tout prix qui sont ces officiers et ce qui les anime, qui sont ces 7, qui sont ces « dieux » qui nous utilisent, nous les anges, et eux, les mortels.

Pour la première fois, peut-être à cause de la détresse d'Igor, je suis sensible aux arguments de mon téméraire ami. Je ne me sens cependant pas encore prêt à transgresser les lois du pays des anges.

35. BÉBÉ JACQUES. 2 ANS

Aujourd'hui, les parents ne sont pas là et la nourrice est allée fumer et téléphoner sur le balcon. La voie est libre. Cap sur la cuisine. C'est un endroit merveilleux que j'ai toujours eu envie de mieux connaître. Il y a plein de lumières qui clignotent, des blanches, des rouges et même des vertes. On y respire des arômes de sucre chaud et des odeurs de lait, des odeurs de chocolat fondu et des fumées salées. Ces jours-ci, je ne cesse de flairer. Et puis maintenant je deviens expert en escalades.

Tiens, qu'y a-t-il là-haut ?

Par chance, il y a une chaise près de la cuisinière. En grimpant dessus, je pourrai l'attraper.

Jacques est sur le point de se brûler en tirant sur le manche de la casserole où bout l'eau des nouilles ! Il faut le sauver. Je récapitule les cinq leviers.

L'intuition.

J'essaie de pénétrer l'esprit de la nourrice. « Le bébé, le bébé est en danger dans la cuisine ! »

Mais sa conversation au téléphone avec son petit ami l'accapare toute.

J'essaie de pénétrer l'esprit du petit Jacques mais ce crâne est comme un coffre-fort impossible à percer.

Les signes.

Des moineaux se perchent sur le rebord de la fenêtre et piaillent pour distraire le gamin. Tout à sa casserole, Jacques ne les voit ni ne les entend.

Les médiums. Il n'y en a aucun dans les alentours.

Que faire alors ?

Ce manche est trop loin. Il faut que j'avance davantage ma main. J'arriverai à attraper ce long bâton qui dépasse là-haut pour voir pourquoi il envoie de la fumée et du bruit.

Les chats.

Il me reste le chat.

Par chance, il y a un chat dans cette maison ! Je me branche sur son esprit. D'emblée, j'apprends beaucoup de choses sur lui. Tout d'abord ce chat est une chatte et elle se nomme Mona Lisa. Étonnant, alors que l'esprit des humains nous est totalement inaccessible, celui de cette chatte est parfaitement perméable. « Il faut sauver le petit garçon ! » lui lancé-je. Le problème, c'est que Mona Lisa capte certes ma demande mais n'a pas du tout envie d'obtempérer. Mona Lisa est née dans cette maison et n'en est jamais sortie. À force de rester immobile toute la journée face à la télévision, elle est devenue obèse. Elle ne consent à se lever que trois fois par jour pour se goinfrer de pâtes molles et de croquettes chimiques qui la ravissent.

Elle n'a jamais chassé, elle ne s'est jamais battue, elle ne s'est même jamais promenée dehors.

Elle est demeurée là, dans la tiédeur de l'appartement, à fixer la télévision. Mona Lisa a ses programmes de prédilection et affiche beaucoup d'intérêt pour ces jeux qui consistent à poser aux candidats des questions du genre : « Quelle est la capitale de la Côte-d'Ivoire ? »

Cette chatte adore quand l'humain se trompe ou rate de peu le jackpot. Les détresses des humains la confortent dans l'idée qu'il vaut bien mieux être chat.

Elle a une confiance absolue en ses maîtres. Non, c'est encore plus fort, elle ne les considère pas comme ses maîtres, mais comme ses... sujets. Incroyable ! Cet animal pense que ce sont les chats qui dirigent le monde et manipulent ces gros bipèdes pourvoyeurs de bien-être.

J'émets :

« Bouge, va sauver le petit humain. »

Elle n'en a cure.

« Je suis trop occupée, répond l'effronté animal. Tu ne vois pas que je regarde la télé ? »

Je me branche plus profondément encore sur la cervelle de Mona Lisa.

« Si tu ne te lèves pas de là, le gosse va mourir. »

Elle continue tranquillement de se lécher.

« M'est égal. Ils en feront d'autres. De toute façon, tous ces enfants dans une maison, c'est trop. Que de bruit, que d'agitation ! Et ils finissent toujours par nous faire mal en nous tirant les moustaches. J'aime pas les petits d'humains. »

Comment contraindre cette chatte à sauver l'enfant ?

« Écoute, le chat, si tu ne te précipites pas tout de suite pour sauver Jacques, j'enverrai des parasites sur l'antenne de télévision. »

J'ignore si j'en suis capable mais l'important c'est qu'elle le croie. Elle paraît en effet saisie d'un doute. Je lis dans son esprit des souvenirs d'émissions parasitées par des orages, d'écrans couverts de neige. Pire, elle a même connu des pannes et des grèves qui l'ont beaucoup contrariée.

— Tiens, bonjour le chat. C'est la première fois que tu viens te frotter contre moi. Que tu es gentil, comme ta fourrure est agréable à caresser ! Je préfère jouer avec toi qu'avec ce bâton, là-haut.

36. BÉBÉ VENUS. 2 ANS

Hier je suis restée longtemps devant mon miroir. Je me suis fait des grimaces, mais même quand je grimace, je me plais.

Mes parents m'ont mis des couches-culottes roses satinées. Ils disent que c'est pour que j'y fasse « pipi » et « caca ». Je ne sais pas de quoi ils parlent. Je demande « quoi pipi ? » et maman me montre. J'examine le liquide jaune. Je le renifle. Je suis dégoûtée. Comment d'un aussi joli corps que le mien peut-il suinter un liquide qui sent aussi mauvais ? Je pique une colère. C'est tellement injuste. Et puis que c'est humiliant de porter des couches !

Il paraît que tous les humains sans exception font « pipi » et « caca ». C'est ce que disent papa et maman en tout cas, mais je n'en crois rien. Il y en a forcément qui échappent à cette calamité.

J'ai mal à la tête.

J'ai souvent mal à la tête.

Il s'est passé quelque chose de très important que j'ai oublié. Tant que je ne me le rappellerai pas, je sais que j'aurai mal à la tête.

37. BÉBÉ IGOR. 2 ANS

Maman veut me tuer.

Hier elle m'a enfermé dans une pièce avec la fenêtre grande ouverte. Le vent glacé m'a pénétré jusqu'aux os, mais je développe des facultés de résistance au froid. J'ai tenu. De toute façon, je n'ai pas le choix. Je sais que si je tombe malade, elle ne me soignera pas.

« Je te nargue, maman. Je suis toujours vivant. Et, à moins que tu ne trouves en toi le courage de m'enfoncer carrément un couteau dans le ventre, désolé, je vivrai. »

Elle ne m'écoute pas. Elle est déjà sur le lit, à cuver sa vodka.

38. LA PORTE D'ÉMERAUDE

Raoul et moi cherchons une autre voie vers le monde des 7. Nous lévitons vers l'est, nous nous élevons jusqu'au sommet d'une montagne, nous essayons de passer par-dessus, et là, une barrière invisible nous empêche d'avancer.

— Je te l'avais bien dit, le monde des anges est une prison, marmonne Raoul, lugubre.

Comme par hasard, Edmond Wells surgit devant nous.

— Ho ! ho ! que manigancez-vous donc par ici ?

— Nous en avons assez de ce travail. Cette tâche est impossible, assène Raoul, les poings sur les hanches en signe de défi.

Edmond Wells comprend que l'affaire est grave.

— Qu'en penses-tu, Michael ?

Raoul répond à ma place :

— À peine éclos, ses œufs sont déjà cuits. « Ils » lui ont refilé un Jacques angoissé et maladroit, une Venus narcissique superficielle et un Igor que sa mère veut achever. Quels cadeaux !

Edmond Wells n'a pas un regard pour mon ami.

— C'est à Michael que je m'adresse. Qu'en penses-tu, Michael ?

Je ne sais que répondre. Mon instructeur insiste :

— Tu n'éprouves quand même pas une nostalgie pour ta vie de mortel ? Souviens-toi de ton existence d'incarné.

Je me sens pris entre deux feux. D'un geste ample, Edmond Wells embrasse l'horizon.

— Tu souffrais. Tu avais peur. Tu étais malade. Maintenant tu es pur esprit. Libéré de la matière.

Et ce disant, il me traverse de part en part.

Raoul hausse les épaules avec dégoût.

— Mais nous avons perdu toute sensation tactile. Nous ne pouvons même plus réellement nous asseoir.

Il esquisse le geste et choit comme s'il avait traversé une chaise inexistante.

— Nous ne vieillissons plus, avance Edmond Wells.

— Mais nous n'avons pas conscience du temps qui passe, riposte Raoul du tac au tac. Plus de secondes, plus de minutes, plus d'heures, plus de nuits, plus de jours. Plus de saisons.

— Nous sommes éternels.

— Mais nous n'avons plus d'anniversaires !

Les arguments fusent.

— Nous ne souffrons pas...

— Mais nous ne ressentons plus rien.

— Nous communiquons par l'esprit.

— Mais nous n'écoutons plus de musique.

Edmond Wells ne se laisse pas décontenancer.

— Nous volons à des vitesses vertigineuses.

— Mais nous ne sentons même plus la caresse du vent sur notre visage.

— Nous restons constamment en éveil.

— Mais nous n'avons plus de rêves !

Mon mentor tente encore de marquer des points mais mon ami ne renonce pas :

— Plus de plaisirs. Plus de sexualité.

— Plus de douleurs non plus ! Et nous avons accès à toutes les connaissances, rétorque Edmond Wells.

— Il n'y a même plus de... livres. Il n'y a même pas une bibliothèque au Paradis...

Mon instructeur est touché par cet argument.

— En effet, nous n'avons pas de livres... mais... mais...

Il cherche puis trouve :

— Mais... nous n'en avons pas besoin. Chaque vie de mortel porte en soi une intrigue passionnante. Mieux que tous les romans, mieux que tous les films : observer une simple vie d'humain, avec ses coups de théâtre, ses surprises, ses peines, ses passions, ses chagrins d'amour, ses réussites et ses échecs. Et ce sont des histoires VRAIES, par-dessus le marché !

Là, Raoul Razorbak ne trouve rien à redire. Edmond Wells s'abstient cependant de parader.

— Jadis, j'ai été comme vous, moi aussi, un rebelle.

Il lève la tête comme s'il voulait observer les nuages de pluie. Il concède :

— Hum... Venez. Je vais tâcher de combler un peu votre curiosité en vous révélant déjà un secret. Suivez-moi.

39. ENCYCLOPÉDIE

Joie : « Le devoir de tout homme est de cultiver sa joie intérieure. » Mais beaucoup de religions ont oublié ce précepte. La plupart des temples sont sombres et froids. Les musiques liturgiques sont pompeuses et tristes. Les prêtres s'habillent de noir. Les rites célèbrent les supplices des martyrs et rivalisent en représentations de scènes de cruauté. Comme si les tortures subies par leurs prophètes étaient autant de signes d'authenticité.

La joie de vivre n'est-elle pas la meilleure manière de remercier Dieu d'exister s'il existe ? Et si Dieu existe, pourquoi serait-il un être maussade ?

Seules exceptions notables : le *Tao tö-king*, sorte de livre philosophico-religieux qui propose de se moquer de tout, y compris de lui-même, et les *gospels*, ces hymnes que scandent joyeusement les Noirs d'Amérique du Nord aux messes et aux enterrements.

Edmond Wells,
***Encyclopédie du Savoir Relatif et Absolu*, tome IV.**

40. IGOR. 5 ANS

Après maints essais, maman semble avoir renoncé à m'assassiner. Elle boit, elle boit et me considère d'un œil torve. Soudain, elle lance son verre dans ma direction. Je m'empresse de baisser la tête et, comme d'habitude, il va se briser à grand fracas contre le mur.

— Je n'arriverai peut-être pas à te tuer, mais tu ne vas plus me gâcher la vie longtemps, m'annonce-t-elle.

Elle enfile une veste, m'entraîne par la main comme pour aller faire des courses, mais je me doute bien qu'elle n'a pas l'intention de courir les magasins. J'en ai la confirmation quand elle me dépose ou plutôt me jette sur le parvis d'une église.

— Maman !

Elle s'éloigne à grands pas et puis, soudain, revient et me lance un médaillon doré. Dedans, il y a la photo d'un type à grosses moustaches.

— C'est ton père. Tu n'as qu'à le retrouver. Il se fera un plaisir de s'occuper de toi. Adieu !

Je m'assois dans la neige trempée. Je dois continuer à vivre. Il le faut. Les flocons tombent en épaisse toile blanche et commencent à me recouvrir.

— Que fais-tu là, mon petit ?

Je lève ma tête glacée vers un monsieur en uniforme.

41. VENUS. 5 ANS

Le jour je dessine et la nuit j'ai le sommeil agité. Je fais beaucoup de rêves. Je rêve qu'un animal est prisonnier dans ma tête et s'acharne à en sortir. C'est un petit lapin et il me ronge le crâne de l'intérieur. Tout en grignotant, il répète toujours la même phrase : « Il faut que tu te souviennes de moi. » Je me réveille parfois avec une migraine terrible. Cette nuit, la douleur est encore plus vive que d'habitude. Je me lève et je vais voir papa et maman. Ils dorment. Comment peuvent-ils se permettre de dormir alors que ma tête me fait si mal ? Je crois qu'ils ne m'aiment pas vraiment.

Je dessine ma douleur et je dessine l'être que je crois être en moi et qui me ronge.

42. JACQUES. 5 ANS

J'ai peur. Je ne sais pas pourquoi j'ai peur. Hier soir il y avait à la télévision ce qu'ils appellent un « western ». J'étais tétanisé de peur et d'horreur. Je tremblais de tout mon corps. Toute ma famille a été surprise.

Ce matin mes sœurs surgissent en imitant les cowboys pour m'effrayer. Je fuis à l'autre bout de l'appartement. Elles me rattrapent dans le salon. Je cours dans la cuisine. Elles me rattrapent dans la cuisine. Je cours vers la salle de bains. Elles me rattrapent dans la salle de bains.

— On va te scalper, clame Mathilde, la plus jeune.

Mais pourquoi dit-elle des choses méchantes comme ça !

Mes sœurs me poursuivent jusque dans la chambre des parents. Puis elles tentent de me saisir dans la buanderie mais je leur échappe en me faufilant entre leurs jambes. Je m'affole. Où me cacher ? Une idée me vient. Je m'enferme dans les W-C. Pour plus de sécurité, je pousse la targette. Elles tapent contre la porte mais je ne crains rien, elle est solide. Dans ces W-C, je me sens comme dans une forteresse tandis qu'elles frappent de plus belle. Tout à coup, elles s'arrêtent. Dehors ça discute.

— Que se passe-t-il ? demande papa.

— Y a que Jacques s'est enfermé dans les toilettes, piaillent mes sœurs.

— Dans les toilettes ? Mais qu'est-ce qu'il fiche, là-dedans ? s'étonne mon père.

Et c'est alors que je suis saisi d'une inspiration. Je prononce la phrase que dit toujours papa lorsqu'il veut être tranquille aux W-C et qui agace maman :

— Je lis un livre.

Silence derrière la porte. Je sais que dans la maison le mot « livre » suscite immédiatement le respect.

— Alors, on fait sauter la porte ? propose gentiment Mathilde.

Suspense.

Puis j'entends papa grommeler :

— S'il est aux W-C pour lire un livre, il faut le laisser.

Une leçon s'inscrit dans ma tête. Quand plus rien ne va, tu t'enfermes dans les W-C et tu lis un livre.

Je m'assieds sur la cuvette et j'observe. Il y a un tas de journaux sur ma droite et, au-dessus, une étagère spécialement aménagée en bibliothèque par papa. Je m'empare d'un livre. Les pages sont pleines de lettres collées côte à côte et que je ne sais pas décrypter. Je contemple les couvertures d'autres ouvrages. Par chance, il y a aussi un album pour enfants avec beaucoup d'images. Je le connais. Papa me l'a déjà lu avant que je m'endorme. Il raconte l'histoire d'un homme géant chez les nains et nain chez les géants. Je crois que l'homme s'appelle « Gulliver ». Je regarde les images et essaie de déchiffrer les lettres pour que ça forme des mots. C'est trop dur. Je m'attarde sur le dessin du bonhomme géant ligoté par la foule des tout-petits.

Un jour, je saurai lire et je m'enfermerai dans les W-C longtemps, longtemps, et je lirai tellement fort que j'oublierai tout ce qui se passe derrière la porte.

43. LES QUATRE SPHÈRES DES DESTINS

Edmond Wells nous entraîne vers une entrée rocheuse des montagnes du Nord-Est. Mon instructeur nous indique un passage et nous glissons dans un labyrinthe de tunnels avant de déboucher dans une immense grotte illuminée par quatre ballons d'environ cinquante mètres de haut en lévitation à deux mètres du sol.

Des anges instructeurs volettent autour d'eux comme des moucherons sur des melons phosphorescents en suspension.

— Ce lieu a pour vocation de n'être fréquenté que par les seuls anges instructeurs, annonce notre mentor. Mais étant donné que vous êtes tellement désireux de voir ce que les autres anges ne voient pas et ne cherchent d'ailleurs pas à voir, je veux bien assouvir un peu votre curiosité.

Nous nous approchons.

Les quatre ballons sont de taille identique mais leurs contenus sont différents.

Le premier recèle l'âme du monde minéral.

Le second celle du monde végétal.

Le troisième l'âme du monde animal.

Le quatrième l'âme du monde humain.

Je vais vers la première sphère. À l'intérieur, un noyau étincelant frémit. Serait-ce l'âme de la Terre, la fameuse Gaia, l'*Alma mater* dont parlaient les Anciens ?

— La Terre possède donc une âme ?

— Oui. Tout vit, et tout ce qui vit est doté d'une âme, répond Edmond Wells.

Et, négligemment, il ajoute :

— Et tout ce qui est doté d'une âme a envie d'évoluer.

Fasciné, je m'abandonne à la contemplation des sphères.

— Tout vit, vraiment ? Même les pierres ?

— Même les montagnes, même les ruisseaux, même les cailloux, mais leur âme est de bas niveau. Pour le mesurer, il suffit d'observer le scintillement de la lumière-noyau et, intuitivement, on en déduit la notation de l'âme.

— Donc, dis-je, intégrant cette cosmogonie, le minéral, étant au stade 1, devrait être noté à 100 points, le végétal à 200, l'animal à 300 et l'humain à 400...

— Mesure !

Je perçois en effet l'âme de la Terre, mais elle n'est pas à 100 points pile, elle est à beaucoup plus... 163 points ! La seconde sphère, celle des forêts, des champs et des fleurs n'est pas non plus à 200 mais à 236 points. Celle du règne animal est à 302. Quant à l'humanité, elle est à 333.

— Quoi, m'étonné-je, l'humanité n'est pas à 400 points ?

Edmond Wells confirme :

— Comme je te l'ai déjà dit, là réside tout le sens de notre travail. Contribuer à hisser les humains pour qu'ils deviennent enfin des humains. De véritables 4. Mais comme tu peux t'en rendre compte, les humains ne sont pas à la place qui leur est dévolue. Ils ne sont même pas encore à équidistance entre l'animalité du 3 et la sagesse du 5. Le « chaînon manquant », c'est eux. Ah, ça me fait bien rigoler lorsque Nietzsche parle de « surhommes » ! Avant de devenir des surhommes, qu'ils deviennent déjà des hommes !

Je me penche de plus près sur la sphère de l'humanité et regarde un peu mieux les six milliards de bulles avec chacune son noyau lumineux.

Raoul Razorbak se tait, mais je devine que contempler ainsi l'ensemble des âmes humaines l'impressionne grandement.

Edmond Wells se penche vers la sphère.

— Voilà la masse de nos « clients ». Ici se joue l'essentiel de la partie. À mon avis, si l'humanité ne se charge pas de s'autodétruire elle-même, d'ici quelques siècles, les humains deviendront de véritables humains, de vrais 4. Mais il nous faudra encore beaucoup de travail, à nous les anges, pour les hisser jusque-là.

Notre instructeur projette une courbe dans notre

esprit. Il est optimiste. Les progrès de l'humanité sont exponentiels. Grâce aux moyens modernes de transport et donc à la multiplication des voyages, à la communication globale, à la diffusion de la culture à l'échelle planétaire, aux médias de plus en plus nombreux et accessibles, les sages (ou les 5) peuvent désormais gagner plus rapidement en influence.

— Observez comment les hommes vivaient autrefois et comme ils vivent maintenant. Jadis, tous craignaient les prédateurs. À présent, ils les enferment dans des zoos. Ils redoutaient la famine, ils étaient contraints de s'échiner à des tâches pénibles. Aujourd'hui, robots et ordinateurs accomplissent à leur place ces mêmes travaux. Du coup, l'homme dispose de plus en plus de temps libre pour penser. Et quand l'homme pense, il se pose des questions.

À l'aube de ce troisième millénaire les chances de faire grimper la conscience de l'humanité n'ont jamais été aussi belles. Jadis, dans la Grèce antique par exemple, n'étaient estimés que les « citoyens », c'est-à-dire les personnes libres ou affranchies. Étaient donc exclus les étrangers et les esclaves. Et puis, peu à peu, tous ces « marginaux » ont eu droit de cité.

44. ENCYCLOPÉDIE

TOLÉRANCE : **Chaque fois que les humains élargissent leur concept de « congénères » pour y inclure des catégories nouvelles, c'est qu'ils considèrent que des êtres estimés jusque-là inférieurs sont en fait suffisamment semblables à eux pour être dignes de leur compassion. Dès lors ce ne sont pas seulement**

ces êtres qui passent ainsi un cap, c'est l'humanité tout entière qui franchit un niveau d'évolution.

Edmond Wells,
***Encyclopédie du Savoir Relatif et Absolu*, tome IV.**

45. LES BONS ET LES MÉCHANTS

La sphère des humains... Je comprends que c'est ici que retournent nos œufs chaque fois qu'ils repartent vers le nord-est. Je comprends qu'à être ainsi agglutinées, les âmes déteignent les unes sur les autres et s'harmonisent entre elles. D'où la fameuse phrase dont Edmond Wells me rebat les oreilles : « Il suffit qu'une âme s'élève pour que s'élève l'ensemble de l'humanité. » Serait-ce là la fameuse « noosphère » de Teilhard de Chardin, là où se mêlent toutes les consciences des hommes ?

— Mais si nous, les anges, nous ne faisions rien, est-ce qu'ils évolueraient tout seuls ? demande inopinément Raoul.

— Nous sommes les bergers qui regroupons le troupeau dans la bonne direction. Mais c'est sûr, grâce à l'action passée des anges, ils sont déjà dans la bonne direction.

— Alors, dans ce cas, on pourrait peut-être les laisser...

Edmond ne se donne même pas la peine de relever la remarque.

Raoul insiste :

— Et pour nous, quel est le prochain degré d'évolution ? Le monde des dieux ?

Edmond Wells hausse les sourcils.

— Vous me faites rire, vous, les jeunes anges. Vous

voulez tout savoir tout de suite. Vous ne parvenez pas à vous dépêtrer de vos vieilles habitudes d'humains. Mais regardez attentivement vos œufs et vous vous rendrez compte de tous ces résidus d'habitudes de mortels qui vous encombrent encore et vous alourdissent. Au lieu de rabâcher des questions d'humains, conduisez-vous en anges !

Là-dessus, au comble de l'exaspération, notre mentor nous tourne le dos et s'en va à grands pas. Il court vers Mère Teresa pour la chapitrer. Du peu que j'entends d'ici, Mère Teresa compte parmi ses clients un chef d'État auquel elle ne cesse de suggérer d'augmenter les taxes sur les grandes fortunes. Edmond Wells lui martèle que ce n'est pas en brimant les riches qu'on rend les pauvres plus heureux.

Je m'approche pour mieux entendre.

— Chère Mère Teresa, par moments, vos raisonnements sont par trop simplistes. Comme le disait un de mes amis, « il ne suffit pas de réussir, il faut également jouir du plaisir de voir les autres échouer ». Lui plaisantait, mais vous, vous partagez vraiment cette opinion. Vous êtes persuadée que la misère d'un humain lui sera plus supportable si l'humanité tout entière connaît le même sort. Le but est, au contraire, que tous les humains soient riches !

Mère Teresa affiche une expression d'élève butée convaincue, quoi qu'il en soit, d'avoir raison.

Pour ma part, je pense que Mère Teresa, ayant toujours vécu parmi les indigents, est tentée de reproduire son ancien environnement afin d'y retrouver ses repères. Les pauvres, elle les a toujours connus. Les riches, c'est beaucoup plus compliqué. La sainte femme s'est trouvée contrainte de s'intéresser aux cours de la Bourse, aux aléas de la mode, aux dîners en ville, aux restaurants en vogue, aux dépressions nerveuses, à l'alcoolisme mondain, à l'adultère, à la thalassothérapie, bref, à tous les tracas des riches.

Mère Teresa écoute les remontrances d'Edmond Wells, réfléchit de mauvais gré et annonce :

— Je devrais peut-être inciter mon président à lancer une campagne de régulation des naissances dans les quartiers défavorisés. Ne faites que les enfants dont vous êtes capables de vous occuper sinon ils sombreront dans la drogue et la délinquance. C'est ça que vous voulez ?

— Essayez toujours, soupire Edmond Wells. C'est déjà mieux.

Je trouve que notre instructeur est quand même un pédagogue très patient. À sa manière, il respecte le... libre arbitre des anges.

Raoul étend ses bras vers l'horizon et s'envole. Je le suis.

— Edmond Wells sait ce que sont les 7. Il sait forcément ce qu'il y a au-dessus de nous.

— Il ne nous dira rien, tu as déjà vu ses réactions, dis-je.

— Lui restera toujours bouche cousue. Mais il y a son livre...

— Quel livre ?

— Son *Encyclopédie du Savoir Relatif et Absolu.* Celle-là même qu'il a commencée dans sa vie de mortel et poursuit dans sa vie céleste. Tu sais bien, il nous en cite toujours des extraits. Il y accumule tout son savoir, il y évoque tout ce qu'il a découvert et tout ce qui l'intéresse dans l'univers. Les trois premiers tomes, il les a rédigés sur Terre où les mortels peuvent les consulter. Mais le quatrième, il est en train de l'écrire ici.

— Où veux-tu en venir ?

Mon ami fait un looping puis revient planer à mes côtés.

— Edmond Wells tient tellement à répandre sa science qu'il a forcément cherché un moyen de matérialiser son quatrième tome à l'instar des trois précédents.

— Edmond Wells ne dispose plus de crayon, de stylo, de machine à écrire ni d'ordinateur. Il peut accumuler toutes les informations qu'il voudra, elles resteront à jamais dans l'éther.

Ce ne sont pas là arguments à arrêter Raoul.

— Tu ne le crois quand même pas assez fou pour inscrire les grands secrets du Paradis dans quelque manuscrit matériel dissimulé quelque part sur la Terre ?

Raoul reste imperturbable.

— Tu te souviens de ce passage de l'*Encyclopédie* intitulé « La fin des ésotérismes » ? Il y était nettement dit : « Désormais tous les secrets peuvent être exposés au grand public. Car il nous faut nous rendre à l'évidence : ne comprennent que ceux qui ont envie de comprendre. »

Nous tournoyons au-dessus du Paradis.

— Tous les secrets SAUF celui des 7 ! On ne peut quand même pas imaginer qu'Edmond Wells ait confié à un humain médium, sur Terre, les arcanes du Paradis pour que celui-ci les retranscrive dans un livre...

Mon ami affiche un air ravi, comme s'il attendait que je prononce ces mots.

— Qui sait ?

46. ENCYCLOPÉDIE

La fin des ésotérismes : Jadis, ceux qui avaient accès à des connaissances fondamentales sur la nature de l'homme ne pouvaient les révéler d'un coup. Les prophètes s'exprimaient donc par para-

boles, métaphores, symboles, allusions, sous-entendus. Ils avaient peur que le savoir ne se disperse trop vite. Ils avaient peur d'être mal compris. Ils créaient des initiations pour trier sur le volet ceux qui étaient dignes d'avoir accès aux informations importantes. Ils créaient des hiérarchies de connaissants.

Ces temps sont révolus. Désormais tous les secrets peuvent être exposés au grand public, car il faut nous rendre à l'évidence : ne comprennent que ceux qui ont envie de comprendre. L'« envie de savoir » est le plus puissant moteur humain.

Edmond Wells,
***Encyclopédie du Savoir Relatif et Absolu*, tome IV.**

47. IGOR. 7 ANS

Le monsieur en uniforme était un policier. Il était beau. Il était grand. Il était fort. Il dégageait une odeur de propre. Il m'a pris dans ses bras.

Il a secoué la neige autour de moi et m'a conduit à l'orphelinat le plus proche. Enfin à l'écart du pire danger. Maman. Cela fait maintenant deux ans que j'y suis.

À l'orphelinat, il y a d'autres enfants rejetés par leurs parents. C'est nous les rebuts de la société, les mal-aimés, les pas souhaités, ceux qui n'auraient jamais dû naître.

M'en fiche. Suis vivant.

Ici, ça ressemble à un refuge pour chiens abandonnés sauf que le vétérinaire passe moins souvent et que la pâtée est moins abondante.

Les autres gamins sont nerveux. Heureusement, je

suis fort. Quand il y a des problèmes, je ne réfléchis pas, je fonce et je tape. De préférence au ventre de mes adversaires. Je me suis fait une réputation de brute, mais je préfère ça, car au moins je suis craint. D'abord être craint, ensuite devenir copain. Je pige vite que les gens, quand t'es gentil, ils croient que t'es faible. Je ne suis pas gentil. Je ne suis pas faible.

Nous sommes quatre dans le dortoir. Avec moi, il y a les trois « V ».

Vania est un petit Ukrainien que son père alcoolique a trop bercé contre le mur.

Vladimir est le gros de la bande. Je ne sais pas comment il s'arrange pour être obèse avec ce qu'on nous donne à manger ici.

Vassili, c'est le silencieux du groupe. Lorsqu'il se décide à parler, c'est toujours pour dire des trucs intéressants, mais il ne parle pas souvent. C'est lui qui nous a appris à jouer au poker.

C'est formidable le poker. En une soirée, on atteint l'apogée du bonheur ou le plus bas du malheur, le tout en accéléré. Lorsque Vassili joue, son visage devient de marbre. Il dit : « Ce qui compte, ce n'est pas de disposer de bonnes ou de mauvaises cartes mais de savoir jouer avec les mauvaises. » Il dit encore : « Ce qui compte, ce n'est pas le jeu que tu as en main mais le jeu que ton adversaire se figure que tu as. » Vassili mâchouille perpétuellement une brindille.

Il nous apprend à envoyer de faux signaux de joie ou de déception afin de mieux tromper les autres sur la qualité de notre jeu. Grâce à lui, je suis à l'école du poker et elle m'apprend beaucoup, je développe un grand talent d'observation. Ça me plaît bien. Le monde est plein de petits détails qui nous fournissent toutes les informations nécessaires.

Vassili dit :

— Certains joueurs professionnels sont tellement

forts qu'ils ne regardent même plus leurs cartes. Ainsi ils sont sûrs que leur visage ne les trahira pas.

— Mais alors, comment savent-ils qui a gagné ?

— Ils l'apprennent au dernier moment. Lorsque les jeux sont faits, ils retournent leur jeu et découvrent s'ils avaient une bonne ou une mauvaise main.

Vassili, lui, n'a pas été abandonné. Ses parents ne l'ont pas roué de coups. Lui, il a fugué à l'âge de six ans. La police l'a attrapé mais ils n'ont jamais pu lui faire avouer ni qui il était ni d'où il venait. Alors, comme les flics ont autre chose à faire que de se lancer dans de grandes enquêtes sur les fugueurs, ils l'ont mis avec nous.

Vassili n'évoque jamais ses origines. Si ça se trouve il avait des parents riches, mais il ne veut plus les revoir. Il les a quittés comme ça, sur un coup de tête, pour l'aventure. Vassili, c'est vraiment la classe.

Parfois des enfants de l'orphelinat s'en vont, adoptés par des gens qui veulent être parents. Au début cela me faisait rêver. Tout à coup, des parents qui se pointent pour nous sauver... Mais j'ai vite compris que c'était un miroir aux alouettes. Il y a des rumeurs qui circulent. Il paraîtrait que les soi-disant enfants adoptés sont généralement jetés dans des réseaux de prostitution enfantine ou recrutés par des ateliers clandestins où on les emploie à coudre des ballons de football ou à monter des jouets pour les petits Occidentaux.

Je déteste les enfants occidentaux. Il n'y a pas que dehors qu'on travaille pour eux. Dans les sous-sols de l'orphelinat, il y a des supposés « ateliers d'éveil aux travaux manuels » où on nous fait assembler des poupées ou des composants électroniques. On nous exploite pour pas un sou, oui !

Lorsque des copains font leur baluchon pour être adoptés, on se moque d'eux et on leur lance sur le chemin : « Alors, prostitution ou travail clandestin ? »

Mais, en fait, nous sommes jaloux parce que eux ont probablement trouvé des parents et pas nous.

Hier, Vania s'est fait empoigner par la bande à Piotr. Il est arrivé en larmes. Piotr l'a obligé à lui montrer notre coffre-fort et ils ont volé toutes nos cigarettes. Ça ne va pas se passer comme ça.

Nous nous rendons immédiatement dans le dortoir de Piotr. La porte n'est pas fermée, mais à l'intérieur, personne. Tout est trop calme. Il y a un piège quelque part, c'est sûr.

Une araignée qui remonte à toute vitesse au plafond me semble un signe. Un signe inquiétant. L'araignée, le piège.

Trop tard. Piotr et ses copains s'étaient cachés sous les lits. Ils surgissent et nous menacent avec un couteau à cran d'arrêt.

L'araignée avait raison.

Contre une arme blanche, mes jolis poings ne servent à rien. Nous restons les bras ballants tandis que Piotr ordonne à ses acolytes de nous déshabiller et de mettre le feu à nos vêtements. Il annonce qu'à partir de maintenant, quand nous volerons des cigarettes, nous devrons leur en donner la moitié, sinon il y aura encore des représailles.

— Si vous voulez la paix, les petits, vous n'avez qu'à payer.

Puis il se tourne vers moi, joue de la pointe du couteau autour de mon nombril et proclame :

— Toi, un jour, je t'arrangerai le portrait.

Je ne peux rien faire contre son couteau. Nous passons nus devant les autres enfants. L'histoire a vite fait le tour de l'orphelinat et nous savons que nous avons perdu la face.

Dehors il neige, c'est la période des fêtes, mais ici personne ne croit au Père Noël. Si le Père Noël existait, il nous aurait apporté des parents qui nous auraient gardés. Quand même, pour la Noël, nous avons droit chacun à une orange et à des osselets en véritables vertèbres de mouton mal nettoyées. J'épluche mon orange et je fais un vœu. Si un Père Noël m'écoute quelque part : « que Piotr reçoive un bon coup de couteau dans le bide ».

48. VENUS. 7 ANS

Cette nuit j'ai fait un drôle de rêve. J'ai rêvé que des enfants se battaient et que l'un d'eux se tournait vers moi et me lançait : « Toi, un jour, je t'arrangerai le portrait. »

J'ai regardé hier soir à la télévision une émission sur la chirurgie esthétique. C'est sans doute ce qui a provoqué ce cauchemar. On y expliquait précisément comment on arrangeait le portrait. Maman était littéralement rivée à l'écran. D'habitude quand il y a du sang à la télé, mes parents m'obligent à aller me coucher, mais là ils étaient tellement fascinés qu'ils ont oublié de le faire.

Maman a déclaré qu'elle aimerait bien elle aussi passer sur la table d'opération pour se faire remodeler le visage. Elle a dit qu'il vaut mieux ne pas trop attendre, plus on est jeune meilleur est le résultat.

Papa a rétorqué que l'opération coûtait beaucoup trop cher, mais maman a répondu que la beauté n'a pas de prix, surtout quand elle constitue un capital professionnel. Papa a déclaré que, pour lui aussi, son physique était un atout indispensable mais qu'il préférait l'entretenir et raffermir ses chairs par le sport plutôt que par le bistouri.

Papa a reproché à maman de se laisser aller et d'être trop dépensière. Après, il a voulu lui donner un bisou mais maman l'a repoussé. Elle a dit qu'il ne la regardait plus, sinon, il aurait vu ses rides et il lui aurait lui-même proposé d'y remédier. Elle a dit qu'une femme n'est jamais parfaite et qu'à partir d'un certain âge elle est responsable de son visage.

C'est vrai, ça ? La beauté n'est donc pas un trésor acquis une fois pour toutes ?

Ils se sont disputés. Maman a reproché à papa de fréquenter une poule plus jeune qu'elle. Pourtant, je n'ai jamais remarqué le moindre oiseau dans l'appartement. Papa a déclaré qu'il n'avait pas de poule, qu'il en avait par-dessus la tête de ses soupçons. Maman a riposté que, de toute façon, toute femme a le droit de prendre soin de son physique et que, s'il refusait de lui payer l'opération, elle ne se gênerait pas pour tirer un chèque sur leur compte commun.

Papa a dit : « Tu n'as pas intérêt à faire ça. » Ils ont prononcé la phrase rituelle : « Pas devant la petite », et après, ils sont allés dans leur chambre. Ils ont continué à crier. Des objets se sont brisés par terre ou contre les murs. Et puis ç'a été le silence.

Il y a beaucoup de choses que je trouve bizarres dans le comportement des adultes. Je suis restée encore un peu devant la télévision pour regarder la suite du magazine.

Après, dans ma chambre, comme souvent le soir, je me suis assise devant le miroir et j'ai réfléchi. Si maman a besoin de la chirurgie esthétique pour être encore plus belle, alors moi aussi.

Que changer pour être encore plus belle ? Je scrute mon visage dans la glace et je trouve : le nez.

J'ai le nez trop long. Père Noël, si vous m'écoutez, voilà mon vœu le plus cher : une opération esthétique pour raccourcir mon nez.

49. JACQUES. 7 ANS

— Arrêtez de poser des questions, Nemrod.

— Mais...

— Vous m'énervez, Nemrod. Contentez-vous d'apprendre la leçon et puis c'est tout. C'est toujours dans la lune et ça ne sait que poser des questions. Moi ce que je veux, c'est des réponses.

Ricanements dans la classe. Je baisse la tête. Je suis malheureux à l'école. L'instit nous demande toujours d'apprendre des trucs par cœur et je n'ai pas de mémoire. Je fais mille efforts pour retenir cette année les tables d'addition et de soustraction. Au CP, j'ai eu un mal fou à apprendre l'alphabet et à écrire mon nom et mon adresse. Impossible de retenir mes conjugaisons. Je n'arrive même pas à mémoriser le code d'entrée de ma propre maison. Combien de fois ai-je essayé en vain, dehors, dans le froid, des combinaisons de chiffres ?

Avec les autres élèves mes rapports ne sont pas simples non plus. Parce que je suis rouquin et que je porte des lunettes. Ils m'appellent « carotte à besicles » ou « clou rouillé ». Je crois que je me suis trompé de planète.

C'est encore auprès de Mona Lisa que je me sens le mieux. Elle est toujours de bon conseil. Hier, j'avais un problème de mathématiques à résoudre avec trois réponses possibles. Eh bien, Mona Lisa s'est empressée de mettre la patte sur la bonne !

Si je ne suis pas de cette planète-ci, peut-être suis-je d'une planète de chats ?

La semaine dernière, je suis passé devant un magasin de jouets et j'ai aperçu un engin spatial extraordinaire avec des petites lumières qui clignotent. Peut-être qu'avec un véhicule pareil, on peut voyager dans le cosmos pour retrouver sa vraie planète ? Sur la mienne, je suis certain que la plupart des créatures ont des cheveux rouges et que ce sont les blonds et les bruns qui se font traiter de « tête de maïs » et de « tête de bouse ».

Sur ma planète, on ne demande à personne d'apprendre des récitations par cœur parce qu'on sait que ça ne sert à rien. Et on n'a pas besoin de code d'entrée pour rentrer chez soi. Bientôt ce sera Noël. Je vais demander au Père Noël qu'il m'apporte cet engin spatial.

J'en parle à Mona Lisa. Elle a l'air d'accord avec mon choix.

50. LES VŒUX

Je suis assis en tailleur, en lévitation, sous un arbre de la forêt turquoise. Le lac des Conceptions clapote sur ma droite. Les trois sphères palpitent au-dessus de mes paumes. Chaque fois que je me branche sur mes clients, je ressens une petite douleur. Comme si de me relier à des êtres de chair me faisait retrouver un peu des sensations charnelles.

Edmond Wells s'avance. Il touche du bout du doigt la sphère d'Igor, passe une main sur celle de Venus.

— Maintenant au moins, tu connais le levier principal de chacun. L'observation des signes pour Igor. Les rêves pour Venus. Le chat pour Jacques. Mais attention, parfois ils additionnent plusieurs leviers, parfois ils en changent. Ne te laisse pas entraîner par la routine. Alors, quels sont leurs vœux pour Noël ?

— Igor souhaite... qu'un de ses copains reçoive un coup de couteau dans le ventre. Venus veut une opération de chirurgie esthétique pour se faire raccourcir le nez et Jacques convoite un jouet en plastique en forme d'engin spatial extraterrestre. Je dois vraiment exaucer tous leurs vœux ?

Mon instructeur perd patience.

— En choisissant de devenir un ange, tu t'es engagé à ne pas discuter cette règle. Tu n'as pas à juger de la qualité de leurs souhaits, ton rôle consiste seulement à t'évertuer à les satisfaire.

— Qui a inventé ces règles ? Qui voit un intérêt à ce que leurs vœux soient exaucés ? Est-ce Dieu ?

Edmond Wells fait semblant de ne pas avoir entendu la question. Il penche son visage sur mes œufs avec des mines de gâte-sauce tourmenté. Il modifie les angles de vue, médite et annonce :

— Maintenant que tu as assimilé les cinq leviers, je vais t'enseigner les trois tactiques. De la plus simple à la plus compliquée. Premièrement, la tactique de « la carotte et du bâton ». Il s'agit de faire avancer le client, soit par la promesse d'une récompense, soit par la menace d'une punition. Deuxièmement, la tactique du « chaud et froid ». Alterner très vite les bonnes et les mauvaises surprises afin de rendre le client plus malléable. Troisièmement, la tactique de « la boule de billard ». Agir sur une personne qui agira sur ton client.

Puis, satisfait d'avoir dispensé sa sapience du jour, mon mentor s'en va. À peine s'est-il éloigné que Raoul Razorbak, mon tentateur, apparaît derechef.

— Suivons-le.

Discrètement, nous avançons parmi les arbres jusqu'à une anfractuosité où Edmond Wells, assis en tailleur, paumes en avant, considère fixement un œuf et non pas trois. Les instructeurs auraient-ils donc charge d'âmes particulièrement triées sur le volet ?

L'œuf unique scintille.

Edmond Wells bouge les lèvres. Il lui parle :

— Es-tu prêt, Ulysse Papadopoulos ? Voici une nouvelle entrée pour l'*Encyclopédie du Savoir Relatif et Absolu.*

Et de réciter un chapitre concernant l'influence des langues sur la pensée. Je n'en crois pas mes oreilles.

Edmond Wells dicte des informations à un humain. Mais pas à n'importe quel humain, je me morigène aussitôt. Raoul avait raison. Notre instructeur se sert d'un médium pour transmettre son savoir car, plus que tout, il redoute que ne disparaissent les idées non consignées sur un support matériel.

— Ce mortel, cet Ulysse Papadopoulos, en sait donc davantage que les anges sur leur territoire, chuchote mon ami. Descendons le voir. Ça devrait être intéressant...

51. ENCYCLOPÉDIE

QUESTION DE LANGUE : La langue que nous utilisons influe sur notre manière de penser. Par exemple, le français, en multipliant les synonymes et les mots à double sens, autorise des nuances très utiles en matière de diplomatie. Le japonais, où l'intonation d'un mot en détermine le sens, exige une attention permanente quant aux émotions de ceux qui s'expriment. Qu'il y ait, de surcroît, dans la langue nippone plusieurs niveaux de politesse contraint les interlocuteurs à situer d'emblée leur place dans la hiérarchie sociale.

Une langue contient non seulement une forme d'éducation, de culture, mais aussi des éléments constitutifs d'une société : gestion des émotions, code de politesse. Dans une langue, la quantité de synonymes aux mots « aimer », « toi », « bonheur », « guerre », « ennemi », « devoir », « nature » est révélatrice des valeurs d'une nation.

Aussi faut-il savoir qu'on ne pourra pas faire de révolution sans commencer par changer la langue

et le vocabulaire anciens. Car ce sont eux qui préparent ou ne préparent pas les esprits à un changement de mentalité.

Edmond Wells,
***Encyclopédie du Savoir Relatif et Absolu*, tome IV.**

52. JACQUES. 7 ANS

Pour Noël, j'ai eu mon engin spatial. Je l'ai trouvé dans une boîte au pied du sapin. Comme j'étais content ! J'ai embrassé mes parents et nous avons mangé des trucs gras pour « faire la fête ». Foie d'oie, huîtres, saumon fumé avec de la crème d'aneth, dinde avec une sauce aux marrons, bûche au beurre.

Je ne comprends pas ce qui leur plaît tant dans ces mets de fête.

Ma grande sœur Suzon me dit que le foie gras provient d'une oie gavée de force jusqu'à ce qu'elle attrape un énorme foie, ma petite sœur Marthe renchérit en assurant qu'on jette les homards vivants dans l'eau bouillante pour les faire cuire et maman nous demande de vérifier que les huîtres sont bien vivantes en leur expédiant une giclée de citron. Si elles bougent, elles sont bonnes à consommer.

Après le bon repas, nous avons raconté des blagues. Papa en a sorti une qui m'a fait bien rire.

— C'est l'histoire d'un type renversé par un camion. Il se relève et alors il est renversé par une moto. Il se relève et alors il y a un cheval qui l'envoie valser. Il se relève et alors il se prend un avion en pleine figure. À ce moment, il y a quelqu'un qui crie : « Arrêtez le manège, il y a un blessé ! »

Je n'ai pas compris tout de suite mais, quand j'ai

saisi, j'ai ri pendant une heure. Les blagues que je ne comprends pas immédiatement sont celles qui m'amusent le plus ensuite.

Les blagues sont comme des petits contes. Les bonnes blagues nécessitent un décor, un personnage, une situation de crise ou un suspense qu'il faut mettre en place très vite, sans une parole de trop. Elles exigent aussi une fin surprenante, et ça, ce n'est pas si commode à trouver. Il faut que j'apprenne à inventer des blagues, ça me paraît un bon exercice.

Les blagues présentent l'avantage de pouvoir être testées en direct. On les raconte et on voit tout de suite si elles font rire. On ne peut pas tricher. Lorsqu'ils ne comprennent pas ou ne trouvent pas ça drôle, les gens ne se forcent pas à rire. J'ai tenté ma chance.

— Vous savez comment on ramasse la papaye ?

Tout le monde a dit non.

— Avec une fou-fourche !

Tout le monde a souri. Personne n'a ri. Raté.

— Il est gentil, a dit maman en me passant la main dans les cheveux.

Vexé, je me suis enfui aux toilettes et je m'y suis calfeutré après avoir poussé la targette. Ça a été ma vengeance. Ensuite, j'ai occupé les lieux et j'ai interdit à quiconque d'y pénétrer. À bout d'arguments, mon oncle a proposé d'enfoncer la porte. « Quand même pas », a dit papa. J'ai gagné. Les W-C, c'est vraiment le refuge absolu.

Les jours suivants, je me suis bien amusé avec mon engin spatial. Pour qu'il atterrisse sur une planète, j'ai fabriqué un monde extraterrestre plus cinq petits bonshommes avec du papier toilettes, de la colle et des lanières de bouteilles en plastique. Ma planète est rouge avec un ciel rouge et de l'eau rouge. J'ai tout peint en rouge avec le vernis à ongles à maman, mais elle ne s'en est pas encore aperçue.

Ensuite, j'ai entrepris d'écrire l'aventure de mes

héros. C'est l'histoire de quatre astronautes qui débarquent sur une planète rouge où il n'y a que des guerriers extraterrestres très puissants qui n'ont peur de rien. Ils lient amitié avec eux et apprennent leur code d'honneur et leur art de combattre, lesquels sont très différents de ceux en vigueur sur la Terre.

Mona Lisa a croqué un de mes astronautes. Ça m'a donné l'idée d'ajouter à mon histoire un monstre, l'Angora géant, à fuir à tout prix. Ce que j'aimerais maintenant, c'est trouver quelqu'un pour lui lire mon histoire. Si c'est pour moi tout seul, à quoi ça sert d'écrire ?

53. VENUS. 7 ANS

Tout s'est passé très vite.

On essayait des habits avec maman dans un magasin chic pour enfants de Beverly Hills quand un homme s'est approché de nous, m'a caressé les cheveux. Maman m'a toujours recommandé : « Ne te laisse pas toucher, ne prends pas de bonbons si un étranger t'en offre et ne suis jamais un inconnu. » Mais cette fois, elle était avec moi et elle n'a pas chassé le monsieur.

— Je veux la photographier. Je suis photographe pour un grand catalogue de vêtements d'enfants, a-t-il déclaré.

Maman a répondu qu'elle était elle-même mannequin, qu'elle connaissait le métier et qu'elle n'avait pas envie que sa fille entre dans cet enfer.

Ensuite, je ne sais pas pourquoi, ils ont parlé chiffres. Chaque fois que le type en disait un, maman annonçait un chiffre au-dessus. C'était comme un jeu. C'est maman qui a eu le dernier mot et nous sommes rentrées à la maison.

Une semaine plus tard, maman m'a accompagnée dans un endroit très éclairé. Tout le monde s'est affairé autour de moi. On m'a maquillée. On m'a coiffée. On m'a habillée. Tout le monde disait que j'étais belle, mais ça, je le sais depuis longtemps. Une dame a assuré que j'étais « plus que belle ». Parfaite.

Bon, s'ils ne remarquaient pas tout seuls mon point faible, mon nez trop long, je n'allais pas le leur révéler. Ils ont commencé par m'asseoir sur une chaise pour me photographier sous tous les angles. J'adore le petit bruit des flashes. Ça ronronne comme un animal sur le point de bondir puis l'éclair jaillit et ça recommence.

Ensuite, j'ai fait semblant de jouer à la poupée sur fond de nuages. Maman me contemplait avec fierté. Le monsieur était là et ils ont encore joué aux chiffres et c'est maman qui a encore eu l'air de gagner. Maman a souligné que j'avais accompli quelque chose d'extraordinaire et, pour me récompenser, elle m'a donné le droit de faire un vœu. Quel qu'il soit, il serait exaucé.

J'ai souhaité être vraiment parfaite.

— Tu es parfaite, a dit ma mère.

J'ai sangloté.

— Non. Mon nez est beaucoup trop long. J'ai besoin d'une opération esthétique.

— Tu plaisantes ? a ri ma mère.

J'ai insisté :

— Tu t'es bien fait opérer, toi. Tes « rides », ta « culotte de cheval »...

Il y a eu un silence. Maman a hésité puis elle a déclaré :

— Très bien, tu entreras dans l'histoire comme ayant été la fillette la plus précoce en matière de chirurgie esthétique. Allons-y.

Je me suis retrouvée dans une clinique spécialisée avec pour chirurgien le Dr Ambrosio Di Rinaldi, un ancien sculpteur reconverti dans le travail de la chair. On le surnomme le « Michel-Ange du bistouri ». Il paraît que c'est lui qui a lancé la plupart des actrices à la mode et non pas leurs attachées de presse et leurs agents. Les chirurgiens sont les véritables révélateurs de talents. Mais chut, c'est un secret, le grand public n'est pas au courant. Ambrosio est tellement talentueux qu'il est capable d'opérer en anticipant sur ma croissance future.

On m'a endormie sur une table et quand je me suis réveillée, mon visage était couvert de bandages. J'avais hâte de voir mon nez, mais il fallait que je patiente quelques jours, le temps que tout se ressoude.

En attendant que les traces de l'opération disparaissent, je suis restée dans ma chambre. J'ai regardé mon film préféré, *Cléopâtre*, avec Liz Taylor. Liz Taylor est la plus belle femme du monde. Quand je serai grande, je serai Liz Taylor. La vraie Cléopâtre avait, paraît-il, elle aussi, le nez trop long. Peut-être est-ce là la malédiction des gens trop beaux ? Mais j'ai un avantage sur elle. À l'époque de Cléopâtre, on n'avait pas encore inventé la chirurgie esthétique, même si on connaissait déjà l'art des bandages.

Mon opération du nez n'est qu'une première étape dans ma conquête du grand public.

Mon souhait à présent, c'est de devenir une star.

54. IGOR. 7 ANS

Depuis sa victoire sur nous, Piotr a accru ses exigences. Il a étendu son racket à tous les dortoirs. Son couteau à cran d'arrêt lui permet de faire régner sa loi.

À l'atelier, nous travaillons depuis peu à l'empaquetage des cigarettes. Piotr nous a donc ordonné de piquer régulièrement un paquet et de le lui remettre. Il a développé un tel trafic qu'il a réussi à mettre dans le bain plusieurs de nos surveillants adultes.

Piotr s'est entouré d'une garde rapprochée avec des lieutenants qui sèment d'autant plus la terreur dans nos rangs qu'ils jouissent de la bénédiction de nos gardiens. Quand ceux-ci veulent obtenir quoi que ce soit de nous, ils passent par l'intermédiaire de Piotr qui sait comment nous contraindre à obtempérer. Il a inventé toute une échelle de supplices pour les récalcitrants ou ceux qui rechignent à payer ce qu'il appelle l'« impôt piotrien ». Cela va des brûlures de cigarettes aux estafilades à coups de couteau en passant par les tannées en tout genre.

J'en ai assez de cet endroit. Même mes amis les trois V, Vassili, Vania et Vladimir, ont fini par se soumettre à l'autorité de Piotr qui exige qu'on le considère comme un « tsarévitch ».

Face à son groupe et à son organisation, ma force ne me sert à rien. Que je frappe à peine l'un d'entre eux et tous me tombent sur le râble.

Piotr a élu Vania comme souffre-douleur. Pour un oui ou pour un non, ses acolytes lui infligent gnons et éraflures. On a bien tenté de le protéger à l'occasion, mais alors c'est nous qui avons pris la pâtée et les surveillants n'ont rien fait pour nous protéger.

Vassili a réagi à la situation : « Il faut fuir cet orphelinat d'enfer », a-t-il dit. Nous avons donc décidé de creuser le tunnel pour nous évader. Notre dortoir n'est pas très éloigné du mur d'enceinte. Si tout va bien, on pourra tous les quatre voler librement de nos propres ailes dans un monde sans Piotr, sans ses acolytes et sans nos surveillants.

Ce matin, je suis convoqué chez le directeur. Je m'y rends en traînant les pieds et je le trouve en compagnie d'une grande personne en uniforme. Vu la flopée de médailles que le type arbore sur son plastron, ce doit être un type ultra-important. Le directeur s'adresse à moi d'une voix douce :

— Igor, je suis désolé.

— J'ai rien fait, m'sieur, c'est pas moi, dis-je spontanément en pensant qu'ils ont découvert notre tunnel.

Le directeur fait mine de n'avoir rien entendu.

— Igor, je suis désolé car tu vas devoir quitter cet établissement qui est pour toi, je le sais, comme une famille. Une nouvelle étape s'ouvre devant toi...

— La prison ?

— Mais non ! se récrie-t-il. L'adoption.

À ce mot, mon cœur s'accélère. Le directeur précise :

— M. Afanassiev, ici présent, a souhaité te rencontrer en vue de t'adopter. Évidemment, tu as ton mot à dire.

M'adopter ?

Je considère le bonhomme. Il me sourit avec bonté. Il a l'air gentil. Il a un regard bleu tendre. Et puis toutes ces médailles... Les hommes en uniforme avec plein de médailles m'impressionnent.

Je m'approche. L'homme sent bon. Sans doute que sa femme ne peut pas avoir d'enfants et c'est pour cela qu'ils veulent m'adopter. Mon futur papa me passe un doigt sous le menton.

— Tu verras, tu te plairas chez nous. Ma femme réussit d'excellents gâteaux, au chocolat en particulier.

Des gâteaux ! J'en ai l'eau à la bouche. Ici on n'en a que pour l'anniversaire du président et encore, ce sont des gâteaux à la graisse de porc et à la saccharine qui vous laissent un goût écœurant. Chez ces braves gens, j'en mangerai tous les jours, et au chocolat, en plus. Ah, le chocolat... J'imagine déjà ma future nouvelle maman. Une blonde rieuse. Avec de bons gros bras blancs pour pétrir la pâte.

— Je croyais que j'étais trop vieux pour être adopté.

— M. Afanassiev est colonel dans l'armée de l'air. Il a droit à des dérogations. Il ne voulait pas de bébé mais un enfant déjà grand et en bonne santé.

Au dortoir, personne n'a voulu croire à mon histoire. Vladimir m'a asséné :

— La triste vérité, c'est qu'ils nous sortent de cette prison pour nous expédier dans des endroits encore pires.

— Ouais, a renchéri Vania. En plus, ils t'ont avoué que tu avais été choisi pour ton physique.

Vladimir en rajoute :

— Un colonel de l'armée de l'air... Il y a plein de trafics de jeunes recrues là-bas. C'est connu.

Je m'enquiers :

— Qu'en penses-tu, Vassili ?

Vassili hausse les épaules et propose un poker. Je perds la première partie. Vassili empoche ma mise et se décide à donner son avis de grand sage :

— Je crois que tu ferais mieux de nous aider à creuser le tunnel.

Au début, son indifférence me désarçonne car Vassili est toujours de bon conseil, mais cette fois-ci je crois que son égoïsme a pris le dessus.

— Vous êtes tous jaloux parce que je vais avoir un papa et une maman tandis que vous, vous resterez claquemurés ici.

J'ai envie de les planter là, mais je continue le poker. Vladimir enchérit de vingt cigarettes, puis... s'adresse à moi sans me regarder :

— On a besoin de toi pour le tunnel.

J'éclate.

— Le tunnel, on n'y arrivera jamais ! Dans un an, vous y serez encore !

Bientôt, je ne serai plus orphelin. Bientôt, j'aurai une vraie famille. Mes copains appartiennent déjà au passé. Notre séparation sera douloureuse, mais plus tôt je couperai mes liens avec les trois V, mieux je me porterai.

Maintenant que j'ai un vrai papa à moi je n'ai plus qu'un vœu : sortir d'ici.

55. ENCYCLOPÉDIE

Sortir d'ici : Énigme : Comment relier ces neufs points avec quatre traits sans lever le stylo ?

Solution :

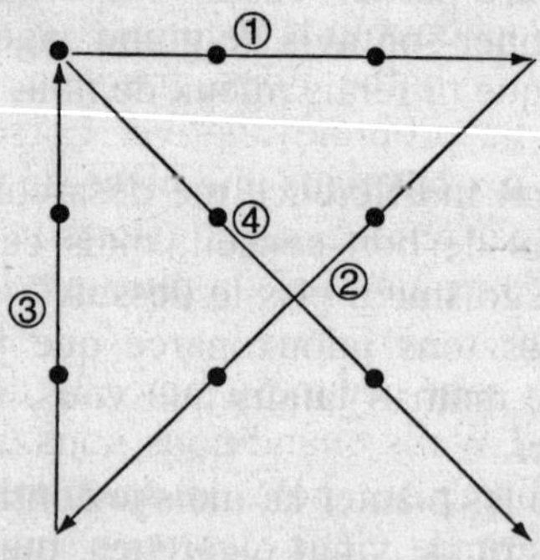

On est souvent retenu de trouver la solution parce que notre esprit se cantonne au territoire du dessin. Or il n'est nul part indiqué qu'on ne peut pas en sortir.

Moralité : Pour comprendre un système, il faut... s'en extraire.

Edmond Wells,
***Encyclopédie du Savoir Relatif et Absolu*, tome IV.**

56. PAPADOPOULOS

Edmond Wells annonce la fin de tous les ésotérismes ; et en effet, ses secrets à lui sont bien mal dissimulés.

Son Ulysse Papadopoulos est un moine ermite. Il s'est construit une maison, y a entassé de grandes réserves de nourriture, de quoi subvenir à ses besoins jusqu'à la fin de ses jours, puis il a muré la porte.

Il n'a pas bâti sa retraite n'importe où. Son refuge a été érigé en l'un des points les plus élevés et les plus reculés des contreforts de la cordillère des Andes, à proximité du site de Cuzco, au Pérou.

Là, Ulysse Papadopoulos médite et écrit. C'est un petit homme à la barbe noire frisottée, aux ongles démesurés et à la propreté relative. Lorsque l'on vit enfermé depuis dix ans dans une pièce de vingt mètres carrés, on finit par renoncer aux efforts vestimentaires ou hygiéniques. Et puis, il n'y a plus que les araignées à visiter le reclus.

Le moine est tout occupé à noter le dernier aphorisme d'Edmond Wells quand nous nous invitons chez lui. Le texte affirme que pour comprendre un système il faut s'en extraire. Cette assertion ravit mon ami Raoul. N'est-ce pas ce que précisément nous sommes en train de faire ? Comme nous nous approchons pour mieux déchiffrer la page, Papadopoulos s'arrête subitement d'écrire.

— Qui est là ?

La douche froide. Un mortel qui perçoit notre présence ! Vite, derrière l'armoire.

Il renifle.

— Je vous sens. Vous êtes là, n'est-ce pas ?

Ce petit homme est sûrement un médium hors pair. Il se tourne et se retourne comme un chat ayant entr'aperçu une souris.

— Je sens que vous êtes là, saint Edmond.

Nous nous efforçons de contenir le rayonnement de nos auras.

— Vous êtes là, saint Edmond. Je le sais, je le sens.

Si j'avais cru qu'un jour je deviendrais un ange redoutant les humains...

— Il y a longtemps que je vous attends, murmure doucement le scribe. La connaissance du savoir absolu est une chose, mais la solitude en est une autre.

Raoul et moi, nous ne bougeons pas.

— J'ai beau être mystique, j'ai mes limites. Vous m'aviez déclaré que vous me dicteriez en songe tout ce que je devais écrire. Depuis, bien sûr, j'ai du texte dans la tête tous les matins, mais alors pour ce qui est de vous voir...

Nous nous blottissons de notre mieux. Il s'exclame :

— Ça y est, je vous ai repéré, saint Edmond !

Il s'avance, s'apprête à tirer l'armoire puis, tout à coup, se ravise et revient au centre de la pièce.

— Eh bien, si vous le prenez comme ça, je démissionne ! lance-t-il, furieux. Désolé, j'ai horreur qu'on me manque de politesse.

Au comble de l'agitation, le moine grec se saisit d'un énorme maillet et entreprend de cogner dans les briques qui bouchent sa porte.

À cause de nous, le scribe veut quitter son ermitage ! Je pousse Raoul Razorbak du coude.

— Il ne faut pas le laisser faire. Edmond Wells ne nous le pardonnerait jamais.

— À moi le monde extérieur ! À moi les belles filles ! hurle à tue-tête l'excité. Je renonce à mon vœu de chasteté ! Je renonce à tous mes vœux ! À mon vœu de silence ! À mon vœu de prière ! À moi les restaurants et les palaces, à moi la vraie vie !

Et de ponctuer chaque phrase d'un coup de maillet.

— Dix années perdues à transcrire des aphorismes philosophiques, merci bien ! Et après quand ça vient me voir, ça ne dit ni bonjour ni bonsoir. Ah ! On ne m'y reprendra plus. Religion, piège à moinillons. Et moi, bonne pomme qui, dès qu'un être de lumière m'est apparu en me demandant de faire l'ermite dans la montagne pour noter ses pensées, me suis empressé d'obtempérer...

— Il faut qu'un de nous deux se dévoue, dis-je.

— Toi, répond Raoul.

— Pas moi. Toi.

Tout en maniant de bon cœur son maillet, le Grec fredonne « The Wall », la chanson des Pink Floyd.

— *... We don't need your education...*

Les fragments de brique volent dans les airs, répandant leur poussière. Je pousse vigoureusement Raoul hors du refuge de l'armoire. Le prêtre s'immobilise net. Il l'a vu. C'est un véritable médium aux dons multiples. Il se fige, hébété et s'agenouille, mains jointes.

— Une apparition, enfin ! s'émerveille-t-il dans sa barbe.

— Euh..., dit Raoul qui s'autorise à faire chatoyer son aura pour rajouter à l'effet.

Quel cabotin ! Mais le plaisir d'être vu par des gens de chair et d'os est plus fort que tout. Ulysse Papadopoulos se signe et se signe encore. Nous devons être en effet fort impressionnants pour les mortels qui nous voient. J'ai envie d'apparaître moi aussi pour doubler la mise mais, tel quel, l'ermite est déjà au bord de l'apoplexie. Il se signe de plus en plus vite et se prosterne aux pieds de Raoul.

— Heu... Bon..., émet mon ami histoire de gagner du temps. Eh bien... certes... oui... en effet... me voilà.

— Ah, quel bonheur ! Je vous vois, je vous vois, saint Edmond. De mes yeux, je vous vois.

Saisi d'un remords peut-être, Raoul rectifie :

— Heu... Je ne suis pas Edmond, je suis Raoul, un « collègue » d'Edmond, celui qui te dicte l'*Encyclopédie*. Il n'a pas pu venir, il s'en excuse mais il m'a autorisé à le représenter.

L'autre n'entend pas bien, et Raoul doit lui répéter plusieurs fois les mêmes phrases, parfois épeler pour qu'il comprenne. Il tend les bras vers le grimoire.

— Après saint Edmond, saint Raoul ! Saint Raoul ! Saint Raoul ! Je suis béni. Je suis aux ordres de tous les saints ! clame Papadopoulos.

— Très bien, fait Razorbak. Dis-moi un peu, est-ce que l'*Encyclopédie* évoque le chiffre 7 ?

— Le chiffre 7 ? s'étonne le moine. Heu... Bien sûr, saint Raoul, bien sûr. Il en est question un peu partout.

— Montre-moi, ordonne l'ange.

Le moine se précipite, humecte religieusement son pouce et feuillette vivement les pages. Il en tire d'abord un texte court sur la symbolique du 7 dans les jeux de tarots. Un autre, plus long, sur l'importance du symbole 7 dans les mythes et légendes. Un troisième sur les 7 barreaux de l'échelle de Jacob...

Le problème avec cette *Encyclopédie du Savoir Relatif et Absolu,* c'est qu'elle est un vrai fourre-tout. La pensée de notre mentor part simultanément dans tous les sens. L'*Encyclopédie* traite de réflexions philosophiques mais contient aussi des recettes de cuisine, des anecdotes scientifiques, des énigmes, des études sociologiques, de brefs portraits, des éclairages nouveaux sur des faits de l'histoire terrienne. Quel chaos ! Pour tout lire, il nous faudrait multiplier les voyages !

Raoul suggère au scribe de se doter d'un index, ou tout au moins d'une table avec des pages numérotées. Il tourne les pages. Il passe sur des tests psychologiques ! Des interviews de stars ! Enfin quelque chose d'intéressant. Une entrée laisse entendre que, géographiquement, le monde des 7 ne serait pas accolé au monde des 6. En conséquence, il convient de le chercher « là où l'on s'attend le moins à le trouver ».

Soudain, nous qui ne ressentons plus ni le chaud ni le froid, nous percevons un souffle glacial.

— Des âmes errantes ! s'inquiète Raoul.

Devant nous s'alignent en effet une dizaine de fantômes. Ils nous ressemblent, sauf qu'au lieu de rayonner comme nous ils absorbent la lumière.

Raoul, mon aîné au Paradis, m'explique que ces ectoplasmes sont des suicidés, partis avant l'heure, ou encore des assassinés dont l'âme est encore tellement tourmentée qu'elle préfère demeurer ici-bas à tenter de régler les problèmes du passé plutôt que de s'élever dans le ciel afin de se purifier dans une autre vie.

— Ce sont des humains qui même morts refusent de lâcher la rampe ?

— Ou ne le peuvent pas. Certains revanchards, avides de vengeance, tiennent à subsister sous forme de fantômes pour mieux hanter leurs tourmenteurs.

— Peuvent-ils nous faire du mal ?

— À nous, non. Mais à Papadopoulos, oui.

Je proteste :

— Mais nous sommes des anges et eux de simples âmes errantes.

— Ils sont restés plus proches des humains que nous.

Raoul craint fort que ce ne soit nous qui les ayons guidés jusqu'au moine grec. Les âmes errantes sont sans cesse en quête de corps à hanter et, en débarquant sur Terre et en apparaissant, nous leur avons désigné un médium.

Les fantômes ne cessent d'affluer. Ils sont bien une trentaine à présent. Ils ont conservé la même allure qu'à l'heure de leur mort. Nous avons devant nous des guerriers incas, encore marqués par les blessures infligées par les arquebuses des conquistadors. On se croirait dans un roman de H.P. Lovecraft ! Celui qui semble leur chef est encore plus effrayant. Il n'a plus de tête. Je me glisse tout contre Raoul et lui demande :

— Comment s'y prend-on pour les combattre ?

57. VENUS. 7 ANS

Miroir. Avec mon nouveau nez, je me trouve encore plus belle. Je suis inscrite dans une école pour enfants stars qui professe la méthode d'éducation du Dr Hatkins. On nous laisse faire ce qu'on veut comme on veut quand on veut pour laisser s'exprimer librement nos pulsions. Je me contente le plus souvent de dessiner un petit bonhomme prisonnier.

— C'est qui ? demande la pédagogue. Ton papa ? Ta maman ?

— Non. C'est l'Autre.

— Quel autre ? Le prince charmant ?

Je précise :

— Non, c'est l'Autre, celui dont je rêve parfois.

— Eh bien, cet Autre a sa dénomination propre, c'est le prince charmant, m'informe la pédagogue. Je l'ai cherché, moi aussi, et puis je l'ai trouvé en rencontrant mon mari.

Rien ne m'agace autant que ces adultes qui n'écoutent pas les enfants et se figurent tout savoir. Je hurle :

— Non, l'Autre n'a rien à voir avec le prince charmant ! C'est le prisonnier. Il est coincé et il veut sortir. Je suis la seule à pouvoir l'aider, mais pour ça il faut que je me souvienne.

— Que tu te souviennes de quoi ?

Je n'ai pas de temps à perdre. Je tourne les talons.

La semaine dernière un magazine m'a convoquée pour une séance de photos. C'est grâce à maman qui me fait de la publicité partout où elle va pour son travail. J'ai posé pendant deux ou trois heures assise sur un tabouret avec un bouquet de fleurs. Je crois que c'était pour un calendrier. Maman est restée dans les coulisses à jouer à ce jeu où il faut annoncer des nombres de plus en plus élevés et terminer par le mot dollar.

Maman m'a déclaré que je devenais quelqu'un de très important. Elle m'a dit que j'étais la nouvelle Shirley Temple. J'ignore qui est cette fille, sans doute l'une de ces innombrables actrices vieillardes qui servent de références à ma mère. De toute façon, moi, à part Liz Taylor, je les trouve toutes moches.

58. JACQUES. 7 ANS

Depuis quelques semaines, l'école compte une nouvelle élève. Quand arrivent des nouveaux, j'ai toujours envie de les aider à s'intégrer.

Cette nouvelle-là est un peu spéciale. Elle est plus âgée que nous. Elle a huit ans. Sans doute a-t-elle été obligée de redoubler une classe quoiqu'elle n'ait pas l'air cancre. Elle vit dans un cirque. À force de changer tout le temps d'endroit, ce n'est pas toujours facile de suivre les programmes.

La fille s'appelle Martine. Elle me remercie de mon accueil, accepte mes conseils et me demande si je sais jouer aux échecs. Je dis non et elle sort de son cartable un petit jeu en plastique pour m'apprendre. Ce qui me plaît dans les échecs, c'est que l'échiquier est comme un petit théâtre où des marionnettes dansent et se débattent. Elle m'enseigne qu'il y a tout un mini-code de vie à respecter pour chaque figurine. Certains avancent à petits pas : ce sont les pions. D'autres glissent loin, comme les fous. D'autres encore peuvent sauter par-dessus les autres pièces, ce sont les cavaliers.

Martine est une surdouée des échecs. À son âge, elle affronte déjà en tournoi plusieurs adultes simultanément.

— C'est pas difficile. Les adultes ne s'attendent pas

à ce qu'une fillette les agresse, alors je fonce. Ensuite, ils jouent en défense. Quand ils sont en défense, ils deviennent prévisibles et ils ont un coup de retard.

Martine affirme que, pour gagner, il faut respecter trois grands principes. En début de partie, sortir au plus vite ses pièces de derrière la ligne de défense afin qu'elles puissent entrer en action. Ensuite, occuper le centre. Enfin, fortifier ses points forts plutôt que de chercher à conforter ses points faibles.

Les échecs deviennent une passion. Avec Martine, nous nous lançons dans des parties chronométrées où il faut réfléchir non pas sur un seul coup mais sur les six à venir qui s'enchaîneront en toute logique.

Martine dit que je suis bon à l'attaque mais pas terrible en défense, alors je lui demande de m'apprendre à mieux me défendre.

— Non, rappelle-toi. Il vaut mieux fortifier ses points forts que combler ses points faibles. Je vais t'enseigner à être encore plus efficace en attaque, car ainsi tu n'auras plus besoin d'apprendre à te défendre.

Et c'est ce qu'elle fait. Je réfléchis de plus en plus vite. Quand je joue, j'ai l'impression que l'espace et le temps se résument à cet échiquier où se noue un drame. À chaque coup, j'ai l'impression que dans ma tête une souris se hâte dans un labyrinthe en explorant tous les chemins possibles pour sélectionner au plus vite le meilleur.

Martine apporte une anecdote tirée d'une nouvelle d'Edgar Allan Poe intitulée *Le Joueur d'échecs de Maelzel*. C'est l'histoire d'un automate qui bat tout le monde aux échecs. À la fin, on apprend qu'en fait un nain était caché à l'intérieur de la machine. Quelle trouvaille que cette chute ! J'en ai des frissons de plaisir ! En plus il paraît que cela s'est vraiment produit.

Martine, Edgar Allan Poe et les échecs donnent un sens nouveau à ma vie. Maintenant j'introduis beaucoup de suspense dans mes histoires dont la plupart ont pour base les échecs. Souvent les personnages de mes récits sont pris dans une partie dont ils ne connaissent pas les règles car ces fictions sont régies par des lois invisibles qu'ils ne sont pas à même d'imaginer.

Je propose à Martine de lui lire ma prochaine histoire. Elle accepte. Aurais-je enfin trouvé un lecteur ? Je lui chuchote à l'oreille l'aventure de deux globules blancs qui enquêtent dans un corps humain pour y retrouver un microbe. Quand ils l'attrapent, ils constatent que le microbe a pour seule ambition de s'intégrer à la société des cellules du corps humain. À la fin, le microbe est accepté dans le corps, mais seulement à l'endroit où il peut se rendre utile.

— C'est-à-dire ?

— Dans le système digestif, pour contribuer à la dégradation de la nourriture.

Elle rit :

— Pas mal trouvé. Ça t'est venu comment ?

— J'ai vu une émission sur les microbes à la télé.

— Non, ce que je te demande, c'est comment t'est venue l'envie de rechercher un monde meilleur car ton microbe, en fait, il est en quête d'une société idéale.

— Il me semble que notre organisme est déjà une société idéale. Là-dedans, pas de compétition, pas de chefs, tout le monde est à la fois différent et complémentaire, et pourtant tout le monde agit dans l'intérêt général.

Martine dit que mon histoire est très jolie. Elle dépose un bisou sur ma joue, j'essaie de lui en donner un en retour, mais elle me repousse.

— Quand tu auras écrit d'autres histoires, je veux bien que tu me les lises, souffle-t-elle.

59. IGOR. 7 ANS

Mes nouveaux parents doivent venir me chercher ce soir. J'ai enfilé le simili-smoking en nylon noir qu'on nous a distribué pour les fêtes. J'ai ciré mes chaussures avec du saindoux. J'ai bouclé ma valise. Je ne parle plus aux autres. À midi, je ne mange pas. Je crains trop de tacher mon costume. J'ai parcouru un livre sur les bonnes manières à la bibliothèque. Je sais maintenant que la fourchette se place à gauche de l'assiette et le couteau à droite. Je sais que la viande s'accompagne de vin blanc et le poisson de vin rouge. À moins que ce ne soit le contraire. Je sais qu'il faut donner sa carte de visite aux autres riches qu'on rencontre afin de pouvoir se retrouver ensuite entre nous sans plus croiser de pauvres.

J'ai étudié aussi les médailles. Celles de mon futur papa signalent non seulement qu'il fait partie de l'élite de l'armée de l'air mais qu'en plus il a descendu des avions ennemis. L'armée de l'air... Je me sens déjà prêt à mépriser l'infanterie, l'artillerie et la marine. Vive l'aviation ! On plane au-dessus des ennemis et on les tue de loin, sans les voir ni les toucher. Vive l'armée ! Vive la guerre ! Mort aux ennemis ! Mort à l'Occident !

Quand je serai officiellement nommé « fils de colonel », je connaîtrai probablement tous les mouvements de nos troupes, je serai informé de toutes les missions secrètes dont la presse ne pipe mot. Je suis convaincu qu'on nous cache tout ce qui est vraiment intéressant : les massacres, les coups de force et tout ça. Les trois V de mon dortoir m'exaspèrent. Vivement que j'appartienne à une famille de riches, les pauvres commencent à me taper sur les nerfs.

Midi, treize heures, dix-sept heures. Je dis « au revoir » aux surveillants, je m'assieds et j'attends dix-

neuf heures dans mon joli smoking du dimanche qui craque un peu aux entournures. Vania survient, me considère avec colère et me lance :

— Ton colonel, je suis sûr qu'il est pédophile.

— Tu dis ça parce que tu es jaloux. Tu ne sais même pas ce que c'est qu'un gâteau au chocolat.

— T'es qu'un lâcheur !

Je comprends que Vania comptait sur moi pour le protéger et l'aider, mais je ne peux pas demeurer à perpétuité à la disposition de tout le monde. Je me calme.

— Toi aussi, un jour ta chance viendra, et alors tu te comporteras exactement comme moi.

Mon papa tout neuf doit venir me chercher à dix-neuf heures. À dix-neuf heures trente, je serai sûrement en famille à manger des gâteaux, de vrais gâteaux avec du vrai beurre et du vrai chocolat.

Dix-huit heures trente. Plus qu'une demi-heure et j'en aurai fini avec cet orphelinat. J'aurai une famille et de l'amour.

Dix-huit heures quarante-cinq. Vassili se plante devant moi, l'air bizarre. Il m'ordonne de le suivre dans la salle des douches. Il y a une petite foule agitée là-bas. Tous les visages sont levés vers le plafond et, au plafond, il y a Vladimir pendu avec une pancarte autour du cou : « A caché des cigarettes pour ne pas payer l'impôt. » Mon copain obèse a dû être difficile à hisser si haut. Il est tout bleu et tire la langue d'une façon grotesque qui rend la scène encore plus terrifiante.

— C'est Piotr... c'est Piotr qui... l'a tué ! articule difficilement Vania.

Vassili se tait mais son regard est dur. Il se dirige vers moi, me prend par l'épaule et me mène à une cachette qu'il a aménagée et que je ne connaissais pas. D'un morceau de toile replié, il tire un objet long et brillant. Un couteau.

Je l'examine. Il ne l'a pas trouvé ou acheté. Il l'a fabriqué. Il l'a forgé en douce en dehors des séances à l'atelier de travaux manuels. On dirait un authentique poignard de guerre.

— Tu es le plus fort d'entre nous. À toi de venger Vladimir.

Je suis tétanisé. Je pense à mon nouveau papa, colonel dans l'aviation. Un jour, il me fera monter dans son avion... Un jour, il m'apprendra à piloter... Je revois cette outre de Vladimir, toujours à se goinfrer, toujours un doigt dans le nez, le porc. Je le revois manger, bavant et rotant lourdement. Vladimir.

— Désolé, dis-je à Vassili. Cherche quelqu'un d'autre. Mes nouveaux parents arrivent dans une demi-heure. Je ne suis plus concerné par les bagarres ici.

Je me détourne déjà quand une voix susurre derrière moi :

— Mais c'est Igor... Igor qui lui non plus n'a pas payé l'impôt...

Piotr.

— ... tout endimanché qu'il est, Igor. Un vrai gosse de bourgeois. Ce charmant smoking, ça ferait de jolis chiffons à poussière.

Vassili tente imperceptiblement de me glisser le poignard dans la main. Je ne le saisis pas.

— On n'échappe pas à son destin, me murmure-t-il doucement à l'oreille.

— Alors, Igor, on se bat ou tu nous laisses tranquillement tailler des franges à ta veste, histoire de la remettre à la mode ?

Ses acolytes se tordent de rire.

Ne pas répondre aux provocations. Tenir encore vingt minutes. Vingt minutes seulement. Avec un peu de chance, peut-être même que mon futur papa sera en avance.

J'esquisse un mouvement de fuite mais mes jambes

se dérobent. Le « tsarévitch » et sa bande s'avancent. J'ai encore le choix. Rester coi ou être courageux.

Des enfants d'autres dortoirs se sont approchés et font cercle autour de nous pour profiter du spectacle.

— Eh Igor, t'as les jetons ? ironise Piotr.

Mes mains tremblent. Ne pas tout gâcher maintenant.

Piotr lèche amoureusement la lame de son couteau à cran d'arrêt. Le poignard de Vassili est tout proche de ma main.

— Pas possible de bluffer cette fois, chuchote mon ex-ami. Tu n'as pas d'autre choix que d'abattre tes cartes.

Je sais exactement ce que je ne dois pas faire. Surtout ne pas toucher à ce poignard. Je repense aux gâteaux au chocolat, aux virées en avion, aux médailles du colonel. Tenir. Tenir encore une poignée de minutes. Maîtriser mes nerfs. Maîtriser mon cerveau. Dès que je serai bien au chaud chez le colonel, tout cela ne sera plus qu'un mauvais souvenir de plus.

— Regardez comme il a la frousse. Igor le lâche ! Je vais te retoucher le portrait.

Mes membres m'abandonnent peut-être mais ma bouche me reste fidèle.

— Je ne veux pas me battre, dis-je péniblement.

Oui, oui, je suis un lâche. Je veux mes nouveaux parents. Il me suffit de fuir vers le couloir pour me retrouver hors de portée du cran d'arrêt. Fuir. Fuir. Il est encore temps.

Vania s'empare alors du poignard et le pose directement sur ma paume pour me contraindre à le prendre. Mes doigts ont un mouvement. Mais non, non, non, ne vous refermez pas sur ce manche, je vous l'interdis. Vania replie un par un mes doigts.

Je revois le visage de maman. J'ai mal à l'estomac. Mes yeux s'injectent de sang. Je n'y vois plus rien. Je sens seulement le poignard qui s'enfonce dans de la chair molle, dans le ventre de Piotr, exactement à l'endroit où moi j'ai si mal.

Piotr me dévisage, l'air surpris. Comme s'il pensait : « Je ne m'attendais pas à ce coup-là. Finalement, tu es moins trouillard que je le croyais. »

Piotr qui ne vit que par la force respecte la force, y compris celle de ses adversaires. Peut-être a-t-il été toujours en quête de celui qui le moucherait pour le compte.

Le temps s'arrête et se fige. Vassili ébauche un léger sourire qui n'étire que les commissures de ses lèvres. Pour la première fois, je lis dans son regard : « Tu es quelqu'un de bien. »

Alentour les enfants applaudissent. Même les lieutenants de Piotr affichent des expressions admiratives. Ils ne s'attendaient sûrement pas à ce que ce soit moi qui l'emporte. Je sais que maintenant, je n'ai plus rien à craindre d'eux. J'ai basculé dans un nouvel univers. J'ai laissé passer ma plus grande chance d'avoir une famille et, pourtant, je me sens bien. Je pousse un cri de bête. Le cri de la victoire sur l'adversaire et de la défaite sur son destin.

Vladimir a été vengé et moi... et moi, j'ai tout perdu.

Mes doigts s'imprègnent du sang de Piotr. J'ai souhaité que Piotr reçoive un coup de couteau dans le ventre. Mon vœu a été exaucé. Comme je le regrette maintenant ! Je repousse les acolytes en quête de nouveau chef qui veulent me porter en triomphe.

Le soir même, une voiture fermée vient nous chercher, moi et Vania, pour nous conduire à la prochaine étape de notre parcours personnel : le centre de redressement pour mineurs délinquants de Novossibirsk.

60. ENCYCLOPÉDIE

NIVEAU D'ORGANISATION : L'atome a son propre niveau d'organisation.

La molécule a son propre niveau d'organisation.

La cellule a son propre niveau d'organisation.

L'animal a un niveau d'organisation et au-dessus de lui la planète, le système solaire, la galaxie. Mais toutes ces structures ne sont pas indépendantes les unes des autres. L'atome agit sur la molécule, la molécule sur l'hormone, l'hormone sur le comportement de l'animal, l'animal sur la planète.

C'est parce que la cellule a besoin de sucre qu'elle demande à l'animal de chasser pour recevoir de la nourriture. C'est à force de chasser pour obtenir de la nourriture que l'homme a éprouvé l'envie d'étendre son territoire, tant et si bien qu'il a fini par fabriquer et envoyer des fusées au-delà de la planète.

En retour, c'est parce que l'astronaute connaîtra une panne qu'il se déclenchera un ulcère à l'estomac et, parce qu'il aura un ulcère à l'estomac, certains des atomes qui constituent sa paroi stomacale verront leurs électrons se détacher du noyau.

Zoom arrière, zoom avant, de l'atome à l'espace.

Vue sous cet angle, la mort d'un être vivant n'est que de l'énergie qui se transforme.

Edmond Wells,
***Encyclopédie du Savoir Relatif et Absolu*, tome IV.**

61. LE GRAND INCA

Les âmes errantes cernent Ulysse Papadopoulos. Chacune lui chuchote à l'oreille :

— Laisse-moi venir en toi.

— Pourquoi voulez-vous venir en moi, saint Raoul ? interroge Papadopoulos.

— Tu vois, déplore Raoul, ce mortel perçoit plus facilement les messages des âmes errantes que les nôtres.

Brusquement, je me dis qu'il est probable que certains des prophètes qui ont prétendu s'être entretenus avec des anges n'ont discuté en fait qu'avec des âmes errantes qui se faisaient passer pour nous.

— Laisse-moi venir en toi, répète le fantôme.

Le prêtre grec est perplexe. Il « voit » Raoul mais il ne comprend pas pourquoi, soudain, celui-ci a changé de voix et lui tient pareils propos. Dans le doute, il se met à prier. Mais au fur et à mesure qu'il prie son âme commence à s'élever hors de son corps. Danger.

Je m'interpose :

— Hé ! les fantômes ! pourquoi donc restez-vous sur Terre ?

L'un d'eux consent à se détourner de sa proie pour me répondre :

— Il nous faut nous venger des conquistadors qui nous ont assassinés. Ce moine est un de leurs représentants, aussi allons-nous le hanter et je peux t'affirmer qu'aucun exorciste ne nous chassera hors de son corps.

— Hé ! les gars ! s'exclame Raoul, vous n'avez pas honte de vous attaquer à un pauvre humain ? Choisissez-vous des adversaires à votre mesure !

La remontrance ne les émeut guère.

— Nous en prendre à des anges ? Quel intérêt ? Nous préférons frapper vos points faibles. Vos « clients », comme vous dites.

Malheureusement, à force de prier, le moine commence à sortir franchement de son corps. Les âmes errantes se placent en collier autour de son crâne du sommet duquel se dégage, bien visible, la forme blanche de son ectoplasme.

Je hurle :

— Non, reste dans ton corps ! Arrête de prier !

Mais le moine ne m'entend pas, et les âmes errantes se pressent autour de lui pour l'aider à se dégager plus vite de sa chair. Le pauvre Papadopoulos ne tient plus à son corps que par le mince fil de son cordon d'argent qui s'étire. Le naïf se croit en pleine extase mystique alors qu'il est seulement en train de se faire évincer.

Pour gagner du temps, je tente le dialogue avec l'adversaire. Les âmes errantes sont étonnées que je m'intéresse à elles personnellement.

Elles consentent à relâcher leur emprise sur Papadopoulos et nous expliquent qu'elles souffrent. C'est le propre des âmes errantes, ce sont des êtres de souffrance. Elles nous racontent abondamment leur drame.

Papadopoulos revient en lui et s'évanouit.

Le récit de la précédente existence de ces fantômes est pathétique. Avec eux, je revis leur calvaire et je les comprends. J'entre en contact avec leur culture ancestrale. Je vois leur vie paisible avant l'irruption des envahisseurs venus de l'Est. Je vois flotter des images du site de Cuzco avant le désastre, des images de culte solaire, des images de vie quotidienne dans une civilisation très avancée. Je me prends à comprendre les Incas et, en effet, ma sollicitude les déconcerte d'abord, puis les apaise.

— Vous pouvez nous aider à monter au ciel ? finit par demander l'un des guerriers incas.

Je réponds que je ne sais pas et puis, ce disant, je ferme les yeux et je comprends que je le peux. C'est l'un de nos privilèges d'anges. Pour que ces âmes errantes s'élèvent au Paradis, il suffira de leur permettre de passer en moi et de les laisser glisser le long de ma colonne vertébrale de sorte qu'elles jaillissent par le haut de mon crâne.

Mais les fantômes incas déclarent qu'ils ne pourront pas partir tant que leur souverain n'aura pas récupéré sa tête. Ce fantôme décapité est Atahualpa, le dernier grand Inca assassiné par Francisco Pizarro en 1533. Or, si l'Espagnol, après avoir fait étrangler son ennemi, a séparé la tête du corps, c'est précisément pour empêcher sa victime de monter au Paradis. Car l'envahisseur connaissait les croyances des Incas. Pour eux, pas de réincarnation si l'on n'arrive pas intact devant les dieux. Pizarro a donc dissimulé la tête à dessein, pour frapper de crainte toute la population.

Un fantôme nous dit qu'il se raconte qu'un « sentier lumineux » s'est créé entre le corps et la tête du supplicié afin de tenter de les réunir.

— Ne serait-ce pas ce mythe qui a inspiré le mouvement maoïste péruvien révolutionnaire dit du « Sentier lumineux », qui a beaucoup fait parler de lui dans les années quatre-vingt ?

— En effet. Nous avons inspiré ces rebelles. À l'époque, nous étions prêts à tout pour rassembler le corps de notre roi.

Raoul et moi nous employons à résoudre le problème. Nous retrouvons la tête du roi en consultant les archives secrètes de la bibliothèque du Vatican. Elle se trouve dans une excavation, non loin de Quipayán, dernier lieu de victoire de l'Inca sur son ennemi. Nous suggérons à une expédition archéologique américaine de la récupérer et de l'adjoindre au corps qui se trouve dans un musée péruvien.

Le corps du grand Inca une fois recomposé, son âme se met à rayonner.

Depuis le temps qu'il attendait ça... Il se propose dès lors de nous aider en retour dans la mesure de ses propres possibilités. On lui explique le sens de notre quête : nous sommes des anges et nous voulons savoir ce qu'il y a au-dessus des anges.

Atahualpa réfléchit.

Il nous dit qu'en tant qu'empereur des Incas et Fils du Soleil, il connaît évidemment la cosmogonie de son peuple. Au-dessus des anges, il pense qu'il y a un dieu, mais il ne sait pas trop comment nous pourrions le vérifier.

Raoul lui dit qu'au-dessus des anges, il y a le pays des 7. Est-ce que ce chiffre lui évoque quelque chose de précis ?

À ce moment l'empereur inca nous signale qu'un jour, alors qu'âme errante il se promenait à l'ambassade de Corée du Sud au Pérou, il a rencontré une jeune fille exceptionnelle. Non seulement elle avait l'air de savoir beaucoup de choses, mais, de plus, elle semblait venir de très loin. Le monde qui hante ses vies passées est, selon ce qu'Atahualpa en a perçu, un monde supérieur à celui des hommes, mais aussi à celui des anges. Cela ne l'étonnerait pas qu'elle, simple mortelle, soit détentrice au fond de son âme du secret du pays des 7. Car comme nous l'avons vu avec Papadopoulos, les êtres de lumière aiment parfois utiliser les humains pour y cacher leurs secrets et leurs trésors. Ils les enfouissent dès lors au fond de leur inconscient et cela leur sert de cachette.

— Qui est cette personne ? demande Raoul.

Atahualpa se penche délicatement vers nous et susurre :

— Nathalie Kim, la fille de l'ambassadeur de Corée au Pérou.

Là-dessus l'ancien monarque amérindien prend une mine entendue et ordonne à ses guerriers de se regrouper autour de lui. Parés pour le décollage vers le Paradis.

Un par un, les Incas nous envahissent par les pieds, remontent notre dos et rejaillissent par le sommet de notre crâne. Raoul et moi grimaçons de douleur car à chaque fois qu'une âme errante nous parcourt, nous ressentons brièvement des éclats de ses souffrances passées.

Quand ils sont tous au loin et nous de nouveau seuls, j'interroge :

— Nathalie Kim ? Tu la connais ? Qui est-ce ?

— Une de mes clientes, répond Raoul, songeur.

62. VENUS. 8 ANS

J'ai des crises de somnambulisme. Je me lève la nuit et je me promène sur le toit. Je déteste lorsque mon corps m'échappe. C'est comme si l'Autre, le prisonnier en moi, était pris d'une envie de bouger.

Au réveil, la migraine me tourmente. L'Autre n'a peut-être pas suffisamment marché à son gré et il continue à me ronger de l'intérieur...

Après mes premières apparitions comme mannequin, les propositions se sont multipliées. On me réclame de plus en plus. Maman s'occupe des formalités avec les agences et traite en mon nom.

J'ai huit ans et je gagne ma vie. Normalement, nous devrions tous être au comble du bonheur, et pourtant papa et maman n'arrêtent pas de se disputer. Ils parlent de « l'oseille de la petite ». Ils font sans doute allusion à moi, encore un de ces mots d'adultes que je ne comprends pas. Maman dit que c'est elle qui négocie et qu'il est donc normal qu'elle ait droit à son pourcentage en tant qu'agent. Papa rétorque que « cette enfant, nous l'avons faite à deux, non ? », et il ajoute : « En plus, elle ressemble davantage à ma mère qu'à toi. »

J'aime bien que mes parents revendiquent chacun

ma beauté comme leur apport personnel. Mais maman crie de plus en plus fort. Elle annonce qu'elle a engagé un détective privé pour qu'il suive papa et elle lui lance à la figure des photos de lui, « nu avec sa poule ».

Papa a dit à maman :

— De toute façon, tu vieillis, ma pauvre, il faut bien que je songe à te remplacer.

Maman a dit à papa qu'il ne sait pas faire l'amour. C'est faux. J'adore quand papa me couvre de bisous et m'assure qu'il m'aime. Papa a dit à maman qu'il n'existe pas d'hommes impuissants, il n'y a que des femmes maladroites.

Maman lui a envoyé une gifle.

Papa la lui a rendue.

Maman a dit que, si c'est comme ça, elle retourne chez sa mère. Elle s'est emparée d'une statuette et l'a lancée dans sa direction. Alors ils ont prononcé leur phrase rituelle : « Pas devant la petite. » Ils sont allés dans leur chambre, ils ont hurlé de plus belle, puis il y a eu un silence et maman a gémi des « oui », des « non » et des « oh, oh, oh », et puis encore des « oui, oui » et des « non, non » comme si elle était incapable de se décider.

Personne n'est venu m'embrasser dans mon lit ou me raconter une histoire pour m'endormir. J'ai pleuré toute seule dans ma chambre et puis j'ai fait une prière. Je veux que mes parents se disputent moins et s'occupent plus de moi.

63. JACQUES. 8 ANS

— Hé, le petit ! Tu veux te battre ?

— Non, dis-je, d'une voix nette et catégorique.

— Tu as peur de nous ?
— Oui.
— Heu... Tu as très peur de nous ?
— Très.

Ma réaction surprend les racketteurs. D'habitude, les garçons leur répondent toujours qu'ils n'ont pas peur. Comme ça, par bravade. Pour se donner une contenance. Moi, je me moque bien d'avoir une contenance. Je n'ai pas à me montrer courageux.

Le chef de la bande attend que j'affronte son regard en signe de défi, mais moi, je contemple la ligne bleue de l'horizon comme s'ils n'existaient pas.

C'est Martine qui m'a appris à ne pas fixer dans les yeux les chiens dangereux, les voyous et les ivrognes car ils considèrent ça comme une provocation. En revanche, il est recommandé aux échecs de fixer l'arête du nez de l'adversaire pile entre les deux yeux. Ça le déconcentre. « Il a l'impression que tu vois dedans », dit Martine.

Décidément, cette fille m'aura appris beaucoup de choses. Elle m'a enseigné aussi à respecter l'adversaire. Selon elle, une vraie victoire est toujours remportée de justesse. « Si l'on vainc trop facilement l'adversaire, ça ne compte pas. »

— Hé, tu te moques de nous ? interroge le racketteur en chef.
— Non.

Encore un conseil de Martine. Il suffit de parler raisonnablement aux énervés pour les mettre mal à l'aise.

Je poursuis tranquillement ma route. Les voyous hésitent. Un agresseur qui hésite, je l'ai appris aux échecs, prend un temps de retard. J'en profite pour les dépasser le plus sereinement possible.

Ma respiration est régulière, mes battements de cœur aussi. Pas la moindre montée d'adrénaline. Bon, je traverse bien l'épreuve et, pourtant, je sais que dans quelques minutes, dès que j'aurai pris conscience du danger traversé, je ressentirai une grande bouffée de panique. Mon cœur accélérera et je tremblerai de terreur. Mais alors l'ennemi sera loin et il n'aura pas le plaisir de jouir de l'effroi qu'il m'a inspiré.

Phénomène étrange, j'ai toujours peur à retardement. Sur le coup, quoi qu'il arrive, je conserve mon sang-froid, je parais calme, et puis un quart d'heure plus tard, ça explose dans ma tête.

Curieux.

J'en parle à Martine. Elle dit que c'est une forme de réaction que j'ai dû mettre au point tout petit. La première fois que j'ai été agressé, j'ai eu si peur que mon cerveau a inventé un mode de survie. Elle pense que mon goût pour écrire des histoires est aussi lié à cette peur ancienne. Dans l'écriture, je me venge, je me défoule. Combien de malfaisants, de monstres, de dragons, d'assassins ai-je déjà taillés virtuellement en pièces rien qu'avec mon stylo ?

L'écriture est ma sauvegarde, ma survie. Tant que j'écrirai, les méchants ne me feront pas peur. Et je compte bien sur l'écriture pour m'offrir des échappatoires encore plus spectaculaires.

Je rédige un autre récit à l'intention de Martine. C'est l'histoire d'un garçon poltron et très lâche qui rencontre une femme qui le révèle à lui-même et le protège.

64. IGOR. 8 ANS

Je me plaignais de l'orphelinat de Saint-Pétersbourg, j'avais tort. Le centre de redressement pour mineurs de Novossibirsk est bien pire. À l'orphelinat, on ne mangeait que des raclures de viande mais au moins elles étaient fraîches. Ici, elles sont avariées. Depuis le temps que je suis là, j'ai sûrement développé de super-défenses immunitaires.

À l'orphelinat, la literie était légèrement moisie. Ici, elle regorge de punaises grosses comme mon pouce. Même les souris en ont peur. À l'orphelinat, ça empestait partout l'urine, ici ça pue partout la charogne.

J'ai longtemps regretté d'avoir choisi de venger Vladimir plutôt que de partir avec le colonel, et puis j'ai appris récemment que mon ex-futur papa avait été arrêté. Il appartenait bel et bien à un réseau de pédophiles. Les copains avaient raison. Si on ne peut même plus se fier aux médailles militaires, alors...

Dès le premier jour on m'a volé mes affaires pendant que je dormais. La nuit, l'établissement résonne de bruits. On entend tout à coup des cris et mon imagination s'emballe sans que je puisse l'arrêter.

Vania est là aussi. Puisque c'est lui qui m'a tendu le poignard, le directeur l'a estimé complice du crime. Dès le premier jour, il a réussi à se faire casser la figure. À croire qu'il attire les coups... Je suis intervenu pour le sauver. Il m'a dit qu'il m'en serait éternellement reconnaissant. Vania est devenu un peu comme un petit frère pour moi.

Ici aussi, on travaille dans un atelier. Orphelins, délinquants, prisonniers, c'est autant de main-d'œuvre bon marché pour les industriels. Je continue à fabriquer des jouets pour les enfants occidentaux.

65. À PROPOS DE NATHALIE KIM

J'ai testé la tactique du chaud et froid sur Venus en alternant les honneurs du travail de mannequin et les mesquineries des disputes de ses parents.

J'ai testé la tactique du billard sur Igor en inspirant à ses amis de le pousser à s'assumer lors de la confrontation avec Piotr.

J'ai testé la tactique de la carotte et du bâton sur Jacques en lui donnant envie de plaire à Martine, tout en lui faisant peur avec une bande de voyous. Leurs âmes se forgent. Je parachève mon travail avec des intuitions, des rêves et en utilisant les chats. Mais j'ai quand même conscience que je n'ai fait que pousser les choses dans leurs pentes naturelles. Edmond a raison, le troupeau avance tout seul. Je rallume mes sphères et m'aperçois que pourtant le résultat n'est pas aussi positif que je l'espérais. En fait, le troupeau n'avance pas tant que ça. Et quand il avance il ne prend pas le chemin le plus droit.

Raoul affiche un air amusé en voyant ma déception.

— On ne peut pas vraiment les aider. On ne peut que les empêcher de commettre les bêtises les plus graves.

Connaissant par cœur le défaitisme de mon ami, je préfère changer de sujet.

— Et cette fameuse Nathalie Kim évoquée par le grand Inca ?

Raoul dit qu'il a étudié son cas et que cette fille n'a vraiment rien de spécial. Il ne voit d'ailleurs pas pourquoi elle aurait quelque chose de particulier. Que ce soit dans son karma, son hérédité ou les premiers choix de son libre arbitre, elle démarre un parcours des plus classiques en tant qu'être humain.

— C'est-à-dire ?

— C'est-à-dire qu'elle multiplie les sottises.

Il me tend son œuf pour que je l'examine.

Nom : Kim

Prénom : Nathalie

Nationalité : coréenne

Cheveux : noirs

Yeux : noirs

Signe particulier : très rieuse

Point faible : naïveté

Points forts : très mature, très courageuse

Visage de lune, longues tresses brunes, yeux noirs en amande, Nathalie Kim est une gamine espiègle de douze ans. Elle s'habille conformément à la mode hippie des années soixante-dix, sabots et robes indiennes, et vit avec sa famille à Lima, au Pérou, où son père est ambassadeur de Corée du Sud.

Bons parents, bonne couvaison, notation à sa naissance : 564.

Je bondis.

— 564 ! 564 sur 600 ! Mais elle est... pratiquement tirée d'affaire.

Raoul Razorbak affiche une moue désabusée.

— Tu parles ! C'est seulement une vieille âme. À force de redoubler, comme une élève quelconque, elle a fini par progresser. Mais, au bout du compte, ils piétinent tous devant la ligne d'arrivée.

— Belle comme un cœur, riche, intelligente, avec des parents qui l'aiment, c'est qui au juste ta Nathalie Kim, la Rolls Royce des « clients » ?

— Je ne me berce quand même pas trop d'illusions.

J'examine à nouveau l'œuf surprenant. Dans la résidence de l'ambassade, Nathalie Kim est éduquée par des précepteurs en compagnie de ses deux frères plus âgés qu'elle. Ils s'ennuient beaucoup au Pérou où ils ne sont pas libres de sortir à leur gré, alors ils s'inventent des jeux juste pour eux trois. Pour l'heure, Nathalie est occupée à lire à ses frères un ouvrage sur l'hypnose sobrement intitulé : *L'Hypnose à la portée de tous*. Je me penche sur l'œuf et constate qu'elle est sur le point d'en tester une leçon sur son frère aîné, James, quinze ans.

Elle demande à l'adolescent de fermer les yeux, de se détendre et de s'imaginer qu'il est une planche rigide. James ferme les yeux, essaie de se concentrer et éclate de rire.

— Ça ne marche pas ! déplore Nathalie.

— Recommençons, je te promets de ne plus rire, dit James.

Mais Nathalie est péremptoire.

— Il est écrit dans le livre que si l'on rit une fois, c'est qu'on n'est pas hypnotisable.

— Mais si, recommence, ça va marcher.

— Désolée, James. Très peu de gens sont sensibles à l'hypnose, à peine 20 % de la population selon cet ouvrage et tu n'en fais pas partie. Tu n'as pas le don. L'hypnotisé doit être très motivé pour que ça marche puisque c'est lui qui fait tout le boulot. L'hypnotiseur se contente de lui révéler qu'il est capable de se mettre dans cet état-là.

Willy, treize ans, se porte volontaire pour un nouvel essai. Il ferme très fort les yeux avec d'autant plus d'acharnement qu'il a vu son aîné échouer et veut prouver à sa sœur qu'il est, lui, « hypnotisable ». Comme si c'était un titre de fierté.

— Tu es rigide comme une planche, entonne Nathalie d'une voix monocorde. Tous tes muscles sont tétanisés, tu ne peux plus remuer.

Le garçon serre les poings, les paupières, se tend, se crispe.

— Tu es rigide, dur, sec, tu n'es plus qu'un morceau de bois dur...

Nathalie fait signe à James de se placer derrière lui et déclare :

— Tu es une planche et comme une planche, tu vas basculer en arrière.

Willy, droit, raide, bascule en arrière. James le rattrape par les épaules et Nathalie par les pieds. Ils placent sa tête sur le dossier d'une chaise, et ses talons sur le dossier d'une autre. Rien ne le soutient, pourtant, il ne chute pas.

— Ça marche ! s'exclame James, émerveillé.

— Dans le livre, ils disent que la rigidité du corps est telle qu'on peut s'asseoir dessus.

— Tu en es sûre ? On ne risque pas de lui casser la colonne vertébrale ?

La fillette se hasarde à grimper sur son frère immobilisé et il ne ploie pas. Elle se met debout sur son ventre. James ose l'y rejoindre. Les deux adolescents sont enchantés de vérifier ainsi que *L'Hypnose à la portée de tous* fonctionne.

— La pensée humaine recèle des pouvoirs inconnus, s'extasie Nathalie. Remettons-le maintenant d'aplomb.

Ils reprennent les jambes et les épaules de Willy, les yeux toujours fermés et le corps toujours rigide.

— Maintenant, je commence le compte à rebours et, à zéro, tu te réveilleras, annonce Nathalie.

Trois, deux, un... zéro !

Côté Willy, rien ne bouge, ni corps ni paupières. Le jeu devient nettement moins amusant.

— Je n'y comprends rien. Il ne se réveille pas, s'inquiète Nathalie.

— Il est peut-être mort. Qu'allons-nous dire aux parents ? s'angoisse James.

La fillette reprend nerveusement le livre.

— « Si le sujet ne se réveille pas, recommencer le décompte sur un ton très directif et en claquant très fort des mains en annonçant le zéro. »

Ils recommencent le décompte, claquent très fort des mains et, cette fois, leur frère « hypnotisable » ouvre les yeux.

Soulagement.

— Qu'as-tu ressenti ? interroge l'hypnotiseuse.

— Rien, je ne me souviens de rien, mais c'était plutôt agréable. Que s'est-il passé ?

Raoul Razorbak paraît dubitatif. Moi, je pense qu'effectivement cette Nathalie Kim présente quelque chose de spécial. J'examine de plus près sa trajectoire passée. Avant cette existence-ci, la Coréenne a été danseuse balinaise. Elle a péri noyée.

Auparavant, elle avait connu plusieurs autres vies d'artiste ; tambourineuse de tam-tam en Côte-d'Ivoire, peintre miniaturiste à Malte, sculpteur de figurines en bois sur l'île de Pâques. Quand j'étais humain, je ne croyais pas trop aux réincarnations. J'étais étonné que tous les gens se voient dans le passé chefs militaires, explorateurs, artistes, vedettes, courtisanes ou prêtres. Bref, héros des livres d'histoire. Quand on sait que jusqu'en 1900, 95 % de la population humaine était occupée aux travaux agricoles, cela peut paraître singulier.

Je constate qu'entre deux vies Nathalie Kim passe généralement beaucoup de temps au Purgatoire.

— Pourquoi met-elle autant de temps à se réincarner ?

Raoul tente une explication :

— Certaines âmes sont impatientes et jouent des coudes dans la foule des décédés pour parvenir au plus vite devant le tribunal. D'autres prennent tout leur temps, tu l'as vu.

Je me souviens en effet d'avoir croisé dans le monde orange des âmes en transit qui avançaient nonchalamment, nullement pressées, vers leur jugement.

— Pour certains, le parcours prend des siècles et des siècles. Pour d'autres, dès qu'une existence est terminée, hop ! ils se précipitent pour retourner sur le ring et tenter de remporter enfin la timbale de la sortie du cycle des réincarnations. La vie précédente de Nathalie l'a sans doute éprouvée. Elle a donc pris le loisir de souffler avant de se décider à retrouver une enveloppe charnelle.

Raoul m'indique que sa Nathalie s'est déjà réincarnée à cent treize reprises, mais qu'au bout du compte elle n'a connu que huit vies intéressantes.

— Cela signifie quoi, des « vies intéressantes » ? Que se passe-t-il dans les vies « non intéressantes » ?

— Rien de spécial, justement. On naît, on se marie, on fait des enfants, on se dégotte un boulot peinard et on meurt dans son lit à quatre-vingts ans passés. C'est une vie pour rien, sans mission, sans œuvre particulière, sans grandes difficultés à surmonter.

— Ces vies-là sont donc complètement inutiles ?

Raoul n'est pas de cet avis. Il estime que ces existences anodines servent précisément à se reposer entre deux vies « importantes ». Certains martyrs, certains artistes incompris, certains combattants de causes perdues parviennent au Paradis si fatigués par leur existence qu'ils supplient que leur soient accordées des réincarnations reposantes.

— Ma Nathalie a connu cent cinq vies de repos et huit vies intéressantes mais probablement pénibles à endurer.

Je remarque qu'en effet, si on entassait dans un musée toutes les œuvres qu'elle a réalisées de vie en vie, il y aurait là de quoi parcourir nombre de salles fastueuses et diverses.

— Alors, pourquoi n'est-elle pas encore libérée du cycle des réincarnations ?

— Elle a presque touché au but, dit Raoul. Mais son comportement n'a jamais été suffisamment spirituel pour lui permettre de franchir le cap ultime.

— Quel a été son handicap ?

— Le manque d'amour. L'âme de ma Nathalie est trop sensible aux risques des passions. Qu'elle ait été réincarnée en homme ou en femme, elle s'est toujours méfiée de ses partenaires. Elle ne s'est jamais complètement livrée et, le plus souvent d'ailleurs, elle a eu raison. Mais en s'épargnant de tomber dans ces

« erreurs », il lui a manqué des informations, un vécu, tout ce qu'apporte un amour total à cœur perdu.

Je comprends mieux le pessimisme de mon ami, sa cliente n'est pas bloquée par sa bêtise, mais précisément par son bon sens !

Nous retournons l'observer à l'ambassade de Corée à Lima. Un goûter est servi aux jeunes gens. L'aîné adore les tartes au citron, le cadet la mousse au chocolat et Nathalie les îles flottantes.

Les îles flottantes...

66. ENCYCLOPÉDIE

RECETTE DE L'ÎLE FLOTTANTE : Commencer par constituer l'« océan » jaune et sucré où flottera l'île, la crème anglaise :

Faire bouillir du lait. Casser 6 œufs en séparant les blancs des jaunes. Réserver les blancs. Battre les jaunes avec 60 g de sucre dans une terrine. Ajouter le lait chaud. Mélanger. Épaissir la crème à feu doux sans cesser de tourner. Ne pas faire bouillir.

L'océan est prêt à recevoir son « île » : un iceberg blanc.

Battre les blancs en neige avec 80 g de sucre et une pincée de sel.

Dans un moule, tourner 60 g de sucre en caramel. Y verser les blancs en neige. Faire cuire 20 mn au bain-marie. Laisser refroidir. Verser la crème dans un plat creux puis déposer délicatement les blancs dessus. Servir très frais.

Edmond Wells,
***Encyclopédie du Savoir Relatif et Absolu*, tome IV.**

67. UN VIEIL AMI

Raoul Razorbak continue de penser que cette Nathalie Kim n'est qu'une cliente comme les autres. Pour faire avancer nos affaires, il a une autre idée.

— Suis-moi.

Nous voletons de concert du côté du sud-est. Sur une colline se tient une assemblée d'anges, agglutinés tels des fans autour de leur chanteur préféré. L'artiste est truculent et parle en agitant les mains. Je le reconnais immédiatement...

Freddy Meyer !

Il n'a pas changé, le vieux rabbin aveugle. Petit, gros, chauve, nez en boule soutenant d'épaisses lunettes noires, sauf qu'ici sa cécité ne le gêne plus. Dans un monde d'esprits, un ange aveugle y voit autant que les autres.

Raoul me dépêche un coup de coude. Connivence inutile, je me souviens. Avec Freddy, toute entreprise d'exploration, de découverte et d'investigation ne peut qu'être sublimée. Il a été le plus rigoureux, le plus enthousiaste, le plus perfectionniste des héros de l'épopée thanatonautique. Il eut l'idée de tresser ensemble les cordons d'argent pour assurer la solidité des vols groupés. Il a imaginé les premières stratégies de guerres ectoplasmiques. Quoi de plus exaltant que de repartir à l'aventure en sa compagnie !

Nous prenons place dans la petite foule des spectateurs et écoutons nous aussi notre ami. Il raconte une... blague.

— C'est l'histoire d'un alpiniste qui fait une chute et se retrouve raccroché par une main à une branche d'arbre au-dessus d'un précipice vertigineux. « Au secours ! Au secours ! Y a-t-il quelqu'un pour me sauver ? » hurle-t-il, désespéré. Un ange apparaît et lui dit : « Je suis ton ange gardien. Fais-moi confiance. Je vais te sauver. » L'alpiniste réfléchit une minute avant de lancer : « Heu... il n'y aurait pas quelqu'un d'autre ? »

Les anges s'esclaffent. Je m'esclaffe aussi. C'est de l'humour angélique. Il faut que je m'y fasse.

Je suis si enchanté de retrouver mon vieux complice. Qui a prétendu qu'on s'ennuie au Paradis ? Avec Freddy, nous sommes sauvés. Je lui adresse un petit signe. Il nous aperçoit et accourt.

— Michael ! Raoul !

Nous nous étreignons.

Tous nos souvenirs communs me reviennent en mémoire : nos premières rencontres, nos bricolages, nos premiers fauteuils de décollage, les premières expéditions vers le Paradis, les premières guerres ectoplasmiques contre les Haschischins.

— Que je vous présente ma nouvelle bande de copains ! clame Freddy.

Une cohorte d'êtres de lumière nous entoure et je distingue parmi eux plusieurs visages connus : Groucho Marx, Oscar Wilde, Wolfgang Amadeus Mozart, Buster Keaton, Aristophane, Rabelais...

— On nous surnomme la bande des comiques du Paradis. Avant de venir ici, j'ignorais que Mozart était un tel plaisantin. Jamais en reste d'une blague égrillarde ! Ah ça, rien à voir avec Beethoven, qui lui est du genre plutôt rabat-joie.

Je demande :

— Et tes clients ?

Freddy hausse les épaules. Il n'a plus foi en son travail d'ange. Il ne s'occupe plus guère de ses âmes. Trop de clients l'ont déçu. Il en a assez des humains. Les sauver ? Il n'y croit plus. Tout comme Raoul, il est convaincu que faire évoluer les humains est une tâche hors de portée même pour les anges les plus doués.

Aristophane dit en être à son six mille cinq cent

vingt-septième client, et autant d'échecs. Buster Keaton se plaint de n'avoir que des Lapons démoralisés par l'absence de lumière. Oscar Wilde lui répond que ce n'est rien à côté de ses hindous, avec les belles-mères qui mettent le feu au sari de leur bru pour toucher les assurances. Groucho Marx se débrouille tant bien que mal avec des Khmers rouges qui n'en finissent pas de régler leurs différends dans la jungle. Rabelais lève les bras au ciel en évoquant ses gosses des bidonvilles de São Paulo qui sniffent de la colle du matin au soir et dont l'espérance de vie ne dépasse pas quatorze ans.

À croire que les cas les plus dramatiques sont confiés de préférence aux comiques.

— C'est trop dur. La plupart d'entre nous finissent par jeter l'éponge. On ne peut pas aider les humains.

Je reprends l'argument d'Edmond Wells :

— Pourtant, notre présence ici est la preuve même qu'il est possible de sortir du cycle des réincarnations. Si nous avons réussi, d'autres en sont forcément capables.

— Peut-être qu'il en est pour les humains comme pour les spermatozoïdes qui les précèdent, émet Raoul. Seul un sur trente millions parvient à franchir la porte de l'ovule. Or moi, je n'ai pas la patience de tester trente millions d'âmes dans l'attente d'être autorisé à enfin franchir la porte d'Émeraude.

Mon ami est visiblement ravi de n'être pas seul à vouloir renoncer. Freddy Meyer est de son côté. Lui non plus ne supporte plus de s'occuper de ses âmes qu'il laisse à l'abandon, ni de se soucier de sa propre élévation. Il n'a plus d'ambition. Il entend passer le reste de son existence à rire et à oublier le monde des mortels. Il a perdu tout espoir en l'humanité. Il ne croit plus qu'à l'humour.

Que s'est-il passé pour que le joyeux rabbin alsacien se transforme en un être de lumière aussi désabusé ?

— L'holocauste, souffle-t-il. Le génocide des juifs pendant la Seconde Guerre mondiale.

Il baisse la tête, comme vaincu.

— D'ici, on voit mieux. On comprend tout. On a accès à toutes les informations. Je sais maintenant tout de ce qui s'est réellement passé, et c'est pire que tout ce que j'avais pu lire sur la Terre. C'est au-delà de l'horreur.

— Je...

— Non, tu ne sais pas. Les files d'attente devant les chambres à gaz, les enfants arrachés aux bras de leurs mères pour être lancés, tête brisée, sur les murs des fours crématoires, les expériences médicales à vif sur des êtres humains... Il faut monter ici pour tout voir et tout ressentir. Je ne parviens plus à me détacher de ces visions.

Je tente une explication :

— C'est peut-être parce que des anges se sont désintéressés de leur travail, comme toi maintenant, que ces atrocités ont pu se produire.

Mais Freddy ne m'écoute plus. Il me saisit par l'épaule et s'esclaffe.

— Je ne veux plus en apprendre davantage. Je veux seulement rire, rire, rire... me saouler de rires et de blagues jusqu'à la fin des temps. Allez, rions mes amis. Rions et oublions.

Comme il a changé, mon cher Freddy ! L'humour serait-il addictif ? Il tape dans ses mains.

— Hé, ça commence à devenir triste par ici. Vite, une bonne blague, il y a urgence. UNE BLAGUE ! réclame l'ancien rabbin thanatonaute.

Il est difficile d'enchaîner après de telles réminiscences, pourtant Oscar Wilde s'avance afin de dissiper les derniers relents des sinistres évocations de Freddy.

— C'est l'histoire de Jésus en train de voyager avec sa mère. Il s'arrête dans une bourgade et voit une femme adultère sur le point d'être lapidée. Alors Jésus s'interpose et dit : « Que celui qui n'a jamais péché lui jette la première pierre. » Remous dans la foule puis chacun repose sa pierre. Jésus s'apprête à libérer la jeune femme sous les applaudissements, lorsqu'une énorme brique vole dans les airs et vient écrabouiller la malheureuse. Jésus se retourne et dit : « Hé, maman, tu ne crois pas que parfois tu en fais un peu trop ?... »

Les rires sont un peu forcés.

— Heureusement que Jésus n'est pas dans le coin, remarque Buster Keaton avec son sérieux habituel. Il n'aime pas qu'on plaisante avec sa mère...

Groucho Marx reprend :

— C'est l'histoire d'un type qui se lamente tout le temps de ne pas gagner au loto. Son ange gardien lui apparaît et lui dit : « Écoute, je veux bien te faire gagner mais... achète au moins un billet ! »

Tous connaissent déjà la blague, mais ils s'esclaffent quand même.

Raoul et moi ne participons pas à l'hilarité générale qui nous semble un peu surfaite.

C'est alors qu'apparaît Marilyn Monroe. Elle court se nicher dans les bras de Freddy. Ange, elle possède toujours cette même grâce, cette magie qui ont fait de Norma Jean Baker une légende. Je pense qu'il est injuste que les stars mortes dans la fleur de l'âge soient encore sublimes ici alors que celles décédées après une longue vieillesse, comme Louise Brooks ou Greta Garbo, conservent à perpétuité l'irréparable outrage des ans.

— Je ne vous présente pas cette demoiselle, dit le rabbin, taquin.

Il lui caresse le bas des reins et si je ne nous savais pas tous ici dépourvus de sexualité, j'imaginerais volontiers une liaison sentimentale entre eux. En fait, ils s'amusent à mimer les anciens gestes d'intimité même si leurs doigts ne rencontrent plus rien de palpable. Je me demande ce que cette belle trouve à ce petit bonhomme rondouillard et chauve et la réponse surgit comme une évidence : l'humour. À Freddy, Marilyn apporte sa grâce. En échange, il lui offre son rire.

— Miss Monroe, raisonnez-le, dit Raoul.

— Désolée, je suis moi aussi traumatisée par l'horreur de l'holocauste. Vous savez, je m'étais convertie au judaïsme avant d'épouser Arthur Miller.

J'aimerais l'interroger sur les véritables circonstances de sa mort, mais le moment ne s'y prête guère.

— Au début, reprend Marilyn, Freddy descendait sur les sites des anciens camps de concentration pour aider les âmes qui y erraient encore à monter au Paradis. Et puis, il a laissé tomber. Il y en a tout simplement trop. Trop d'êtres humains ont vécu des souffrances trop lourdes dans l'indifférence générale du ciel et des nations. Une espèce capable de commettre de tels crimes n'est pas digne d'être sauvée. Pour ma part, je le comprends et moi non plus je ne veux plus rien faire pour les hommes, tranche-t-elle, une rage mal contenue dans la voix.

— Au lieu de désespérer, ne vaudrait-il pas mieux tenter de comprendre ? suggère Raoul.

— Très bien. Alors je te pose la question. Pourquoi de tels crimes ont-ils été perpétrés impunément ? Je te le demande, pourquoi ? pourquoi ? POURQUOI ? ? ! ! crie Freddy.

Un instant déconcerté, Raoul se reprend :

— Parce que le système de l'au-delà est plus complexe qu'il n'y paraît. À nous de découvrir qui décide au-dessus de notre monde des anges. Tant que nous n'aurons pas mis au jour l'horlogerie cosmique en sa totalité, l'holocauste restera un mystère et risquera même de se reproduire. Au lieu de te cantonner dans ta douleur, tu ferais mieux de nous aider à percer les secrets du monde des 7 afin d'empêcher de nouvelles hécatombes.

Mais le rabbin Meyer s'entête :

— L'humanité est incapable d'évoluer. Tout tend vers un processus d'autodestruction. Les hommes ne s'aiment pas entre eux. Ils ne se souhaitent pas du bien. Partout resurgissent les fanatismes, les nationalismes, les intégrismes, les extrémismes... rien n'a changé. Rien ne changera vraiment. L'intolérance est plus que jamais à l'ordre du jour.

À mon tour de plaider en faveur des mortels :

— L'humanité tâtonne. Trois pas en avant, deux pas en arrière, mais au final elle avance. On est à 333 et on va passer à 334 il me semble. Ce sont des mesures irréfutables. Si même nous, les anges, nous renonçons, qui donc pourra sauver les hommes ?

Freddy nous tourne subitement le dos, comme lassé de nos suppliques.

— Laissons les mortels livrés à eux-mêmes. Lorsqu'ils seront parvenus tout au fond, peut-être retrouveront-ils un instinct de survie pour rebondir.

Rejoignant ses amis, derechef il s'écrie :

— Allons les gars, rions, et laissons l'humanité à son destin !

68. ENCYCLOPÉDIE

VANUATU : L'archipel de Vanuatu a été découvert au début du dix-septième siècle par les Portugais dans l'une des zones encore inexplorées du Pacifique. Sa population est constituée de quelques dizaines de milliers d'individus, régis par des codes particuliers.

Il n'existe pas, par exemple, de concept de majorité imposant son choix à une minorité. Si les ha-

bitants ne sont pas d'accord, ils discuteront entre eux jusqu'à parvenir à l'unanimité. Évidemment, chaque discussion prend du temps. Certains s'entêtent et refusent de se laisser convaincre. C'est pourquoi la population de Vanuatu passe un tiers de ses journées en palabres afin de se persuader du bien-fondé de ses opinions. Lorsqu'un débat concerne un territoire, la discussion peut durer des années, voire des siècles, avant de déboucher sur un consensus. Entre-temps, l'enjeu restera en suspens.

En revanche lorsque enfin, au bout de deux ou trois cents ans, tout le monde se met d'accord, le problème est véritablement résolu et il n'existera pas de rancœur car il n'y aura pas de vaincus.

La civilisation de Vanuatu est d'ordre clanique, chaque clan appartenant à un corps de métier différent. Il y a le clan spécialisé dans la pêche, le clan spécialisé dans l'agriculture, la poterie, etc. Les clans procèdent entre eux à des échanges. Les pêcheurs offriront, par exemple, un accès à la mer en échange de l'accès à une source en forêt.

Les clans étant spécialisés, lorsque naît dans un clan d'agriculteurs un enfant montrant des dons innés pour la poterie, il quittera les siens pour être adopté par une famille de potiers qui l'aidera à exprimer son talent. Il en ira de même pour un enfant de potiers attiré par le métier de la pêche.

Les premiers explorateurs occidentaux ont été choqués en découvrant ces pratiques car ils s'imaginaient de prime abord que les habitants de Vanuatu se volaient leurs enfants les uns les autres. Or il n'y a pas là rapt, mais échange en vue de l'épanouissement optimal de chaque individu.

En cas de conflit privé, les habitants de Vanuatu usent d'un système complexe d'alliances. Si un homme du clan A a violé une fille du clan B, ces deux clans n'entreront pas directement en guerre. Ils

feront appel à leur « représentant en guerre », c'est-à-dire à un clan extérieur auquel ils sont liés par serment. Le clan A aura ainsi recours au clan C et le clan B au clan D. Ce système d'intermédiaires jette dans la bataille des gens peu motivés pour s'étriper puisqu'ils ne sont pas directement concernés par les griefs des uns et des autres. Au premier sang versé, chacun préfère renoncer en considérant avoir rempli son devoir envers son allié. À Vanuatu, il n'y a ainsi que des guerres sans haine et sans acharnement par vaine fierté.

Edmond Wells,
***Encyclopédie du Savoir Relatif et Absolu*, tome IV.**

69. JACQUES. 14 ANS

Le monde scolaire est ma prison. Les W-C sont mon refuge. Quand je m'y retrouve, naturellement j'y fais le point. Mes notes scolaires se sont un peu améliorées, mais sans une très bonne mémoire je ne pourrai jamais exceller.

Martine a quitté le lycée. Le cirque où ses parents travaillent s'en va. Sibélius, son père, est hypnotiseur. Je crois l'avoir déjà vu à la télévision. Après avoir tourné dans la région de Perpignan, les artistes s'envolent pour le Pérou. Avant de me quitter, Martine m'a répété :

— Renforce tes points forts plutôt que de chercher à combler tes points faibles.

Martine est donc partie, et moi j'ai l'impression d'avoir perdu avec elle beaucoup de ma force. En cours, cette année, le professeur de français est une jeune femme à longue chevelure rousse et au chemisier trop serré, Mlle Van Lysebeth. On est tous impressionnés par cette splendide créature. Pour mieux faire connaissance avec nous, elle nous demande d'écrire une nouvelle sur le sujet de notre choix.

Rumeur dans la classe. Le système scolaire en vigueur ne nous a pas habitués à être livrés à nous-mêmes. Des élèves bougonnent. D'autres se plaignent.

— Mais, mademoiselle, on ne sait pas faire ça. Il faut nous indiquer un thème.

— Essayez quand même. Vous verrez bien le résultat.

C'est la première fois qu'un professeur nous laisse la bride sur le cou. Cette liberté nouvelle me convient parfaitement. Je me lance dans une histoire que j'appelle : « Le sous-pape. » J'imagine qu'au prochain conclave, un ordinateur prendra place parmi les *papabili*. Il n'est pas de meilleur choix qu'un ordinateur pour représenter le christianisme. Plus de compromissions possibles avec les milieux économiques ou politiques. Plus d'ambitions personnelles exacerbées. Les cardinaux engrangent donc tous les grands principes du christianisme dans un programme informatique et le déposent ensuite dans un robot humanoïde qu'ils baptisent « Pie 3,14 ». Ils ne voient que des avantages à son élection. Seul Pie 3,14 peut être nommé à vie sans crainte qu'il tombe un jour dans la sénilité. Si un déséquilibré lui tire dessus, on pourra toujours rétablir son programme. En plus Pie 3,14 n'est pas confiné dans une période donnée de l'histoire de l'humanité, il peut être informé au fur et à mesure de l'évolution de la société et en tenir compte. Le robot se « réforme » lui-même en permanence pour s'ajuster aux mœurs nouvelles. Et ainsi, grâce à la technologie de pointe, le christianisme devient la religion la plus en phase avec ses adeptes.

Pie 3,14 est évidemment équipé d'un logiciel d'intelligence artificielle qui lui permet de développer sa propre logique à partir de la pensée de Jésus bien comprise et associée à ses propres observations et déductions du monde terrestre.

À la fin de ma nouvelle, Pie 3,14, le pape informatique, commence à percevoir ce qu'est réellement Dieu, ce qui est à mes yeux la véritable mission d'un pape. Le problème, c'est qu'il constate que Dieu aussi est faillible et qu'il serait bien mieux de le remplacer à son tour par un ordinateur... C'est la chute de ma rédaction.

Lorsque, la semaine suivante, Mlle Van Lysebeth nous rend nos copies par notes décroissantes, elle garde la mienne et me demande de rester après le cours.

— C'est étonnant ce que tu écris, dit-elle. Quelle imagination ! C'est à la télé que tu vas chercher tout ça ?

— Dans les livres plutôt.

— Quels livres ?

J'énumère :

— Kafka, Edgar Allan Poe, Tolkien, Lewis Carroll, Jonathan Swift, Stephen King...

— Pourquoi te cantonner à la littérature fantastique et ne pas t'intéresser aussi aux grands classiques ?

Elle se penche, fouille dans un tiroir, et me tend le *Salammbô* de Gustave Flaubert.

— Tiens, lis ça. Une question encore, quelles sont tes notes en français d'habitude ?

— Entre 6 et 9 sur 20, mademoiselle, mais... plutôt 6.

Elle me rend ma nouvelle, avec dessus à l'encre rouge un 19/20, agrémenté dans la marge d'un : « Beaucoup d'idées originales. J'ai eu grand plaisir à vous lire. »

Mlle Van Lysebeth aime bien discuter avec moi après son cours. On parle de l'histoire de la littérature dans le monde entier. Que ce soit les enquêtes du juge Ti écrites par Van Gulik ou le *Mahābhārata*, elle m'ouvre des horizons nouveaux. Un soir, elle me propose de me raccompagner chez moi en voiture. Je m'étonne parce qu'elle ne prend pas la bonne route mais je n'ose rien dire. Elle stoppe le moteur dans un chemin désert et me fixe droit dans les yeux. Je me tais toujours quand sa main quitte le volant pour se poser sur la mienne.

— Tu iras loin en littérature, affirme-t-elle.

Puis sa main descend et ouvre ma chemise.

— J'aime être la première. Je suis bien la première, n'est-ce pas ?

— Je... enfin... ça dépend en quoi... Euh... c'est-à-dire..., bafouillé-je.

Sa main continue son exploration avec une lenteur gênante.

— As-tu déjà lu les textes érotiques de Jean de La Fontaine ?

— Heu... non... c'est bien ?

En guise de réponse sa main s'aventure dans des zones très sensibles. Je me laisse faire, aussi impressionné par son initiative que par l'étrangeté de cette situation. Comme un petit animal furtif sa main droite libère mon corps de ses entraves et sa main gauche les différents élastiques, étoffes, et boutons qui emprisonnent le sien.

Ensuite c'est la panique totale, la peur incoercible, suivie d'une réassurance progressive et, au final, un très vif intérêt pour les textes de Jean de La Fontaine que j'ai peut-être trop vite éludés.

70. IGOR. 14 ANS

J'ai commencé à boire. Plus je bois, plus je hais l'Occident. Un jour, il y aura la guerre entre nous et les pays riches de l'Ouest. J'ai hâte de voir ça. Chaque fois que je suis brimé, chaque fois que j'écrase une punaise, chaque fois qu'on m'impose de nouvelles restrictions, je me dis que c'est la faute à la France, à l'Angleterre et aux États-Unis.

Dans un journal qui traînait, j'ai lu un article sur une jeune fille nommée Venus Sheridan qui a exactement mon âge et qui est top-model millionnaire en Amérique. Je me dis que lorsqu'on aura envahi ces pays décadents, je lui montrerai ce dont est capable un garçon slave robuste et travailleur, pas comme les loques qui l'entourent sûrement là-bas.

La nuit, je contemple les étoiles par la fenêtre. Il y en a forcément une qui est la planète Vénus. Dans ma tête, je fais l'amour avec l'image de ma star américaine. Je sais que je la rencontrerai un jour en chair et en os. Et alors là...

71. VENUS. 14 ANS

« Joyeux anniversaire, Venus. »

Une armée de pique-assiettes, des amies de ma mère, a envahi le salon. Il est hors de question que je sorte de ma chambre. Hier, pour la première fois, j'ai eu mes règles. Croyant me faire plaisir, ma mère m'a dit que j'étais « enfin une vraie femme » à présent, que je pouvais « connaître l'amour des hommes ».

Je hais ce corps. Je reste plusieurs jours enfermée

dans ma chambre, à refuser de voir quiconque et à tenter de me rasséréner.

Mais l'appel des sunlights est le plus fort. Je me convaincs que la vie continue.

Terminé, les vêtements enfantins. Je suis maintenant une adolescente, une star en herbe qu'on réclame partout. Je tourne un spot de publicité pour une boisson gazeuse. Je suis censée dérober une canette à un beau jeune homme et la boire devant lui pour le provoquer.

Le soir à la maison, ça crie toujours. Mes parents se détestent dorénavant ouvertement. Entre eux, la guerre est déclarée.

J'ai fini par comprendre qu'« oseille » signifie argent et que plus j'en gagne, plus mes parents se disputent. Or ces dollars n'appartiennent ni à papa ni à maman, mais à moi seule.

J'espère bien qu'ils n'y toucheront pas et le placeront sur un livret d'épargne pour qu'il fructifie en attendant que je sois en âge d'en disposer.

Je sais déjà comment je dépenserai mon trésor. Je m'achèterai des bijoux, j'aurai recours à de nouvelles opérations de chirurgie esthétique (une fossette au menton par exemple, voilà qui m'irait bien ; Ambrosio fera ça avec talent).

Pour l'instant, j'ai surtout besoin de boules Quies pour les oreilles. Tous les soirs ça hurle. Tous les soirs j'entends papa ou maman clamer : « S'il n'y avait pas la petite, il y a longtemps que je ne serais plus là. »

Ces chicaneries commencent à m'exaspérer.

Il m'est venu un matin une idée pour capter leur attention. Ne plus manger.

Je teste l'effet au repas du soir. Je refuse tous les plats. Leur réaction dépasse toutes mes espérances. Ils me parlent. Rien qu'à moi et tous les deux ensemble. Ça n'est pas arrivé depuis longtemps. Ils me disent : « Il faut que tu manges. » Je réponds : « Pour les mannequins, moins on mange mieux c'est. » Maman dit que non. Papa gronde maman pour m'avoir inculqué toutes ces idées débiles. Ils sont de nouveau au bord de la dispute, mais je les regarde et quelque chose les retient. Ils reviennent à moi pour me convaincre d'avaler au moins quelques bouchées.

J'accepte mais, les jours suivants, je fais monter la tension en réduisant encore plus les portions.

Je suis contente. J'ai trouvé le moyen de contrôler mes parents. Quand je ne mange pas, ils arrêtent de se disputer et, en plus, ils s'intéressent à moi.

Je les tiens !

Bien sûr, c'est difficile de se priver de ce petit plaisir, manger, mais le jeu en vaut la chandelle. D'ailleurs, moins je mange, moins j'ai faim. C'est tout bénéfice pour moi car mon corps entre exactement dans les normes impératives pour réussir dans le métier de top-model. Je deviens tout à fait filiforme, une vraie brindille. Super ! Je parviens à agir sur mon corps sans recourir à la chirurgie.

Plus fort encore, depuis que je ne mange plus, mes règles ont disparu. Double récompense. Si seulement j'avais découvert plus tôt cette méthode toute simple pour reprendre à la fois le contrôle de mon corps et celui de mes parents !

Maintenant qu'ils s'intéressent à moi, je ne veux plus jamais les entendre se disputer.

72. LES VŒUX PIEUX

Je m'installe au bord du lac des Conceptions sous un large pin parasol turquoise. Je retourne les paumes de mes mains et retrouve mes trois sphères qui tournent lentement devant moi. Les reflets de mes âmes chatoient. Je multiplie les angles de vues et trace le bilan de leurs quatorze ans. Jacques est mauvais élève, mais il écrit des nouvelles. La rédaction sur le pape ayant bien marché, je lui envoie en rêve des histoires encore plus originales.

Venus est superficielle, mais elle gagne déjà sa vie en posant comme mannequin. Elle veut que ses parents arrêtent de se disputer... humm... je vais les pousser à divorcer.

Igor est coincé dans son centre de redressement mais il se fait facilement des amis et il est déjà très mûr pour son âge. Je vais procéder à un petit effet « billard » pour agir sur son entourage afin de le faire sortir de cet établissement. Il est temps maintenant qu'il rencontre d'autres gens.

La silhouette d'Edmond Wells apparaît devant moi.

— Où en sont tes clients ?

Je lui montre ma couvée, tout content de n'avoir pas encore connu de gros pépins.

— Il faut que je t'apprenne quelque chose, me dit mon instructeur. Ces trois-là, ils ne t'ont pas été confiés par hasard. Ils sont révélateurs de ta propre nature, de ton âme profonde. Chacun correspond à l'une de tes propres facettes à améliorer. La somme des personnalités de ses trois clients reconstitue la personnalité de l'ange. Igor plus Jacques plus Venus égale Michael. Tu es une trinité.

C'était donc ça ! En soignant mes trois œufs, je me livre à une sorte de superpsychanalyse... Edmond Wells, probablement habitué à l'effet de cette révélation, me prend par le bras.

— Ne t'es-tu pas rendu compte de tes points communs avec tes clients ? Comme Jacques tu voulais écrire. Comme Igor tu voulais être un dur. Comme Venus tu voulais plaire.

— Ainsi donc Jacques serait mon imagination, Igor mon courage et Venus ma séduction...

— De même que Jacques serait ta lâcheté, Igor ta brutalité et Venus ton narcissisme. Tes clients sont ensemble ta rédemption et ta prise de conscience de ce que tu étais vraiment.

En agissant sur eux, j'agis donc indirectement sur moi-même... Une fois de plus, j'ai l'impression de ne comprendre qu'à demi les règles du jeu tant elles sont complexes. Edmond Wells s'éloigne, Raoul Razorbak s'approche.

— Il t'a dit ? Tu piges maintenant ? Je ne sais pas qui tire les ficelles là-haut, mais quel divertissement pervers ! Ces 7 ou ces dieux s'amusent à nos dépens. Ils nous confrontent à nos différentes facettes et observent comment nous réagissons.

— Tu entends par là que les 7 scrutent les anges comme nous, nous scrutons les mortels ?

Mon ami acquiesce.

— Tout s'emboîte comme des poupées russes. Le contrôleur est contrôlé. L'observateur est observé.

— Alors il se peut que les 7 soient eux-mêmes surveillés par des 8 et ainsi de suite.

— Holà, holà ! tu nages en pleine science-fiction, me taquine Raoul. Pour l'instant, contentons-nous de nous intéresser à ceux qui nous manipulent : les 7 !

Raoul a prononcé ce mot avec une nuance de défi. Pour lui, ce sont désormais des adversaires. Je le connais, il déteste qu'on lui fasse accomplir quoi que ce soit malgré lui. Son suprême orgueil est de se croire libre !

Raoul examine mes œufs.

— Tu exauces systématiquement tous leurs vœux ?

— Oui.

Il ricane.

— Moi aussi, au début, je jouais les anges papas-gâteau. J'ai vu le résultat. Plus on cherche à leur faire plaisir, plus ils deviennent capricieux.

— Qu'importe, nous n'avons pas d'autre choix que de les aider, non ?

— Détrompe-toi, affirme Raoul. Nous pouvons aussi leur envoyer des « épreuves ». Edmond a dû te parler de la carotte et du bâton. Après avoir essuyé plusieurs échecs avec la manière douce, j'ai choisi de leur donner des coups de pied pour les faire avancer. Et ça marche mieux, crois-moi ! Ils sont tous comme des enfants. La fessée, il n'y a que ça de vrai.

— Dans la pratique, c'est quoi tes « fessées » ?

— Je satisfais leurs vœux, bien sûr, mais je leur impose des épreuves qui les obligent à se surpasser ou, tout du moins, à se poser des questions. Un conseil : n'hésite pas à les placer dans des situations de crise qui les contraindront à se remettre en cause. Edmond Wells lui-même évoque cette méthode dans son *Encyclopédie.* Il appelle ça des CREQ, pour « Crises de remise en question ».

— Et quelle méthode préconises-tu ?

— Au lieu de protéger tes clients, mets-les en danger. Au lieu de les préserver des précipices, jette-les dedans, ça leur apprendra à mieux connaître leurs limites et donc accroîtra leur confiance en eux. Je t'assure que moi, mes clients, je ne les épargne pas et, au bout du compte, ils fonctionnent plutôt mieux. Ils apprécient davantage la vie. Leurs vœux deviennent plus réfléchis : survivre, ne plus être malade... Toutes les grandes âmes ont souffert en surmontant de grandes épreuves. C'est aussi ça qui crée leur légende...

Je ne suis toujours pas convaincu.

— Je ne crois pas pouvoir être dur avec mes clients. J'ai commencé à trop m'y attacher.

Raoul roule des yeux désespérés.

— Alors continue de les ménager et nous verrons lesquels, des tiens ou des miens, obtiendront au final les meilleures notes karmiques.

— C'est un défi ?

— Si tu veux, acquiesce-t-il. À chacun sa méthode de contrôle angélique et nous vérifierons qui gagne !

Je lui demande où il en est avec sa Nathalie. Il appelle ses œufs et nous examinons ses âmes, petits poissons s'agitant dans leurs aquariums sphériques.

— Tu as compris pourquoi le grand Inca nous a conseillé de la considérer comme une clef pour l'énigme des 7 ?

— Tu penses, soupire-t-il. Depuis, je ne cesse de l'observer. Nathalie, Nathalie, Nathalie... Une gamine désœuvrée dans une ambassade d'Amérique du Sud.

— Et avant ses vies humaines, où en était-elle, ta Nathalie ?

— À son statut animal. Huître perlière. Elle n'a pas été ramassée. Elle est morte de vieillesse, avec sa perle.

Je tourne autour de la sphère.

— Repassons-nous le film de ses vies antérieures. Il y a sûrement quelque chose que nous n'avons pas repéré. Il n'est pas possible que quelqu'un d'aussi clairvoyant que le grand Inca se soit fourvoyé.

Nous envoyons le film en continu, avec tous les précédents karmas de la fillette. Et soudain, je bondis. Les dates ! Il y a d'énormes espaces entre ses dates de morts et de naissances, et pourtant nous nous sommes trompés, elle n'a pas passé ces moments au Purgatoire.

— Mais oui, approuve Raoul. Tu as raison. Ni sur Terre ni au Paradis... Mais où était-elle alors ? Encore une pièce de l'horlogerie cosmique qui nous est dissimulée... il existe un autre lieu que la Terre ou le Paradis où vont migrer les âmes...

— Réservé aux surdoués comme Nathalie Kim ? Et tu crois que ce pourrait être le monde des 7 ?

— Pourquoi pas ? Elle est seule à le savoir.

73. ENCYCLOPÉDIE

CULTE FÉMININ : À l'origine de la plupart des civilisations se trouvent des cultes de la déesse mère, célébrés par des femmes. Leurs rites étaient fondés sur les trois événements essentiels de la vie d'une femme : 1) les règles ; 2) l'enfantement ; 3) la mort. Par la suite, les hommes ont tenté de copier ces religions primitives. Les prêtres ont emprunté les robes longues des femmes.

De même les chamans de Sibérie persistent à s'habiller en femmes pour leur initiation et, dans tous les cultes, on retrouve une déesse mère fondatrice.

Pour mieux promouvoir la religion catholique auprès des peuples païens, les premiers chrétiens ont mis en avant la Vierge Marie, l'originalité de cette nouvelle déesse étant d'être une déesse vierge.

Ce n'est qu'au Moyen Âge que le christianisme a choisi de couper les liens avec les cultes féminins d'antan. Ordre a été donné de pourchasser en France les adorateurs des « vierges noires », les bûchers ont partout fleuri pour les « sorcières » (beaucoup plus que pour les « sorciers »).

Désormais les hommes tentent par tous les moyens d'exclure les femmes du domaine mystique. Non seulement il n'y a plus de culte féminin mais il n'y a plus de prêtresses. On se signe au nom du Père, du Fils et du Saint-Esprit.

Edmond Wells,
***Encyclopédie du Savoir Relatif et Absolu*, tome IV.**

74. JACQUES. 16 ANS

Cette année, Mlle Van Lysebeth a été mutée loin de Perpignan. Je ressens le même abattement que lorsque Martine est partie. Pourquoi les femmes m'abandonnent-elles au moment où je les apprécie le plus ?

Avant de me quitter, Mlle Van Lysebeth, à l'instar de Martine, me donne un conseil : « Cherche ta place. Ta place trouvée, tu n'auras plus besoin de lutter », me dit-elle. Et elle me donne à méditer une page dactylographiée.

Laissé seul, j'examine attentivement mon héritage. Un feuillet photocopié extrait de l'*Encyclopédie du Savoir Relatif et Absolu* d'Edmond Wells, tome II.

Le passage élu par Mlle Van Lysebeth traite d'une expérience effectuée sur des rats en 1989 dans la ville de Nancy. Voilà ce que dit ce texte :

« Les rats sont d'excellents nageurs. Pour vérifier cette capacité, des scientifiques du département d'étude du comportement de l'Université de Nancy ont disposé une cage avec une seule sortie, un tunnel menant sous l'eau d'une petite piscine. Pas de possibilité de remonter à la surface, le haut est bouché par une plaque. Les rats doivent donc nager en apnée pour traverser la piscine et aller chercher de la nourriture à un distributeur de graines placé à l'autre bout de la piscine. Au début, tous les rats ont essayé de nager. Mais peu à peu ils se sont répartis des rôles. Sur des cages comprenant six rats, sont spontanément apparus deux rats exploiteurs, deux rats exploités, un rat autonome et un rat souffre-douleur.

Les exploités nagent pour aller chercher les graines et les exploiteurs raflent leur pactole. Une fois les exploiteurs repus, les exploités sont autorisés à repartir se nourrir eux-mêmes.

L'autonome est un rat qui nage pour obtenir ses

graines et se bat férocement au retour pour les manger seul. Quant au souffre-douleur, n'étant capable ni de nager ni de terroriser les autres, il n'a pas d'autre choix que de se contenter des miettes.

Tous les rats maltraitent le souffre-douleur et tous les exploiteurs frappent les exploités, sans doute pour rappeler à chacun son rôle. Mais le plus troublant est que si l'on réunit tous les exploiteurs dans une même cage, ils se battront toute la nuit et au matin réapparaîtront de nouveau : deux exploiteurs, deux exploités, un autonome et un souffre-douleur.

Il en ira de même si on rassemble des exploités, des autonomes ou des souffre-douleur. Dans tous les cas, cette répartition des rôles reprend le dessus.

L'expérimentateur a augmenté le nombre des rats jusqu'à en introduire deux cents dans la cage. Longue bataille nocturne. Au matin, apparut une classe de super-exploiteurs ayant créé plusieurs strates de sous-fifres afin de répercuter leur autorité en se fatiguant encore moins. Ils n'avaient même plus besoin de terroriser les exploités, d'autres le faisaient à leur place. Autre surprise : à l'autre bout de l'échelle les souffre-douleur étaient encore plus martyrisés. Comme en guise d'avertissement trois d'entre eux avaient été entièrement dépecés par leurs congénères et crucifiés sur la grille de la cage.

Les scientifiques de Nancy sont allés plus loin encore dans leurs recherches. Ils ont ouvert les crânes de leurs sujets et disséqué leurs cerveaux. Ils ont découvert que ceux qui avaient le plus de molécules de stress n'étaient pas les souffre-douleur ou les exploités, mais bel et bien les exploiteurs qui tremblaient de perdre leur statut de privilégiés et d'être obligés de devoir nager à leur tour pour se nourrir. »

Je lis et relis plusieurs fois cet article pour bien en comprendre tout le sens. Pourquoi Mlle Van Lysebeth a-t-elle tenu à me faire lire précisément ce texte-là ?

Sans doute pour m'aider à « trouver ma place », selon ses termes. Chez les humains aussi, dès qu'ils sont plus de deux, apparaissent des exploiteurs et des exploités. C'est ainsi que les révoltés du *Bounty*, d'abord rebelles et idéalistes, ont fini par s'entre-tuer. Ce qui expliquerait aussi l'échec du communisme, l'échec du christianisme. L'échec de tout mouvement politique, fût-il rebelle, utopiste, spirituel.

Ce que décrit cet Edmond Wells, c'est la malédiction de la vie en groupe. Quelles que soient les intentions originelles, il y en aura toujours pour grimper sur la tête des autres. Et si les exploiteurs refusent d'assumer leur rôle, les exploités les y obligent ! Les ouvriers exigent des patrons, les disciples exigent des gourous et les citoyens des présidents. Les gens redoutent tellement la liberté, ils ont si peur de penser par eux-mêmes, ils craignent tant d'avoir à s'assumer...

Je veux être un Autonome.

Autonome... et puis trois autres A : Anarchiste. Autodidacte. Agnostique.

75. VENUS. 16 ANS

Mon vœu s'est réalisé. Mes parents ont cessé de se disputer. Il y a six mois, au lieu de dire « au revoir », Papa s'est écrié : « J'en ai assez de vivre avec une hystérique et une anorexique ! Je divorce, mon avocat vous donnera de mes nouvelles. » J'ai seize ans. Je suis grande. Je gagne ma vie. Je ne vais plus gâcher mes prières à souhaiter qu'ils se réconcilient. Je préfère demander ce qui me ferait plaisir à moi.

Hier soir, j'ai rêvé que je remportais un concours de beauté. Tout le monde était à mes pieds et disait que j'étais la plus mince et la plus belle. Cela me semble le nouveau but à atteindre. Être sélectionnée au concours de « Miss Univers ». Amusant comme expression, « Miss Univers »... Comme si les jurés étaient convaincus que, hors de la planète Terre et de ses humains, il n'y a pas d'autre beauté dans tout le cosmos...

76. IGOR. 16 ANS

Au centre de redressement, j'améliore mon art du poker. Je parviens à décrypter non seulement les physionomies mais aussi les infimes mouvements des mains, des épaules, les petites contractions de l'iris.

J'arrive même sans regarder directement quelqu'un à sentir quand les poils de ses sourcils ont un léger redressement de surprise ou de contentement. Il y a aussi des veines du visage que je sais lire : la tempe ou la jugulaire qui soudain battent plus vite. La pomme d'Adam qui indique un déglutissement. Ce qui me parle le plus ce sont les lèvres.

C'est fou comme ces deux muscles roses trahissent les pensées de mes adversaires. Très peu de joueurs savent maîtriser leur bouche. Pour ma part, j'ai trouvé un truc, je me suis laissé pousser une moustache qui ombre ma bouche. En plus elle dissimule ma gouttière sous le nez qui, un peu trop profonde, a des allures de bec-de-lièvre.

Je joue avec les gardiens. On mise des cigarettes. Ils m'incitent à boire de la vodka car ils se figurent que saoul je serai moins chanceux. Ils ignorent que la vodka, je la connais depuis le ventre de ma mère. Je mime une légère ébriété. Et je gagne encore.

— Au secours !

Je reconnais la voix de Vania. J'accours, abandonnant une quinte flush sur laquelle j'avais misé deux cents cigarettes. Une fois de plus, mon ami s'est fourré dans une situation impossible. Un grand costaud est en train de l'assommer. Comme d'habitude, je sauve mon protégé mais Vania profite que je ceinture l'autre pour s'emparer d'une bouteille et la lui fracasser sur le crâne. L'autre choit lourdement.

Les gardiens arrivent après coup. Le directeur suit quelques minutes plus tard. Il demande qui a commis le méfait. Vania me désigne. Je prends soudain conscience qu'il me déteste. Il me déteste depuis Saint-Pétersbourg et l'orphelinat parce que, depuis toujours, il me doit tout. Il m'a haï davantage chaque fois que je lui suis venu en aide. Incapable de me rembourser ses dettes accumulées, il a basculé dans la haine.

On peut pardonner beaucoup à autrui, sauf de vous avoir aidé.

C'est la deuxième leçon que j'apprends dans ce centre. N'aider que les gens qui sont à même de le supporter sans vous le reprocher par la suite. Et ils ne sont pas nombreux.

Après tout va très vite. Je ne me donne même pas la peine de rétablir la vérité, je sais qu'ils ne me croiront pas. Quand on voit comme Vania est gringalet et comme moi je suis costaud, on devine tout de suite qui des deux est venu à bout de la victime.

Je ne voulais pas rester dans ce centre de redressement. Ça tombe bien. Je suis expédié à l'asile d'aliénés dangereux de Brest-Litovsk.

77. SIBÉLIUS

La petite salle est tendue de rouge. Avec ses frères, Nathalie Kim assiste à un spectacle d'hypnose. En bons passionnés, ils ont retenu des places au premier rang.

À l'affiche, Sibélius, l'hypnotiseur venu de France. Il apparaît en smoking noir gansé de soie sous le feu des projecteurs et, dès le lever de rideau, il vante les pouvoirs de la suggestion. Il se livre à une petite conférence à tournure scientifique d'où il ressort qu'il suffit d'affirmer ce qu'on veut avec force pour que les gens vous croient. Il assure être à même de convaincre n'importe qui dans l'assistance de se transformer en planche. Il réclame un volontaire pour l'expérience. Un jeune homme en jeans se lève sur le côté, faisant claquer son strapontin.

Rapidement, Sibélius vérifie que son cobaye est sensible à ses sollicitations. « Vous êtes raide, vous êtes tout raide », martèle-t-il avant d'assener : « Vous êtes une planche ! Rigide comme une planche, vous ne pouvez plus bouger, vous êtes tétanisé, vous êtes une planche, une planche ! » Avec l'aide d'une assistante adolescente guère plus âgée que Nathalie, il installe l'hypnotisé entre deux chaises, tête sur l'une, pieds sur l'autre. Il invite ensuite trois spectateurs à grimper sur le ventre du cobaye, lequel en bonne planche ne plie pas.

Ovations.

Nathalie Kim applaudit à tout rompre. Ce tour est pour elle comme une reconnaissance de son propre travail. Somme toute, avec ses maigres moyens, elle se débrouille aussi bien qu'un professionnel.

Sibélius appelle cette fois cinq volontaires à monter sur scène. Dans ses jupes de mousseline indienne et son caraco pervenche, longs cheveux noirs et raides balayant les épaules, Nathalie est la première à se précipiter.

L'hypnotiseur distribue des bananes à ses hôtes et leur propose de les ouvrir et de les goûter. L'un après l'autre, ils avalent.

— Quel goût a ce fruit ? demande-t-il.

— Banane, répondent-ils en chœur.

— Très bien. Je vais vous affirmer maintenant qu'il ne s'agit plus d'une banane mais d'un citron. Un citron, un citron, un citron acide !

Nathalie entreprend d'examiner avec insistance la banane qu'elle tient entre ses mains et Sibélius l'interpelle aussitôt.

— Vous portez de jolies lunettes dorées, mademoiselle. Êtes-vous myope ou presbyte ?

— Myope, répond la jeune fille.

— Alors, désolé. Ce tour ne fonctionne pas avec les myopes. Retournez à votre place. Un autre volontaire, s'il vous plaît, et sans lunettes de préférence.

Nathalie retourne vers ses frères :

— Il m'a virée car j'ai détecté la supercherie. Il y a un petit trou dans la peau de la banane. Il a dû y injecter du jus de citron avec une seringue.

Sur la scène, tous les volontaires sont en train d'éplucher leur fruit et d'affirmer à tour de rôle avoir effectivement perçu un goût de citron dans le bas de la banane.

Applaudissements. Nathalie Kim se lève et s'exclame :

— C'est un imposteur ! dit-elle, furieuse, et, dominant les clameurs, elle dévoile le stratagème.

Il y a un instant de stupeur dans la salle puis on entend des « remboursez, remboursez ». Sous les sifflets et les huées, Sibélius s'empresse de disparaître dans les coulisses. Le rideau retombe tandis que les volontaires regagnent leur place, la mine déconfite.

Nathalie, elle, profite du tohu-bohu pour se faufiler

dans la loge où l'artiste, assis devant une coiffeuse, se démaquille déjà en prenant garde à ne pas tacher son costume de scène.

— Quel culot de venir ici ! Ah, je ne vous dis pas merci, mademoiselle. Vous m'avez gâché tous mes effets. Sortez immédiatement de ma loge, je vous prie.

Nathalie n'est pas impressionnée.

— Vous discréditez l'hypnose, quel dommage ! Sans doute n'avez-vous pas suffisamment confiance en elle mais moi je sais qu'elle fonctionne et que la méthode devrait sortir des spectacles de cirque et des scènes de variétés pour entrer dans les universités et les laboratoires.

— Vous avez raison, dit Sibélius, plus calmement, en continuant à se passer une éponge sur le visage. L'hypnose fonctionne, mais pas à tous les coups. Or moi, je ne peux pas prendre le risque de rater une représentation. Je suis donc contraint de prendre mes « précautions ».

— Quelles précautions ?

— Puisque vous vous intéressez à l'hypnose, vous savez qu'elle ne marche qu'avec 20 % des gens. Sigmund Freud s'en était avisé quand il utilisait cette méthode avec ses patients. Pour mes spectacles, je suis donc contraint d'avoir recours à des compères qui entraîneront les vrais volontaires.

Nathalie Kim fronce les sourcils.

— Mais alors, vous vous y connaissez pour de bon en hypnose ?

— Bien sûr ! s'exclame l'artiste. Je l'ai étudiée très sérieusement. Je me suis même livré à des expériences scientifiques.

Lisant la réprobation sur le joli visage de son interlocutrice, il soupire :

— Il faut bien gagner sa vie. J'ai une famille, moi ! Ne jugez pas les gens trop vite. Vous verrez comment vous vous débrouillerez, vous, plus tard, pour nourrir les vôtres.

Pour ne rien perdre de la scène, Raoul et moi avons pratiquement le nez collé sur l'œuf. Enchanté, mon ami me confie qu'il tient là l'occasion ou jamais de résoudre l'énigme de la Coréenne.

— Avec l'aide de ce charlatan ?

— Ce n'est pas vraiment un charlatan, me reprend Razorbak. Il est même un bon médium. Je sens que j'ai prise sur lui.

— Vraiment ?

— Oui, oui, je suis branché. Comme avec un chat.

En effet, en bas, Sibélius semble en proie à une migraine. Comme il se prend le front, Nathalie a un mouvement pour s'esquiver.

— Ne partez pas, dit Sibélius. Vous ne me dérangez pas, c'est... quelque chose me dit qu'il faut absolument que je vous hypnotise...

Je saisis l'idée de mon vieux complice. C'est vrai que c'est l'occasion ou jamais d'en apprendre davantage sur Nathalie.

— Vous connaissez l'hypnose ? lui demande Sibélius.

— Oui, avec mes frères, sans nous vanter, nous avons appris l'hypnose en amateurs, grâce à un livre, et nous avons obtenu d'assez bons résultats.

L'homme l'interrompt :

— Avez-vous déjà opéré une régression ?

— Non, qu'est-ce que c'est ?

— C'est retourner visiter ses vies antérieures, explique Sibélius.

Nathalie Kim paraît intriguée. Elle a à la fois peur et envie de répondre à l'invite de l'hypnotiseur.

— Est-ce dangereux ? demande-t-elle pour gagner du temps.

— Ni plus ni moins que l'hypnose, dit l'artiste en se recoiffant.

— Qu'allez-vous me faire revivre ?

— Votre naissance et peut-être votre vie précédente.

Raoul incite la jeune surdouée à accepter. Elle consent comme malgré elle. Sibélius pousse alors le verrou de la loge, débranche le téléphone et ordonne à la jeune fille de fermer les yeux et de se détendre.

L'expérience commence.

Il lui fait visualiser un escalier et lui ordonne d'en descendre dix marches en direction de son inconscient. Comme pour une plongée sous-marine, il procède par paliers. Descente de dix marches : état de relaxation légère. Encore dix marches : relaxation profonde. Dix autres marches : hypnose légère. À quarante marches elle est en hypnose profonde.

— Visualisez votre journée d'hier et racontez-la-moi.

Les paupières closes sur ses yeux de jais, Nathalie évoque une journée banale passée avec ses frères à l'ambassade à étudier dans des livres le bouddhisme tibétain et le chamanisme.

— Visualisez maintenant votre journée il y a une semaine de cela.

Elle enchaîne sur une autre matinée et une autre après-midi sans histoire.

— Racontez-moi maintenant ce qu'il s'est passé il y a exactement un mois.

Elle hésite, mais finit par retrouver le fil. De même pour un an, cinq ans, dix ans. Nathalie cherche, bute un peu et raconte. Sibélius décide alors de lui faire revivre sa naissance.

D'une voix à la fois étonnée et émue, la Coréenne annonce se revoir sortir du ventre de sa mère.

— Très bien. Visualisez votre visage de fœtus et venez y superposer le visage ancien, celui de la personne que vous étiez avant cette existence-ci. Fixez ce visage, revivez ses derniers instants.

Nathalie Kim est secouée de frissons. Sa température s'élève et des tics agitent ses joues. Raoul indique précisément à Sibélius quoi demander. Il le contrôle parfaitement.

J'interroge mon ami :

— On a le droit de faire ça ?

— Je ne sais pas. On verra bien.

Le corps mince de sa cliente tressaille sous les spasmes. La jeune fille se débat.

— Arrête, Raoul. Tu vois bien qu'elle souffre. Dis à ce Sibélius de cesser cette séance.

— Impossible, une fois qu'on a commencé, il faut aller jusqu'au bout.

Nathalie ouvre grands les yeux, mais son regard ne perçoit plus la pièce. Il est tourné vers le passé.

— Que voyez-vous ?

Nathalie paraît en proie à une crise de panique. Elle respire difficilement, suffoquant presque. Des traînées de sueur marquent le caraco pervenche.

— Arrête, Raoul. Arrête.

— Si près du but ? Pas question. Sinon il faudrait tout recommencer.

— Que voyez-vous ? Que voyez-vous ? martèle l'hypnotiseur.

Nathalie s'agite encore avant de se figer, comme terrifiée par un spectacle terrible. Elle reprend la parole avec une voix différente de celle que nous lui connaissions jusqu'ici :

— Je meurs. Je me noie. J'étouffe. Au secours !

— Tout ira bien, je suis là, l'apaise Sibélius. Remontez davantage dans votre vie précédente et vous sortirez de l'eau.

Elle se rassérène en effet et, posément, raconte comment elle s'est noyée. Elle se baignait, à Bali, quand une vague l'a emportée au loin. Elle n'a pas pu regagner le rivage. Elle a senti l'eau emplir ses poumons. Voilà pourquoi elle éprouvait cette insensée phobie de l'eau et ses crises d'asthme.

D'avoir résolu ainsi un mystère de sa vie présente redonne confiance à Nathalie et la pousse à aller plus loin. Elle raconte la vie quotidienne dans cette île de l'archipel indonésien, avec ses musiques, ses nourritures, ses règles complexes de vie en société, son éducation de danseuse, les difficultés à réunir la somme nécessaire à l'achat de son costume de scène, le dur labeur sur les doigts qu'il importe d'apprendre à courber le plus possible à l'aide d'un jeu de graines.

— On y est ! fanfaronne Raoul. En plein cœur de son âme. Personne, sauf elle, n'a accès à ce coffre-fort intime.

Nathalie narre sa vie de danseuse balinaise puis, remontant encore, son existence de tambourineuse de tam-tam en Côte-d'Ivoire, de peintre miniaturiste à Malte, de sculpteur sur bois à l'île de Pâques.

Raoul se concentre pour bien diriger son médium.

— Mais entre deux de ces vies, que s'est-il passé ? articule Sibélius.

Nathalie Kim met un temps à répondre.

— Que s'est-il passé entre deux vies ? insiste l'hypnotiseur.

La jeune Coréenne se tait toujours. Elle ne remue plus. Elle respire à peine. Elle paraît sereine, comme revenue à une normalité qui ne l'épouvante plus.

— Je...

— Où étiez-vous ?

— Je... je... je... suis ailleurs.

— Où ? Où ? Sur quel continent ?

Nouveaux frissons.

— Ailleurs. Pas sur Terre.

J'entends presque la voix de Raoul suppléer celle de Sibélius.

— Pas sur Terre ?

— Avant... dans ma vie avant celle-ci, je vivais... je vivais sur... une autre planète.

78. ENCYCLOPÉDIE

TROIS RÉACTIONS : Dans son ouvrage *Éloge de la fuite,* le biologiste Henri Laborit rapporte que, confronté à une épreuve, l'homme ne dispose que de trois choix : 1) combattre ; 2) ne rien faire ; 3) fuir.

***Combattre :* c'est l'attitude la plus naturelle et la plus saine. Le corps ne subit pas de dommages psychosomatiques. Le coup reçu est transformé en coup rendu. Mais cette attitude présente quelques inconvénients. On entre dans une spirale d'agressions à répétition. On finit toujours par rencontrer quelqu'un de plus fort qui vous met K-O.**

***Ne rien faire :* c'est ravaler sa rancœur et agir comme si l'on n'avait pas perçu l'agression. C'est l'attitude la mieux admise et la plus répandue dans les sociétés modernes. Ce qu'on appelle l'« inhibition de l'action ». On a envie de casser la figure à l'adversaire, mais étant donné qu'on a conscience du risque de se donner en spectacle, de prendre des coups en retour et de rentrer dans une spirale d'agression, on ravale sa rage. Dès lors, ce coup de poing qu'on n'inflige pas à l'adversaire, on se l'assène à soi-même. Dans ce type de situation fleurissent les maladies psychosomatiques : ulcères, psoriasis, névralgies, rhumatismes...**

La troisième voie est *la fuite.* Il en existe de plusieurs sortes :

La fuite chimique : alcool, drogue, tabac, antidépresseurs, tranquillisants, somnifères. Elle permet d'effacer ou tout au moins d'atténuer l'agression subie. On oublie. On délire. On dort. Donc ça passe. Mais ce type de fuite dilue aussi le réel et, peu à peu, l'individu ne supporte plus le monde normal.

La fuite géographique : elle consiste à se déplacer sans cesse. On change de travail, d'amis, d'amants, de lieux de vie. Ainsi on fait voyager ses problèmes. On ne les résout pas pour autant, mais on leur fait changer de décor, ce qui est déjà en soi plus rafraîchissant.

La fuite artistique, enfin : elle consiste à transformer sa rage, sa colère, sa douleur en œuvres d'art, films, musiques, romans, sculptures, tableaux... Tout ce qu'on ne s'autorise pas à clamer, on le fait dire à son héros imaginaire. Cela peut ensuite produire un effet de catharsis. Ceux qui verront les héros venger leurs propres affronts bénéficieront aussi de l'effet.

Edmond Wells,
Encyclopédie du Savoir Relatif et Absolu, tome IV.

79. FREDDY AVEC NOUS

— Une autre planète ! Vous plaisantez !

Cette fois, Freddy Meyer est touché. Certes, notre ami est convaincu que l'humanité court à sa perte, cependant la curiosité l'emporte. Il veut découvrir comment fonctionne ailleurs une « autre humanité ». Il veut savoir si l'autodestruction est propre sur toutes les planètes aux espèces intelligentes ou si elle est réservée à la seule espèce humaine terrienne.

Il s'assied et nous convie à prendre place à ses côtés. La position assise n'apporte en fait que peu de confort particulier puisque nous lévitons, mais c'est une habitude humaine que nous nous plaisons à reproduire. En souvenir sans doute de ces longues discussions que nous avions jadis lorsque nous dînions tous ensemble autour de la grande table des Buttes-Chaumont.

— Débusquer cette planète ne sera pas facile, soliloque le rabbin. Notre galaxie, la Voie lactée, comporte à elle seule 200 milliards d'étoiles. Autour de chaque étoile tournent en moyenne une dizaine de planètes, on a du pain sur la planche, les amis.

Raoul rappelle que, libérés de la matérialité, nous voyageons à des vitesses vertigineuses.

— Oui, mais dans un cosmos d'une taille colossale, cela revient au même que de voyager lentement dans un petit territoire... Tout est relatif, souligne Freddy.

— Et puis, par où commencer ? Vers où nous diriger ? Dénicher une planète habitée parmi toutes les planètes non habitées, c'est comme rechercher une aiguille dans une botte de foin, déploré-je à mon tour.

Du coup, ma remarque semble réveiller Freddy.

— C'est une question de méthode. Pour retrouver une aiguille dans une botte de foin, il suffit d'y mettre le feu puis de fouiller les cendres avec un aimant.

Son visage brille différemment. S'il n'était ange et aveugle, peut-être reconnaîtrais-je la même flamme qui nous anima jadis lorsque nous partîmes ensemble conquérir les mondes supérieurs.

— Allez... en avant pour repousser les limites de l'inconnu !

Raoul, qui en tremble de plaisir, complète :

— En avant pour la conquête du... pays des Dieux !

2.

DES ŒUFS ET DES ÉTOILES

80. VENUS. 17 ANS

Depuis le départ de papa, je vis avec maman et ce n'est vraiment pas facile. Tous ses petits travers me deviennent insupportables au quotidien.

Le soir nous dînons le plus souvent en tête à tête et nous nous disputons. Maman me reproche de ne pas surveiller assez ma ligne. J'avoue qu'après ma période anorexique, j'ai enchaîné sur une période de boulimie. C'est l'absence de papa qui me donne faim. Je mange des tas de gâteaux. Les gâteaux m'aident à supporter la vie, ma mère et l'ambiance de plus en plus insupportable des studios de photo.

Maîtriser son corps c'est bien, se laisser aller c'est encore mieux.

J'ai dix-sept ans et il me semble avoir déjà beaucoup vécu et beaucoup mangé. Dans ma période anorexique, j'étais descendue à trente-cinq kilos. Dans ma phase boulimique, j'en suis déjà à quatre-vingt-deux. Il faut dire que quand je mange, je mange. Pas seulement des gâteaux d'ailleurs, des boîtes de haricots à la tomate que j'avale froids, sans les réchauffer. Du sucre en morceaux. De la mayonnaise que je tète directement au tube comme un biberon. Et puis du pain beurré saupoudré de poudre de cacao. Ça, je peux en manger des tonnes.

Maman ne me parle que pour m'adresser des reproches. Je lui ai pourtant dit que plus elle m'enguirlande, plus ça me donne faim. Effet boomerang, après ma découverte de la maîtrise de mon corps par la gestion de la nourriture, ma carcasse me dégoûte de plus en plus. Je la considère comme une poubelle que je remplis pour me punir.

J'ai tout le temps quelque chose dans la bouche, un chewing-gum, un bonbon, un bout de réglisse et je rumine.

Dès que j'ai pris du poids, les agences de mannequins ont moins insisté pour m'avoir. Il y a même eu des petits malins pour me proposer des photos après/avant qu'on passerait à l'envers dans des publicités avant/après. On vanterait ainsi les régimes miracles censés m'avoir fait mincir.

Maman me couvre de reproches. Non seulement je ne rapporte plus d'argent mais, en plus, mes agapes coûtent cher. Et plus maman me fait la leçon, plus j'ai faim.

Seule source de satisfaction : Jim. Jim est un garçon adorable. Un jour que ma mère me lançait des assiettes à la figure pour me convaincre qu'elle avait raison, j'ai claqué la porte soi-disant pour faire une fugue et j'ai rencontré Jim, le voisin d'à côté. Il est étudiant en géographie. Moi, qui en raison de ma carrière précoce de mannequin n'ai pas fait beaucoup d'études, ça m'impressionne.

Nous avons longuement parlé des pays lointains. Il m'a expliqué combien le monde est vaste et combien mes problèmes sont relativement minimes face à cette immensité. Ça m'a plu. On s'est embrassés sous la lune.

Nous avons fait l'amour une semaine plus tard. C'était la première fois. Ça ne s'est pas très bien passé.

J'essaie de cesser de manger, mais je n'y parviens pas. Mon combat contre la nourriture est vraiment ardu. Je décide donc d'avaler des laxatifs pour que les aliments ne s'attardent pas dans mon corps. Depuis peu, j'ai même mis au point une bonne technique pour vomir. Il suffit de s'enfoncer deux doigts au fond de la gorge pour tout régurgiter dans la cuvette des toilettes.

Je demande à Jim s'il me trouve trop grosse.

— J'aime les grosses, répond-il.

Je dis que, dans le temps, avant d'être grosse, j'étais si belle que j'étais top-model et que j'espérais devenir Miss Univers. Il me rétorque que pour lui je suis la plus belle fille de l'univers.

Pour rester dans cette bonne impression, je préfère qu'on ne fasse pas l'amour ce soir-là et nous nous quittons sur un chaste baiser. Cela redouble ma détermination. Je vais reprendre mon corps en main. Je serai Miss Univers !

Je persuade maman de me laisser liposucer. C'est encore Ambrosio Di Rinaldi, le Michel-Ange du bistouri, qui se charge de moi. Sous anesthésie locale, j'assiste à tout ce qui se passe. Il m'introduit de grosses canules dans les cuisses puis il active une pompe aspirante. Avec un bruit de moteur diesel, ça crachote du liquide qui se déverse dans des cylindres transparents. Au début, je suis surprise de ne voir aspirer que du sang et j'ai peur de me retrouver exsangue, mais, peu à peu, le sang s'éclaircit et prend un ton rosé avant de devenir franchement rose clair et crémeux. De la chantilly à la grenadine. Ambrosio Di Rinaldi m'explique qu'il doit planter les canules dans des endroits différents afin d'éviter les trous, ce qu'il appelle dans son jargon l'« effet tôle ondulée ».

Ambrosio est peut-être très cher mais, heureusement, il est passé maître dans l'art d'empêcher « la tôle ondulée ».

Après la consistance crémeuse, la consistance pâteuse. Il m'enlève l'excédent de mes cuisses, ce qui me réjouit d'autant plus que, même dans ma pire période anorexique, je maigrissais du haut mais pas assez du bas.

À ma sortie de clinique, Jim m'a apporté des fleurs. Mais maintenant que je suis maigre et belle, pas question de rester avec un type qui aime les grosses !

Je veux être Miss Univers.

81. IGOR. 17 ANS

Je me plaignais du centre de redressement pour mineurs de Novossibirsk, j'avais tort. L'asile d'aliénés de Brest-Litovsk est bien pire.

Au centre, on mangeait des raclures avariées, ici plus de viande du tout. Ça excite les dingues, paraît-il.

Au centre de redressement, les matelas pullulaient de punaises. Ici, nous dormons dans des hamacs en chaînes inoxydables.

Au centre de redressement, ça empestait la pourriture, ici ça embaume l'éther. Là-bas tout était sale, ici tout est propre.

Je me plaignais d'entendre des cris la nuit au centre de redressement, ici on entend des rires. C'est terrible les rires.

Ici je n'ai qu'un seul voisin de chambrée. Alexandreï.

Alexandreï parle tout seul toute la nuit. Il clame que nous allons tous mourir. Que les quatre cavaliers de l'Apocalypse ont sellé leurs chevaux. Le fer, le feu, l'eau et la glace nous transperceront et nous paierons pour nos fautes. Puis il s'agenouille pour prier jusqu'à hurler : « Rédemption ! rédemption ! » des heures durant en se frappant la poitrine. Soudain, il s'arrête, s'immobilise et braille : « Je vais mouriiiiiiiiir » pendant toute la nuit.

Hier Alexandreï est mort. Je l'ai tué. Je n'avais rien

de personnel contre lui. J'ai plutôt eu envie de lui rendre service. Je l'ai étranglé avec une chaussette pour le libérer de cette vie dans laquelle il n'avait pas trouvé ses marques. Dans son regard, j'ai lu davantage de reconnaissance que de colère.

Après ça, des infirmiers m'ont traîné au quartier d'isolement neurosensoriel. Cette relégation constituait un supplice à l'époque stalinienne. C'est devenu un débarras pour fous trop difficiles à contrôler. Les infirmiers affirment qu'après un mois d'isolement sensoriel, les enfermés ne se souviennent plus de leur nom. Si on les place devant un miroir, ils disent : « Bonjour, monsieur. »

On m'attrape. Je me débats. Ils se mettent à quatre pour me jeter dans une cellule.

— NOOOOOOOONNN !

Clac !

La pièce est blanche, sans fenêtre. Il n'y a rien. Les murs sont blancs. L'ampoule nue reste allumée jour et nuit, et il n'y a pas d'interrupteur. Aucun bruit. Aucun son. Pas d'autres signes de présence humaine que, toutes les huit heures, l'arrivée d'un brouet beige clair par un guichet. Est-ce végétal ou animal ? Ça ressemble à de la purée et c'est à la fois sucré et salé, un peu comme la nourriture pour animaux de compagnie. Comme c'est toujours le même plat non identifiable, je ne sais plus s'il s'agit du petit déjeuner, du déjeuner ou du souper.

Je perds la notion du temps. Mon cerveau devient filandreux. Je ne peux même pas me suicider en me tapant la tête contre les murs car les murs sont matelassés. J'ai essayé malgré tout en retournant ma langue dans ma gorge, mais j'avais toujours un réflexe qui me poussait à tousser pour respirer.

Je me figurais avoir touché le fond. Je m'aperçois qu'on peut tomber plus bas encore.

Mais cette fois, même avec les plus grands efforts

d'imagination, je ne vois pas comment ma situation pourrait empirer. Si on me précipitait dans une salle de torture, je retrouverais au moins un peu d'animation, il y aurait des bourreaux avec qui discuter, des machines, des instruments, un décor.

Ici, il n'y a rien.

Rien.

Rien que le visage de maman qui m'apparaît tous les matins pour me dire : « Comme tu n'as pas été gentil, je te garderai enfermé dans le placard toute ta vie. »

Je suis moins bien traité qu'un animal. Personne n'oserait enfermer un animal pendant des années dans une pièce blanche insonorisée en continuant à le nourrir. On le laisserait crever, c'est tout. Moi, on me nourrit pour que je ne crève pas et que je pourrisse dans ma tête. Ici on ne soigne pas les fous. On prend des gens normaux et on les rend fous. Peut-être est-ce un moyen de contrôler la population ?

Il faut que je tienne.

Dans ma tête, j'ai l'impression qu'il y a une sorte d'immense bibliothèque dont les livres sont éjectés et tombent. Il y a des petits livres, quand ils tombent les mots s'échappent et je perds du vocabulaire.

Ensuite, il y a les gros livres des souvenirs de ma vie passée qui tombent. C'était quoi ma vie avant ? Je me souviens du poker, de Piotr (s'appelait-il Piotr ou Boris ?), des trois V (Vassili, Vania... et bon sang, comment il s'appelait le troisième ? le gros, là...). Je m'accroche à ce qui tient. Dans le poker il y a la paire, la double paire, le carré et... (Zut, comment ça s'appelle trois cartes pareilles plus deux cartes pareilles ?)

Les idées naissent dans mon esprit puis sautent comme sur un disque rayé pour laisser place à d'autres. J'ai l'impression de ne pas pouvoir aller jusqu'au bout d'une seule pensée.

Seule ma mère reste incrustée, comme si elle avait

été gravée au fer rouge dans mon cerveau. Je me rappelle toutes les expressions de son visage le jour où elle m'a abandonné sur le parvis de l'église. Je m'accroche à cette douleur. Merci maman, tu m'auras au moins servi à ça. Ma mère est la dernière preuve de mon identité. C'est par ma colère contre elle que je me définis. Un jour peut-être j'oublierai mon nom, un jour peut-être je ne me reconnaîtrai plus dans la glace, un jour peut-être je ne me rappellerai pas tout ce qui s'est passé dans mon enfance, mais je me souviendrai d'elle.

Finalement, un beau matin-après-midi-soir (s'est-il écoulé une semaine ? un mois ? un an ?), la porte s'ouvre. Je suis convoqué chez le directeur de l'établissement.

En chemin, je savoure les moindres informations livrées à mon cerveau. L'odeur de Javel, la peinture écaillée des couloirs, les rires qui résonnent au loin, le bruit de mes pas sur un sol dur, les petits bouts de ciel à travers les carreaux grillagés, le contact des mains des infirmiers qui me tiennent par les bras alors que ma camisole me les lie dans le dos. Chaque aboiement : « Avance », « Suis-nous », me semble une mélodie.

On me pousse dans le bureau du directeur. Un homme en uniforme se tient près de lui. J'ai l'impression de revivre éternellement cette même scène, celle où un policier me sauve sur le parvis de l'église, celle où un colonel de l'armée de l'air vient me chercher à l'orphelinat pour m'offrir une famille. Et celui- ci, que va-t-il me proposer ?

Le directeur me regarde avec une mine dégoûtée. Je pense à ma mère. Peut-être avait-elle deviné ce que je deviendrais et avait-elle voulu m'épargner toutes ces souffrances.

— Nous voulons t'offrir une dernière chance de te racheter. Les combats ont repris en Tchétchénie. Les pertes sont plus importantes que prévu. L'armée a besoin de volontaires pour le front. Le colonel d'infanterie Dukouskoff, ici présent, est à la tête des troupes de choc. Tu as donc le choix : rester ici à l'isolement ou opter pour les commandos de première ligne.

82. JACQUES. 17 ANS

J'arrive à vendre mes nouvelles à un magazine de science-fiction et obtiens ainsi mon premier pécule grâce à mon travail. Pour me récompenser, je pars en vacances sur la côte basque. Là, je rencontre Anaïs.

Anaïs est une petite brune piquante qui ressemble un peu à Martine, mais avec un visage plus rond. Quand elle rit ou sourit, deux fossettes se creusent dans ses joues.

Avec Anaïs, nous avons en permanence des crises de fou rire. On ne se dit rien, on se regarde juste et on éclate de rire, sans raison. Notre hilarité constante agace tout le monde et nous rend encore plus complices.

À la rentrée, nous nous promettons de nous revoir le plus souvent possible. Mais elle habite Bordeaux, moi Perpignan.

J'ai un gros projet en chantier, un livre qui parle de l'humanité à travers un regard « non humain ». C'est un polar dont les héros sont des... rats qui enquêtent dans leurs égouts. Bien sûr, j'y respecte scrupuleusement toutes les lois qui régissent pour de bon les sociétés rats. J'ai déjà rédigé une première mouture de deux cents pages que j'apporte à Anaïs pour qu'elle les lise.

Elle lit vite.

— Marrant. Ton personnage principal est un rat avec une touffe de cheveux roux sur la tête.

— Tous les premiers romans comportent une petite part d'autobiographie, dis-je. Or je tiens beaucoup à mes cheveux roux.

— Pourquoi les rats ?

J'explique que les rats ne sont qu'un prétexte, qu'il s'agit d'une réflexion globale sur la vie en groupe. Je suis en quête d'une formule de société idéale où chacun se sentirait bien. Dans une nouvelle, autrefois, j'avais choisi pour héros deux globules blancs que j'avais introduits dans la société idéale du corps humain. Maintenant, a contrario, je veux montrer comment fonctionne une société féroce. Les rats sont un exemple de société efficace, mais complètement dépourvue de compassion. Ils éliminent systématiquement les faibles, les malades, les vieux, les enfants chétifs. La compétition est permanente et c'est à qui sera le plus fort. En écrivant sur ce monde méconnu, j'espère que mes lecteurs prendront conscicnce de la part de « rat » en eux.

À ma visite suivante, Anaïs me présente à ses parents. L'appartement familial est impressionnant. Tableaux de maîtres, meubles anciens, bibelots de prix, je n'ai encore jamais vu un tel étalage de luxe. Son père est dentiste, sa mère est dentiste et, visiblement, ça marche bien pour eux. Anaïs veut aussi étudier pour être dentiste. Il n'y a que son petit frère qui n'ait pas encore décidé de son avenir. Il parle de devenir informaticien, mais ça m'étonnerait qu'il persévère. Ou alors il finira en informaticien spécialisé dans les logiciels de dentisterie.

Toute la famille exhibe de belles dents blanches. Nous dînons et le père me demande ce que je compte faire dans la vie. Je dis que je veux devenir écrivain.

— Écrivain... mais pourquoi ne pas vous lancer dans une profession plus... normale ?

Je réponds que l'écriture est ma passion et que je préfère gagner moins et exercer un métier qui m'amuse. Mais le père d'Anaïs ne rit pas. Et Anaïs non plus.

Après le repas, le père m'interroge sur le métier de mes parents. Libraires. Le père d'Anaïs hoche la tête et évoque ses écrivains préférés : Céline, Marguerite Duras... J'avoue avoir déjà feuilleté des ouvrages de Duras et de Céline et m'être plutôt ennuyé.

Là, j'aurais dû remarquer que la mère fronçait les sourcils. Anaïs m'adresse de petits signes que je ne perçois pas à temps.

Son père me demande ce que j'apprécie comme littérature. Je cite Poe et Kafka, et il pousse un : « Ah ! oui, je vois » à partir duquel j'aurais mieux fait de me taire au lieu d'enchaîner sur les merveilles du fantastique, du polar et de la science-fiction.

Il reconnaît n'avoir jamais ouvert ce type d'ouvrages. Là, je sens enfin que quelque chose cloche et, désireux de me montrer conciliant, je conclus :

— Oh, et puis, après tout, il n'existe que deux sortes de livres, les bons et les mauvais.

Tout le monde se tait et fixe les assiettes.

Dans un grand mouvement de jupe, la mère se lève et va chercher les desserts.

Ensuite, comme Anaïs lui a déclaré que j'étais aussi un as en matière d'échecs, le père insiste pour que nous fassions une partie. Avec modestie, il proclame n'être qu'un simple joueur du dimanche.

Je gagne en quatre coups, en faisant le « coup du berger » que m'a enseigné Martine. Le père ne souhaite pas de revanche.

Depuis cette soirée, avec Anaïs, nous nous voyons moins souvent. Elle m'avoue un jour que son père ne l'imagine pas mariée à un « saltimbanque ».

Fin de l'idylle.

Je contemple mes photos d'Anaïs. Sur chaque cliché, elle rit. Simplement, j'ai eu tort d'accepter de rencontrer ses parents.

Pour oublier mes préoccupations d'humain, je me précipite dans l'écriture et m'acharne à comprendre ce que peut penser un rat dans sa vie de tous les jours.

83. ENCYCLOPÉDIE

Point de vue :

Blague : « C'est l'histoire d'un type qui va chez son médecin. Il porte un chapeau haut de forme. Il s'assied et ôte son chapeau. Le médecin aperçoit alors une grenouille posée sur un crâne chauve. Il s'approche et constate que la grenouille est comme soudée à la peau.

— Et vous avez ça depuis longtemps ? s'étonne le praticien.

C'est alors la grenouille qui répond :

— Oh vous savez, docteur, au début, ce n'était qu'une petite verrue sous le pied. »

Cette blague illustre un concept. Parfois on se trompe dans l'analyse d'un événement parce qu'on est resté figé dans le seul point de vue qui nous semble évident.

Edmond Wells,
***Encyclopédie du Savoir Relatif et Absolu*,**
tome IV. (D'après une blague de Freddy Meyer.)

84. MES ŒUFS

Avant de me lancer dans l'espace à la recherche d'une autre planète, il faut d'abord que je règle tous les problèmes avec mes œufs.

Je vérifie que leurs vœux ont bien été exaucés. Igor voulait quitter l'asile d'aliénés de Brest-Litovsk, il est enrôlé dans l'armée. Jacques voulait fuir encore plus loin dans l'écriture, il entame la rédaction de son gros roman. Venus s'est reprise en main.

— Comment se porte ta couvée ? demande Raoul.

Je lui montre mes œufs avec satisfaction.

— On ne peut mieux.

Raoul me signale que je devrais peut-être un peu moins fanfaronner. En fait, ils ne vont pas si bien que ça... Leurs vœux se sont réalisés mais ils ne s'en portent pas mieux. Venus n'a plus de famille, plus d'amour, elle n'a même pas d'éducation solide pour affronter la vie. Ce n'est qu'une fille fragile et superficielle.

Le système psychiatrique a quasiment réduit Igor à l'état de légume. Il souffre d'énormes carences affectives. Il est seul, sans argent, sans ami, sans même avoir connu ne serait-ce qu'un baiser de femme sur la joue alors qu'il a dix-sept ans ! Il a été expédié en première ligne en Tchétchénie avec les commandos de Dukouskoff composés de rebuts de la société voués aux missions les plus périlleuses. Quant à Jacques, à force de vivre dans ses mondes imaginaires, il perd contact avec la réalité et devient peu à peu un handicapé total du quotidien.

— Tu appelles ça « on ne peut mieux » ?

Après un second regard sur ces trois humains censés représenter les trois facettes de ma personnalité, je me sens plutôt mortifié.

— Ha ! ha ! bienvenue parmi les anges, pavoise

Raoul. Un boulot tranquille, qu'ils disaient. Tu parles ! Il est plus ardu de sortir un homme de sa condition que de faire évoluer un minéral vers une forme végétale !

Raoul affiche son air préoccupé.

— De toute façon, pour nous l'aventure ne réside plus dans ce boulot de fonctionnaire. Il nous faut désormais quitter cet enfer de mièvrerie.

Raoul a ce drôle de regard qui me fascinait et m'effrayait jadis quand nous étions des êtres de chair. Ce regard qui signifie : « Allons jusqu'au bout de nos erreurs sinon nous ne saurons jamais pourquoi il ne fallait pas les commettre. »

Je demande à mon ami un court répit afin de remettre de l'ordre dans l'existence de mes clients. Rassuré, je partirai plus sereinement.

Je me débrouille donc pour influencer le président du jury de Miss Univers afin qu'il sélectionne la candidature de Venus. Je crée un courant de sympathie naturelle de l'ensemble du commando des Loups du colonel Dukouskoff envers Igor. Et j'envoie en rêve quelques scènes marrantes pour le roman de Jacques.

— Perds pas de temps avec eux, grogne Raoul, l'univers entier t'attend.

Puis il se penche à mon oreille et chuchote :

— En plus, les mortels se débrouillent parfois beaucoup mieux sans nous.

85. VENUS. 17 ANS ET DEMI

Mon corps remodelé par la chirurgie esthétique, je l'ai reconstruit comme on restaure une voiture d'occasion. J'ai refait la carrosserie, le moteur, le tableau de bord... J'ai repris forme. J'étale en permanence des crèmes et des pommades sur mon ventre, mes cuisses, mes fesses. Je redeviens sportive : natation, jogging, stretching. Peu à peu, je reprends aussi la maîtrise de mon appétit.

Et puis, j'ai retrouvé le chemin des studios de photo. J'ai recommencé avec des campagnes pour des produits alimentaires divers, puis sont revenus les vêtements et les jeans et, enfin ! la haute couture. Le parcours classique des top-models.

Ce retour m'a lancée plus haut, plus loin que mes premières tentatives. La descente aux abîmes qui a suivi mes succès initiaux m'a rendue plus forte. Je ne me laisse plus marcher sur les pieds. J'ai appris à me faire respecter.

Pour petit ami, j'ai élu un mannequin homme. Bien que nous pratiquions le même métier, lui, il n'assume pas. Il a honte de poser et de défiler. Esteban proclame qu'il fait ça « en attendant ».

Je l'ai choisi sur sa seule beauté physique. Il est très décoratif, dans le genre « latino ». Je lui ai laissé entendre que dès que je serais lasse de lui, je le recracherais comme un noyau de cerise. Loin de le repousser, cette perspective me l'attache encore davantage. « Ah, Venous, toi seule tou mé comprends... » Les hommes sont si faciles à manipuler. Il me semble avoir saisi comment ils fonctionnent. Il suffit qu'une femme ne dépende pas d'eux pour qu'ils aient envie de dépendre d'elle.

Esteban, au lit, c'est un athlète avide de remporter la course. Il se donne un mal fou. Je le soupçonne même d'user de produits dopants. Tout ça pour mon plaisir ! Au début, j'ai cherché à le rassurer, mais j'ai vite compris qu'au contraire mieux valait le laisser à son incertitude. Je lui en réclame toujours plus, et il aime ça.

Je le mérite bien, après tout. J'ai dix-sept ans et demi et je suis sublime.

Pour me détendre de l'ambiance des plateaux, je me suis mise à fumer. La cigarette m'aide à décompresser et le besoin de nicotine m'oblige à m'aménager des moments de détente. Elle réconcilie aussi. Maman fume également. Il n'y a que lorsque nous fumons toutes les deux, que nous nous proposons tour à tour le briquet, que nous ne nous disputons pas.

Maman m'aime, je le sais, et pourtant je sens qu'au fond d'elle-même elle me reproche le départ de papa. Toutes ses autres histoires de cœur, depuis, ont tourné à la catastrophe. On dirait qu'à peine elle a jeté son dévolu sur quelqu'un qu'elle se prépare à affronter l'échec. Ses compagnons s'en rendent sûrement compte et ça les crispe.

Il faut que je me libère de son influence. En plus, quand je vois sa trajectoire professionnelle, il y a de quoi être déprimée. Dans le métier, maman est déjà considérée comme une « vieille ». Elle n'est plus demandée que pour des catalogues de vente par correspondance.

À la maison, elle s'est mise à carburer au whisky en visionnant des cassettes de films d'horreur. Mauvais trip.

J'ai compris les règles du métier, je crois. On monte vite et on descend vite, mais plus on monte haut, plus on a de chances de ne pas redescendre.

Il faut que je monte très haut. Il faut que je devienne Miss Univers. Avec le titre, je gagnerai en même temps un passeport à vie pour les meilleures agences de top-models et pour tous les types qu'il me plaira d'utiliser.

Je surveille de très près mon alimentation. Je mange beaucoup de légumes pour les fibres, beaucoup de fruits pour la souplesse de ma peau et puis je bois beaucoup d'eau minérale pour drainer les sucres et les graisses.

86. JACQUES. 17 ANS ET DEMI

Oral du bac option « philosophie ». Question : « La liberté de pensée existe-t-elle ? »

Après m'avoir écouté, l'examinateur me dit :

— Vous vous référez au zen, au bouddhisme, au taoïsme... Nous n'avons pas besoin d'aller chercher des références en Asie. Relisez Montaigne, Spinoza, Nietzsche, Platon, vous constaterez qu'ils ont tout compris.

Je me crispe :

— Ce qui m'intéresse dans la pensée orientale, c'est qu'elle se fonde sur une expérience de spiritualité vécue. Lorsqu'un moine zen reste immobile une heure pour faire le vide dans sa tête, lorsqu'un yogi ralentit son souffle et son cœur, lorsqu'un taoïste rit jusqu'à la pâmoison, ce ne sont pas simplement des phrases, ce sont des expériences vécues.

L'examinateur hausse les épaules.

— Allez, je ne vous en veux pas.

Ce disant, il passe les mains sur sa veste chic, comme pour effacer un pli imaginaire.

Je sens monter en moi une vague qui bientôt me submerge. Une colère ancienne tout d'un coup libérée. Cet homme représente tout ce qui, depuis l'enfance, m'exaspère. Tous ces gens qui croient tout savoir, qui sont remplis de certitudes et qui ne veulent surtout rien entendre de nouveau susceptible de remettre en question leur petit train-train. Cet examinateur avec son air satisfait d'homme doté d'un minuscule pouvoir, et comptant bien l'utiliser pour donner un sens à son existence, me navre.

J'explose :

— Vous me donnez pour thème : « La liberté de pensée existe-t-elle ? » et, en fait, vous êtes précisément là pour l'interdire ! L'originalité de mes idées, vous vous en moquez. Tout ce qui vous intéresse, c'est de vérifier si ma pensée ressemble à la vôtre ou, en tout cas, si je suis capable de la singer.

— Spinoza a une excellente phrase pour expliquer votre erreur. Il a dit que...

— Votre pensée à vous n'est qu'une pâle copie de celle des grands penseurs que vous invoquez. Vous vous êtes déjà demandé quelles étaient vos propres réflexions en dehors de celles de ces grands monuments institutionnalisés ? Avez-vous seulement eu une fois dans votre vie une pensée personnelle ? Non. Vous n'êtes qu'un... qu'un... (je cherche la pire insulte)... qu'un... photocopieur.

Je pars en claquant la porte. C'est la première fois de ma vie que je me livre à un acte de rébellion ouverte. Ça me laisse une impression de dégoût de moi-même. Comment cet examinateur sans intérêt a-t-il pu me contraindre à sortir de mes gonds ?

J'ai raté mon bac. Il va me falloir réussir sans.

Je me sens de plus en plus « rat autonome ». Je préfère sortir du Système.

Mes parents m'admonestent. Ils en ont assez de ma paresse et de mes lubies. Trois choix s'offrent à moi : combattre, refouler ou fuir.

J'opte pour la fuite.

Le lendemain, je casse ma tirelire, compte l'argent gagné grâce à la vente de mes nouvelles et prends le train pour Paris avec pour seuls compagnons Mona Lisa, le chat, et mon ordinateur. En un après-midi, je déniche un studio au sixième étage sans ascenseur du côté de la gare de l'Est. Le lit occupe quatre-vingt-dix pour cent de la pièce.

Mona Lisa est furibarde car je n'ai pas la télévision. Elle saute comme une hystérique. Elle pointe des pattes les prises électriques et les prises d'antenne, au cas où je ne les aurais pas encore remarquées.

Quelques jours à tourner en rond sans télévision et

Mona Lisa plonge dans la prostration. Elle ne mange pas, refuse mes caresses, ne ronronne plus et crache dès que je l'approche.

Hier, j'ai trouvé Mona Lisa morte sur la table où j'aurais pu poser un téléviseur... Je l'enterre derrière un fourré, dans un jardin public. En guise de pierre tombale, je plante au-dessus de la petite fosse une télécommande récupérée dans une poubelle. Je me rends ensuite à la SPA et j'adopte Mona Lisa II, laquelle est exactement semblable à Mona Lisa I dans sa jeunesse : même fourrure, même regard, même attitude.

Cette fois, je ne commets pas la même erreur. J'économise sur mon budget nourriture le premier versement nécessaire à l'achat d'un petit téléviseur d'occasion. Je le laisse allumé du matin au soir et Mona Lisa II reste plantée devant, à battre langoureusement des paupières.

C'est peut-être la conséquence d'une évolution globale de l'espèce. Il n'y a plus rien dans mes chattes du félin sauvage qui sommeillait en elles. Il ne reste que des animaux obèses et adaptés non plus à la jungle mais à la télévision, aux salons au plancher recouvert de moquette et refusant la viande crue pour n'engloutir que des croquettes.

Je remarque quand même une petite différence entre mes deux Mona Lisa : alors que la première aimait les jeux quiz, la seconde frétille de plaisir en regardant les actualités. Je ne sais pas pourquoi ce chat apprécie autant les guerres, les crises économiques et les tremblements de terre. Un animal pervers, sans doute.

Mais il me faut payer mon loyer et les traites de la télé. La vente de mes nouvelles ne suffit pas. J'alterne les petits boulots. Distributeur de publicités dans les boîtes aux lettres. Livreur de pizzas.

Serveur dans une brasserie.

Je sers de treize heures à minuit. La vie d'un commis de restaurant n'est pas vraiment drôle. Les gens des cuisines sont irascibles, et les dîneurs capricieux et impatients. Le patron ajoute à la pression. Un collègue compatissant m'explique que pour ne pas sans cesse subir, au risque de s'en rendre malade, il faut se venger. Il me montre comment s'y prendre. Un de ses clients est désagréable ? Il crache aussitôt dans son assiette.

— C'est pas grand-chose, mais ça m'évite d'avoir un ulcère.

À force de courir de la salle aux cuisines et des cuisines à la salle, j'attrape des cors. Les pourboires sont maigres. Le soir, je rentre fourbu et je regarde les actualités.

Guerre en Tchétchénie.

Panique en Europe à cause de la crise du porc fou. (En consommer provoque une dégénérescence des cellules du cerveau et des symptômes semblables à ceux de la maladie de Parkinson.) Les éleveurs manifestent contre l'injonction de la commission de Bruxelles d'abattre leur cheptel contaminé.

Assassinat d'une célèbre actrice par le maniaque qui s'en prend avec prédilection aux plus jolies actrices de Hollywood. Il les étrangle avec un lacet.

Montée des cours de la Bourse. Encore une réforme du système fiscal avec pour résultat une hausse des impôts. Grève des transports publics. Élection de Miss Univers. Élection d'un nouveau pape au Vatican...

Le pape... Je songe un moment à reprendre ma nouvelle, « Le sous-pape », pour en faire un roman mais, à la vitesse où le monde évolue, ce récit de science-fiction risque de se retrouver dépassé par la réalité. Ils sont vraiment capables de choisir un ordinateur pour pape. Je reprends donc mon roman sur les rats.

Je m'invente des règles de travail. Je décide d'écrire tous les jours de huit heures du matin à midi et demi, quoi qu'il arrive, où que je sois, avec qui que je sois. J'achète à crédit un autre ordinateur, portable et à écran plat celui-là, et je m'inscris à un cours de dactylographie pour apprendre à taper de plus en plus vite.

87. IGOR. 17 ANS ET DEMI

Je tape dans le ventre du type jusqu'à ce qu'il parle. Il finit par révéler que la batterie antichar est dissimulée dans les granges là-haut, sur la montagne. Les copains me félicitent.

Puis ils vont descendre le type dans les fourrés. Nous avons été envoyés sur le front sud après un entraînement aussi rapide qu'intensif de trois semaines.

J'ai vite appris le métier. On fonce, on tue, on ramène des prisonniers, on les torture, ils parlent et on apprend comme ça notre objectif du lendemain.

Inutile de dire qu'après le quartier d'isolement sensoriel, la guerre en Tchétchénie, c'est le paradis.

Notre commando a été baptisé « Les Loups » par le colonel Dukouskoff, et nous arborons tous une tête de loup en écusson sur notre uniforme. Je me sens bien dans ma peau de loup. La forêt, la lutte, la fraternité avec les autres loups semblent inscrites depuis toujours en moi. Je n'ai fait que réveiller le fauve assoupi.

Nous avons installé un campement et nous dînons autour d'un feu de bois. Je ne suis pas le seul orphelin dans ce commando, ni le seul ancien du centre de redressement pour mineurs de Novossibirsk, ni le seul ancien de l'asile d'aliénés de Brest-Litovsk.

Nous n'avons pas besoin de nous parler. Nous avons subi des blessures terribles dans notre jeunesse et nous sommes venus ici précisément pour en infliger aux autres.

Nous n'avons plus rien à perdre.

Notre sergent-chef nous a inculqué ceci : « La force n'a aucune importance, ce qui compte c'est la rapidité. » Et il a insisté sur la devise de notre commando de Loups : « Sois rapide ou sois mort. »

Il nous a dit aussi : « Entre le moment où l'adversaire s'apprête à frapper et celui où vous allez recevoir le coup dans la gueule, il s'écoule un temps infini. »

Depuis, je parviens à accomplir un tas de choses entre l'instant où j'aperçois la petite lueur dans un regard et celui où le coup m'arrive.

Le sergent nous contraint à toutes sortes d'exercices pour développer cette maîtrise du temps. Entre autres, il nous a appris à jongler. Lorsque l'on jongle, on lance une balle puis une deuxième avant que la première ne soit retombée et ainsi de suite. La notion de seconde devient subitement plus large. Si en une seconde, la plupart des gens comptent jusqu'à deux, moi j'arrive à sept. Ce qui signific que j'ai davantage de chances de rester en vie que « la plupart des gens ».

Tout à l'heure, deux autres commandos nous rejoindront, nous constituerons un groupe de trente-cinq hommes chargés de prendre la position occupée au sommet de la montagne par une cinquantaine de guerriers tchétchènes soutenus par les villageois du coin.

Encore une fois les stratèges en cravate du quartier général n'interviennent pas et nous laissent carte blanche. Tant mieux ! J'examine avec des jumelles l'objectif à atteindre. Ça ne va pas être du gâteau. Il y a tout près une forêt où peuvent se dissimuler des renforts.

Les pots de graisse de camouflage passent de main en main et nous nous recouvrons le visage de peintures de guerre.

88. VENUS

Je me maquille. Je souligne mes paupières d'un trait d'eye-liner. J'enduis mes lèvres d'un rouge légèrement brillant et en dessine les commissures au crayon brun.

Je n'ai pas encore suffisamment fourbi mes armes. Pour être tout à fait sexy, même si le règlement l'interdit, je me suis acheté un Wonderbra afin d'ajouter du volume à mes seins.

Tous les moyens sont bons pour remporter une bataille.

89. ENCYCLOPÉDIE

VICTOIRE : La plupart des éducations visent à enseigner la gestion de la défaite. Dans les écoles, les enfants sont avertis qu'ils risquent d'éprouver des difficultés à trouver du travail même s'ils décrochent le baccalauréat. Dans les familles, on s'efforce de les préparer à l'idée que la plupart des mariages débouchent sur des divorces et que la plupart des compagnons de vie s'avéreront décevants.

Les assurances entretiennent le pessimisme général. Leur credo : il y a de fortes chances que vous ayez un accident de voiture, un incendie ou une inondation. Soyez prévoyants, prenez votre police.

Aux optimistes, les informations rappellent matin, midi et soir que nulle part au monde les humains ne sont protégés. Écoutez les prédicateurs : tous annoncent l'Apocalypse, ou la guerre.

Échec mondial, échec local, échec individuel, seuls sont entendus ceux qui parlent de lendemains

qui déchantent. Quel augure oserait annoncer que, dans l'avenir, tout ira de mieux en mieux ? Et au niveau individuel, qui oserait enseigner à l'école : que faire si vous obtenez l'oscar du meilleur rôle ? Comment réagir si vous remportez un tournoi du grand chelem ? Que faire si votre petite entreprise s'élargit en une multinationale ?

Résultat : quand la victoire arrive, l'individu est dépourvu de repères et, bien souvent, il est si décontenancé qu'il organise vite fait sa défaite afin de se retrouver dans une « normalité » connue.

Edmond Wells,
***Encyclopédie du Savoir Relatif et Absolu*, tome IV.**

90. JACQUES

J'enfile mes charentaises, je me cale dans le fauteuil, je débranche le téléphone, je verrouille la porte à double tour, je pose le chat sur mes genoux, je ferme un instant les yeux pour me concentrer sur un décor et je me prépare à écrire. Dans mon esprit, les personnages s'animent.

91. IGOR

Je les vois, ils sont tout là-haut sur la crête. Les ennemis. J'enfile mes cartouchières, insère mon poignard dans ma chaussure et introduis même ma petite pilule de cyanure dans ma dent creuse. C'est le règlement. Il paraît que les Tchétchènes sont sadiques, mais ça m'étonnerait rudement qu'ils sachent me faire parler. J'ai le cuir épais. Merci maman, tu m'auras au moins donné ça.

92. VENUS

Zut, je me suis cassé un ongle. Zut ! zut ! et zut ! Pas le temps de réparer avec un faux ongle. On me fait signe que ça va être mon tour. Ne pas paniquer.

93. IGOR

Le signal. Ça y est, ça va être à nous. Stanislas est à ma droite. Pourquoi suis-je si copain avec lui ? Parce que c'est le gars chargé du lance-flammes. Si je ne veux pas me prendre par erreur un jet d'essence enflammée, autant rester à côté de lui. Ma volonté de survivre décide désormais de mes amitiés. Mon expérience avec Vania m'a appris à ne pas choisir mes amis pour ce que je peux leur apporter mais pour ce qu'ils peuvent m'apporter, eux. Fini la pitié, seul compte l'intérêt.

J'examine de nouveau à la jumelle notre objectif, la crête.

— Ça ne va pas être du gâteau, dis-je encore à Stanislas.

— Je ne crains rien, répond-il, j'ai un ange gardien qui me protège.

Un ange gardien...

— Ouais. Tous nous en avons un mais beaucoup oublient de l'invoquer lorsqu'ils en ont besoin. Moi, je n'oublie pas. Avant de me lancer à l'attaque, je l'appelle et je me sens protégé.

Il sort un médaillon doré orné d'un ange toutes ailes déployées et y appose les lèvres.

— Saint Stanislas, dit-il.

Moi, sur le médaillon que j'ai au cou, il y a un portrait de mon père mais si je le retrouve, ce ne sera pas pour le bénir.

J'avale une rasade de vodka pour me réchauffer. J'introduis dans mon baladeur une cassette qui donne la pêche. Pas une de ces musiques décadentes occidentales mais une composition classique bien de chez nous qui fleure bon l'âme slave : *Une nuit sur le mont Chauve*. Ça tombe bien car, là-haut, sur ce mont chauvc tchétchène, ça va être leur nuit.

94. TECHNIQUE DE CONTRÔLE DE LA VITESSE

Avec Freddy, Raoul et Marilyn Monroe, nous mettons au point une procédure de navigation dans l'espace adaptée à notre état d'anges. Pour mieux nous entraîner, nous nous éloignons du Paradis et nous nous exerçons un peu au-dessus du système solaire, dans la zone de vide sidéral.

Tester d'abord la propulsion.

Évidemment, dépourvus de corps matériels, nous ne subissons pas de frottement et nous voguons des milliers de fois plus vite qu'une fusée humaine. Mais les distances sont telles que tout cela semble très poussif.

À force d'essais, nous parvenons à des pointes de

1 000 kilomètres-seconde, puis de 5 000 kilomètres-seconde.

— Nous pouvons accélérer encore, dit Freddy.

Je pense donc à une plus grande distance, en projetant mon regard plus loin. Tous nous accélérons. 10 000 kilomètres-seconde, 30 000 kilomètres-seconde, 100 000 kilomètres-seconde.

100 000 kilomètres-seconde ! Rien que d'y songer, ça donne le vertige.

Comme toujours, Raoul cherche à renchérir :

— 300 000 kilomètres-seconde, la vitesse de la lumière, c'est ce que nous devons réussir.

— On ne perd rien à essayer, dit Freddy.

Ensemble, nous nous élançons. 100 000, 150 000, 200 000, ça y est : 300 000 kilomètres-seconde ! À cette vitesse, nous entrevoyons les particules de lumière, les fameux photons, qui se précipitent à la même allure que nous. Ils nous servent de moyen pour connaître notre vitesse. Quand les photons sont immobiles, c'est que nous sommes pile à la même célérité. J'arrive même à les dépasser un peu !

Tout mon corps n'est que vitesse, fluidité. Je glisse sur le cosmos comme s'il s'agissait d'une table immense, à peine déformée par le poids des étoiles posées dessus.

Ça va vite.

Très vite.

« Vite », l'adjectif est faible pour décrire la sensation. Nous sommes comme des obus traversant l'espace. Ce n'est plus un voyage. Nous ne sommes plus seulement des êtres rapides. Nous sommes des... rayons lumineux.

95. ENCYCLOPÉDIE

LE DILEMME DU PRISONNIER : En 1950 Melvin Dresher et Merrill Flood découvrent le dilemme du prisonnier. Voici son énoncé : deux suspects sont arrêtés devant une banque et enfermés dans des cellules séparées. Pour les inciter à avouer leur projet de hold-up, la police leur fait une proposition.

Si aucun des deux ne parle, ils seront condamnés à deux ans de prison chacun. Si l'un dénonce l'autre et que l'autre ne dit rien, celui qui dénonce est libéré, celui qui se tait est condamné à cinq ans de prison.

Si les deux dénoncent leur partenaire, les deux écopent de quatre ans de prison.

Chacun sait que l'autre s'est vu offrir le même marché.

Que se passe-t-il dès lors ? Les deux pensent : « Je suis sûr que l'autre va craquer. Il va me dénoncer et je vais en prendre pour cinq ans, alors que lui va être libre, c'est vraiment trop injuste. » Donc les deux auront naturellement la même idée qui leur viendra à l'esprit : « Par contre, si je le dénonce je serai probablement libre et il ne sert à rien que nous soyons punis alors que l'un de nous peut s'en tirer. »

De fait, confrontés à cette situation, la grande majorité des sujets testés dénonce l'autre. Mais étant donné que leur comparse a aussi raisonné de la même manière, tous les deux se retrouvent avec quatre ans d'incarcération.

Alors que, s'ils avaient réfléchi, ils auraient tous les deux gardé le silence et purgé seulement deux ans de prison.

Encore plus étrange : si l'on refait l'expérience en laissant les deux discuter ensemble, on en arrive

pourtant exactement au même comportement. Car les deux, même après avoir mis au point une stratégie commune, finissent pourtant par se trahir mutuellement.

Edmond Wells,
***Encyclopédie du Savoir Relatif et Absolu*, tome IV.**

96. JACQUES

Il me manque encore quelque chose pour vivre plus pleinement parmi mes personnages. La musique. Je découvre que pour écrire mieux, la musique peut m'aider. Je l'écoute casque sur la tête. Le casque me permet non seulement de mieux percevoir les sons, mais m'isole du monde extérieur où vaquent les bruits « normaux » de cette réalité. La musique devient un support pour ma pensée. Elle rythme mon écriture. Lorsque la musique est hachée, je construis des phrases courtes. Lorsque surviennent de longs solos instrumentaux, mes phrases s'allongent. Pour les scènes paisibles, je choisis de la musique classique, pour les scènes guerrières, du « hard rock » et pour les rêveries, du « New Age ».

La musique est un outil délicat à employer. Il suffit de peu pour que son aide se transforme en gêne. Parfois quelques paroles malvenues suffisent à me déconcentrer.

L'expérience m'apprend que les meilleures musiques pour écrire sont les bandes originales des films car elles sont déjà porteuses d'émotion et de suspense. Parfois, lorsque la musique entre en phase avec la scène que je décris, je me sens comme dans un rêve éveillé.

97. VENUS

Les premières mesures d'*Ainsi parlait Zarathoustra* annoncent la présentation des candidates au titre de Miss Univers. J'ai le trac.

Surtout ne pas trembler, cela se verra. Je me jette sur mon sac et en tire un tube de tranquillisants. Je sais que maman y a souvent recours. Deux comprimés par jour maximum, conseille la notice. J'en avale six. Je suis si nerveuse.

Il faut que j'obtienne le titre de Miss Univers. Il le faut. Me déhanchant à peine, je m'avance vers les projecteurs.

98. IGOR

L'aube se lève. Le ciel est encore rouge foncé. Nous repérons de petites lumières sur la crête, comme des taches de feu dans ce ciel couleur sang. Les cheminées fument. Les moutons sont dans la bergerie. Aux loups de les surprendre.

99. VOL COSMIQUE. LA DIRECTION

La vitesse maîtrisée, nous cherchons à mettre au point un moyen de nous repérer pour nous diriger dans l'espace. Nous avons besoin d'établir une carte tridimensionnelle du cosmos. La tâche est d'autant plus ardue que le cosmos est infini. Et l'infini, c'est difficile à cartographier...

Quelle méthodologie adopter ?

Freddy propose de tirer un trait imaginaire sur la surface du Paradis et de déclarer « plancher », le « bas ». Tout ce qui se trouve plus au-dessus devient par là même le « haut ». Donc, plus on s'éloigne de la Galaxie, plus on « monte ». Pour la gauche et la droite, il suffit d'emprunter les règles de la navigation, « tribord » tout ce qui est à droite de notre direction, « bâbord » tout ce qui est à gauche.

— Et comment indiquer les directions intermédiaires ?

— Comme les aviateurs, utilisons les graduations des montres, dit Raoul. À une heure, c'est légèrement tribord, à trois heures perpendiculaire à tribord, à neuf heures perpendiculaire à bâbord.

À présent, comme à l'époque de la thanatonautique, nous disposons d'une méthode de contrôle de direction de vol grâce à laquelle nous tenterons de repousser notre nouvelle *Terra incognita.*

100. JACQUES

Pour mieux visualiser les scènes qui se déroulent dans les égouts et dans les caves, je dessine les lieux. Pour chacune d'elles, j'esquisse les objets qui traînent, les emplacements des personnages, les sources de lumière.

101. VENUS

Je suis sous les feux de la rampe et je sens le regard des spectateurs et des jurés qui me détaillent des orteils aux cheveux. Un type de l'organisation m'a attribué une pancarte avec un numéro. Il m'a expliqué que je dois la brandir bien haut pour que le jury et le public puissent m'identifier. Je lève la pancarte. Je n'ai jamais eu aussi peur de ma vie. J'ai froid.

102. IGOR

Le matin n'en finit pas de se lever. Le ciel est passé de rouge à orange. Les balles sifflent tout autour de nous. Ça mitraille à tout va. Difficile en pleine bataille de se rendre compte de ce qu'il se passe vraiment. Nous, les fantassins sur le terrain, sommes sûrement les moins bien informés de la tournure des événements. Pour juger de l'action, il faut pouvoir disposer d'une vision globale, en hauteur.

Là, nous sommes comme myopes. Nous collons tellement à l'actualité que nous ne la distinguons plus. Le pire, c'est que demain, ce seront encore les Occidentaux qui, avec leurs satellites d'observation, disposeront des meilleures images de nos exploits. Vivement qu'on envahisse leurs pays et qu'on leur pique tout ça.

J'évite de peu une roquette pourtant tirée à bout portant. Ce n'est pas le moment de philosopher.

103. VENUS

J'ai faim. Je joue mon rôle. Petit déhanchement, sourire, trois pas, je m'immobilise. Re-déhanchement, sourire, petit mouvement de tête pour mettre en valeur ma chevelure. Lever un peu le menton. Pourvu que je n'aie pas le front qui brille !

104. VOYAGE COSMIQUE. LE LOSANGE

Une étoile scintille devant. C'est Altaïr. Nous la prenons pour cap.

— Dix heures bâbord avant !

Nous virons tous les quatre bien alignés.

Freddy suggère de mieux harmoniser nos changements de cap. Nous nous serrons davantage jusqu'à former un losange. Raoul en constitue la pointe avant, car il est le plus téméraire. Freddy est à droite, moi à gauche et Marilyn Monroe à l'arrière. Nous tendons les bras comme si nous planions. Cela nous permet de mieux définir une distance entre nous. Nos corps groupés forment un aéronef qui fend l'espace.

— Tribord, deux heures, propose Freddy.

Nous nous dirigeons tous vers la droite, mais avec des angles légèrement différents. Il faut nous réajuster les uns aux autres.

— Bâbord, huit heures.

Un angle plus serré nous amène à faire demi-tour. Cette fois, nous sommes davantage à l'unisson. Changement de décor devant nous avec pour seul guide la constellation du Cygne.

Je comprends soudain les difficultés rencontrées par

les patrouilles d'aviation acrobatique pour parvenir à synchroniser leurs mouvements dans le ciel. Or, à la vitesse de la lumière, c'est encore plus compliqué. Annoncer « attention, prêts ? » avant le « deux heures » ou « huit heures » nous permet cependant d'appréhender le virage.

— Attention, prêts ? Arrière, à six heures, suggère Marilyn Monroe.

Notre losange se retourne comme une crêpe. Marilyn ne bouge pas tandis que Raoul accomplit un demi-cercle en hauteur. Nous revoilà face à Altaïr. Nous sommes fiers de nos progrès.

Loopings, huit, torsades, nous multiplions nos figures pour tenter des formes de vol entrant dans des structures géométriques audacieuses.

105. ENCYCLOPÉDIE

TEST GÉOMÉTRIQUE : Petit test psychologique pour mieux connaître quelqu'un en utilisant le pouvoir symbolique des formes géométriques. Tracer six cases distinctes sur une feuille de papier.

Introduire dans la première case un cercle.

Dans la deuxième un triangle.

Dans la troisième un escalier.

Dans la quatrième une croix.

Dans la cinquième un carré.

Dans la sixième un « 3 » renversé de façon à former un « m ».

Demander à votre interlocuteur de compléter chaque figure géométrique jusqu'à obtenir un dessin non abstrait.

Puis lui demander de placer un adjectif à côté de chaque dessin.

Ce travail terminé, examiner les dessins en sachant que :

Le dessin autour du cercle : indiquera comment la personne se voit elle-même.

Le dessin autour du triangle : indiquera comment la personne s'imagine que les autres la voient.

Le dessin autour des marches : comment elle voit la vie en général.

Le dessin autour de la croix : comment elle voit sa spiritualité.

Le dessin autour du carré : comment elle voit la famille.

Le dessin autour du « 3 » renversé : comment elle voit l'amour.

Edmond Wells,
***Encyclopédie du Savoir Relatif et Absolu*, tome IV.**

106. IGOR

J'ai la haine. Je bondis sur un Tchétchène. Je lui envoie un coup de tête au front. Bruit de bois sec qui craque. Il est en sang et il me tache mon treillis. Un autre est déjà sur moi. Il me défie. Je me replace en position de combat. Une phrase me traverse comme un rappel : « Il se passe un temps infini entre l'instant où l'adversaire a décidé de frapper et celui où le coup vous atteint. »

La petite lueur est présente dans son regard. Ne pas la quitter des yeux. Elle descend. Le pied droit ! Il compte me décocher un coup de pied au ventre. Je me place en perception ralentie du temps. Dès lors, tout va se dérouler comme dans un film, image par image.

Son pied droit remonte. Un petit mouvement des hanches et je me présente de profil. Mes deux mains se portent vers l'avant.

Il ne perçoit pas mon mouvement et continue de remonter son pied conformément à son intention initiale. Je saisis sa chaussure, poursuis son mouvement et le propulse en l'air. Il retombe lourdement. Je me précipite sur lui. Corps à corps. Il me mord. Je sors mon couteau, il tire le sien. Nous sommes comme deux fauves enragés ferraillant avec notre croc unique. Sensations et informations affluent dans mon cerveau. Mon cœur s'accélère. Mes narines cherchent l'air. J'aime ça.

Dans mes oreilles résonne puissamment la *Nuit sur le mont Chauve* de Modest Moussorgski. Mon adversaire hurle pour se redonner de la force. Son cri entre en harmonie avec ma musique.

Duel au couteau.

Coup de genou. Le sien s'envole. Il saisit son revolver.

Toujours pas assez rapide pour m'inquiéter. D'un mouvement du poignet, je lui arrache son arme. La retourne contre lui. Le contraint à appuyer sur sa propre détente. Le coup part. Il y a un trou dans sa veste de coton vert.

Il n'a pas été assez rapide. Il est mort.

107. JACQUES

Mes scènes de batailles entre rats dans les égouts ne me satisfont pas. Elles ne sont pas crédibles. Je ne me sens pas là-bas, quand je relis mon texte.

Soudain, j'entends une phrase résonner dans ma tête, comme soufflée par un ange. Elle dit : « Montrer plutôt qu'expliquer. »

Je dois placer sans cesse mes héros en action. Leur psychologie sera définie par leur comportement et non par leurs dialogues. J'étudie davantage les rats.

Ça n'est pas encore suffisant. Il faut les connaître à fond, sinon le public sentira les incohérences. Je descends chez l'animalier et achète six rats. Quatre mâles et deux femelles. La seule manière de ne pas tricher, c'est d'observer vraiment le réel.

Mon chat voit arriver ces visiteurs aux incisives menaçantes d'un œil torve. Je ne sais pas s'il se souvient que c'est lui qui est censé les chasser, mais à considérer son comportement on aurait plutôt l'impression que c'est le contraire.

Mes six nouveaux convives n'ont pas besoin de nager pour obtenir leur pitance, pourtant je m'aperçois vite que les rôles de chacun ont été attribués. Un mâle terrorise tout le monde et une rate sert de souffre-douleur.

J'hésite, mais n'ose intervenir. Nous ne sommes pas dans un film de Walt Disney. Si dans la nature tout le monde n'est pas gentil, ce n'est pas en forçant les règles que je changerai le comportement d'une espèce.

J'essaie donc d'observer de façon neutre et de noter avec précision ce que je vois et la manière dont les conduites peuvent être interprétées. En faisant le moins possible d'anthropomorphisme. Mes notes alimentent mes textes.

Pour rajouter à l'effet visuel, je dessine leurs faces. Les croquis s'accumulent. Je place mentalement une caméra qui détermine les angles de prises de vues. J'indique sur mes dessins les travellings, les zooms, les panneaux. Cela m'aide énormément. À présent dans mes batailles, si littéraires soient-elles, il y a des gros plans de museaux de rats montrant les dents et des panoramiques sur les bords des égouts. La caméra se glisse entre les combattants pour les saisir dans les moments les plus forts. De même, je me débrouille pour que les transitions se fassent sur des images raccords.

Je développe une écriture particulière, une écriture en images. Je règle les batailles aquatiques dans les canalisations comme une chorégraphie d'Esther Williams s'ébattant avec ses compagnes dans une piscine d'azur. Mais ici les eaux sont verdâtres, opaques, elles charrient des ordures ménagères et rougissent au fur et à mesure de l'intensité des combats. À l'aide de flèches et de pointillés, je dirige les mouvements de mes armées de rats et les interventions de mes héros dans la grande bataille centrale de mon roman.

108. VENUS

Mon petit tour sur scène achevé, je reste à attendre que toutes les autres filles aient fini de défiler. Deux ou trois me semblent plus jolies que moi. Pourvu que les jurés ne votent pas pour elles. Si seulement je pouvais leur faire quelques crocs-en-jambe pour qu'elles chutent du haut de leurs talons aiguilles et se tordent le cou ! Elles ont l'air de hérons prétentieux. Elles se déhanchent de façon éhontée. Pour qui se prennent-elles à la fin ? Je les hais. Je m'imagine ravageant leurs visages de mes ongles effilés.

Il faut que je gagne.

Je prie pour décrocher le titre de Miss Univers. Si quelqu'un m'entend là-haut, je le supplie d'intervenir pour moi.

109. VOL COSMIQUE. INQUIÉTUDES

— Attention, prêts ? Tribord toute ! entonne Raoul, reprenant son rôle de chef d'escadrille.

L'excitation me gagne et, pourtant, je ne peux m'empêcher de penser à mes clients. Où en sont-ils à cette seconde ? Je suis trop éloigné d'eux pour percevoir leurs appels ou leurs prières.

Raoul se rend compte de mon trouble et pose une main sur mon épaule.

— T'inquiète pas, vieux, rien n'est jamais catastrophique. Les humains, ils sont comme les chats. Ils finissent toujours par retomber sur leurs pattes.

110. IGOR

Je me relève. Je hurle comme un loup pour me donner du courage. Tant pis si cela attire l'attention de l'ennemi. Les autres Loups me répondent. La meute est forte, elle est rapide, c'est ma famille. On hurle tous avec pour toile de fond le ciel orange de plus en plus clair plaqué derrière l'ovale parfait d'une lune déclinante.

Des troupes tchétchènes, qui étaient demeurées tapies dans la forêt, surgissent en renfort. Elles arrivent avec du matériel lourd : des jeeps équipées de mitrailleuses automatiques. Les hommes déferlent sur nous. Ils sont nombreux. On va se battre à un contre dix.

Une bonne dizaine de mes compagnons d'armes sont aussitôt fauchés net. Pas le temps de rédiger leur épitaphe. Loups, ils sont morts comme des loups, babines retroussées, fourrure ensanglantée, sur un sol jonché de leur gibier.

Pour ma part, j'ai bien l'intention de rester vivant. Je me dissimule. Un soldat vivant, même lâche, cause malgré tout davantage de dégâts qu'un soldat courageux mort.

Je me faufile sous une épave de voiture blindée. Le sergent a survécu. Depuis le muret où il se planque, il m'adresse des signes pour que je le rejoigne. La main qui s'agite vers moi est soudain arrachée par un obus et je vois la tête du gradé s'envoler dans les airs.

Est-ce ainsi que s'élève l'esprit ?

Je ne sais pourquoi, peut-être cette musique dans mes oreilles, ce décor de sang et d'éclairs alentour, je me sens d'humeur à plaisanter. Peut-être est-ce aussi parce que tout homme ressent le besoin de dédramatiser et de se rassurer face à l'horreur.

J'éclate de rire. Peut-être que je deviens fou. Non, c'est normal, c'est la pression qui se relâche. Pauvre sergent, tout de même ! Il n'a pas été assez rapide. Il est mort.

Les mitrailleuses se tournent dans ma direction. Cette fois, je perds toute envie de rire. Je ferme les yeux et je me dis que si j'ai survécu jusqu'à ce jour, c'est que j'ai sûrement un ange gardien, moi aussi. Bon, eh bien si c'est le cas, c'est le moment qu'il se manifeste. Saint Igor, à toi de jouer.

J'adresse une rapide prière : « Eh, tu as compris, là-haut ? C'est le moment ou jamais de me tirer de ce pétrin ! »

111. VENUS

Le présentateur m'appelle pour un second tour de piste car certains jurés hésitent encore. Je place mes bras bien en arrière pour mettre en valeur mes seins. Ne pas sourire. Les hommes n'aiment pas les gentilles, ils aiment les garces. C'est ce que m'a toujours dit maman. Cette fois, j'ose regarder par-dessus les sunlights. J'aperçois maman assise au premier rang, en train de me filmer avec une caméra vidéo. Comme elle serait fière de moi si je réussissais ! Je distingue aussi Esteban. Brave Esteban ! Trop brave Esteban !

Deux tours et je m'immobilise, hiératique. C'est fini. Il ne me reste plus qu'à prier. S'il y a là-haut quelque chose qui se soucie de moi, j'implore son aide.

112. VOL COSMIQUE. PREMIÈRE RANDONNÉE

J'ai l'impression que l'un de mes clients m'appelle. Sans doute un sentiment de culpabilité pour les avoir abandonnés.

Raoul me dépasse. Nous voyageons à la vitesse de la lumière. 300 000 kilomètres-seconde. Les photons émis par le soleil le plus proche sont à côté de nous, puis derrière nous. Nous atteignons rapidement Proxima Centauri, l'étoile la plus proche de notre système solaire, située à 4,2 années-lumière. Nous traversons son système et commençons à en examiner les planètes.

Rien de vivant là-dedans.

Nous repartons à 300 000 kilomètres-seconde en direction d'Alpha Centauri.

Rien non plus. Il faut élargir la zone de recherche.

Après avoir viré de bord à angle serré nous fonçons vers Sirius. Quelques planètes tièdes. Un peu de lichen. Beaucoup d'ammoniac.

Procyon ? Que dalle.

Cassiopée ? De la poussière et des vapeurs.

Tau Ceti ? Je préfère ne pas en parler.

Delta Pavonis ? N'y allez pas, il n'y a rien à voir.

Nous allons vite, d'étoile en étoile, de planète en planète. Nous traversons même le cœur des grosses météorites pour voir si les dieux ne s'y seraient pas cachés, par hasard.

Le problème est que notre seule Galaxie a un diamètre de 100 000 années-lumière et contient 100 milliards d'étoiles. Autant dire que, proportionnellement, nous nous traînons comme des escargots sur un terrain de football. À chaque brin d'herbe correspond une rencontre avec une planète.

Je ne cesse de penser à mes clients. Pourvu qu'ils n'aient pas besoin de moi ! Je suis sûr qu'ils sont en danger. Jacques est trop sensible. Igor est trop fier. Venus est trop fragile.

Raoul m'envoie une pensée de réconfort. Il me demande de me concentrer davantage sur mes travaux d'explorateur. J'ai toujours une fraction de seconde de retard dans les virages. D'accord. Je promets de m'appliquer.

Raoul, Freddy, Marilyn Monroe et moi visitons des centaines de planètes. Parfois nous descendons à la surface et n'y trouvons que de la rocaille. Pas la moindre trace d'intelligence.

Je propose de n'« atterrir » que sur les planètes tempérées, avec des océans et une atmosphère. Raoul me répond qu'il n'y a pas de raison pour que la planète où s'est rendue Nathalie soit identique à la nôtre, mais Freddy m'approuve. Mes critères suffisent à diviser par dix le nombre de planètes à explorer. Au lieu de deux cent milliards, il n'y en a désormais plus que 20 milliards...

Nous ne nous attendions pas à être arrêtés par cet adversaire : l'immensité de l'espace.

113. JACQUES

Plus j'écris, plus j'éprouve des sensations étranges. Je tremble d'émotion en écrivant et je suis traversé de frissons proches de l'amour physique. Pendant quelques minutes, je suis « ailleurs ». J'oublie qui je suis.

Les scènes s'écrivent d'elles-mêmes comme si mes personnages s'émancipaient de ma tutelle. Je les regarde vivre dans mon roman comme des poissons dans un aquarium. C'est agréable et, en même temps, cela me fait peur. J'ai l'impression de jouer avec un explosif dont je ne possède pas le mode d'emploi.

Quand j'écris, j'oublie qui je suis, j'oublie que j'écris, j'oublie tout. Je suis avec mes personnages, je vis avec eux dans l'histoire. C'est comme un rêve éveillé. Un rêve éveillé érotique car mon corps tout entier exprime sa joie. Sensation d'extase. Transe. L'instant magique ne dure guère. Juste quelques minutes, quelques secondes parfois.

Cependant, je ne suis pas à même de décider quand se produiront ces moments d'extase. Ils surviennent, c'est tout. Ils me sont offerts lorsque je tiens la bonne scène, la bonne musique, les bonnes idées. Lorsqu'ils cessent, je me retrouve en sueur, hébété. Ensuite, j'ai comme un coup de blues. Une nostalgie, un regret que le moment merveilleux n'ait pas duré plus longtemps. Je baisse alors le son de ma musique et je me saoule de télévision pour oublier la douleur de ne pas vivre en permanence sur de tels sommets.

114. IGOR

Je bondis et je lance une grenade en plein milieu de l'escouade de Tchétchènes qui vient de surgir devant moi. Je m'éloigne en courant. Je ne réfléchis pas aux balles qui, par intermittence, passent entre mes mollets. Je me précipite vers le puits au centre du village et m'accroche au seau qui y est suspendu.

Les Loups se sont fait décimer. Je ne vois même pas Stanislas. J'abaisse le son de mon baladeur. La *Nuit sur le mont Chauve* décline. J'entends les sifflements de ma respiration et, derrière, le crépitement du feu, des cris, des ordres, des blessés appelant à l'aide.

115. VENUS

Les jurés m'examinent en silence. Et moi de la scène j'examine les jurés. Au centre, le champion de boxe poids lourds fixe ma poitrine. À côté de lui : quelques vieux acteurs oubliés, des animateurs de télévision, un réalisateur de films érotiques, quelques photographes spécialisés dans les nus artistiques, un footballeur qui n'a pas marqué de buts depuis longtemps.

C'est ça, les jurés ? Ce sont eux qui vont décider de mon sort ? Je suis soudain prise d'un doute. Mais plusieurs caméras de télévision sont là pour retransmettre le spectacle à travers tout le pays. Des millions de gens sont en train de me regarder. Je leur souris et pousse la hardiesse jusqu'à leur adresser un clin d'œil. Ce n'est pas interdit par le règlement, que je sache.

J'ai peur. J'ai tellement peur. Heureusement que je me suis bourrée de tranquillisants.

116. ENCYCLOPÉDIE

JE NE SAIS PAS CE QUI EST BON ET CE QUI EST MAUVAIS (PETIT CONTE ZEN) : Un fermier reçoit en cadeau pour son fils un cheval blanc. Son voisin vient vers lui et lui dit : « Vous avez beaucoup de chance. Ce n'est pas à moi que quelqu'un offrirait un aussi beau cheval blanc ! » Le fermier répond : « Je ne sais pas si c'est une bonne ou une mauvaise chose... »

Plus tard, le fils du fermier monte le cheval et celui-ci rue et éjecte son cavalier. Le fils du fermier se brise la jambe.

« Oh ! quelle horreur ! dit le voisin. Vous aviez raison de dire que cela pouvait être une mauvaise chose. Assurément celui qui vous a offert le cheval l'a fait exprès, pour vous nuire. Maintenant votre fils est estropié à vie ! »

Le fermier ne semble pas gêné outre mesure. « Je ne sais pas si c'est une bonne ou une mauvaise chose », lance-t-il.

Là-dessus la guerre éclate et tous les jeunes sont mobilisés, sauf le fils du fermier avec sa jambe brisée. Le voisin revient alors et dit : « Votre fils sera le seul du village à ne pas partir à la guerre, assurément il a beaucoup de chance. » Le fermier alors

répond : « Je ne sais pas si c'est une bonne ou une mauvaise chose. »

Edmond Wells,
***Encyclopédie du Savoir Relatif et Absolu*, tome IV.**

117. INVENTAIRE

Dans la constellation d'Orion, c'est le néant.

Dans la constellation du Lion, il y a quelques microbes unicellulaires. Niveau de conscience pas très éloigné de la pierre.

Dans la Grande Ourse, ce sont des planètcs même pas complètement formées.

Autour de l'étoile de Luyten ? Des météorites glacées.

Nous perdons notre temps.

Bon sang ! et pendant ce temps que peuvent faire mes clients ?

118. IGOR

Je suis blotti sous la margelle du puits quand, à tout hasard, un type y expédie une grenade. Je la rattrape habilement dans ma main droite et je l'examine. Modèle afghan G34, blindage carrelé. Je ne prends pas le temps de trembler, je la renvoie aussitôt. Le type a compris qu'il y a quelqu'un là-dedans et il s'empresse de l'y relancer. Je n'hésite pas et je remets la grenade en jeu.

Question de nerfs. Heureusement que le sergent m'a appris à jongler. Comme l'autre persiste, je regarde plus attentivement l'engin et constate que la goupille est obstruée. Mauvais matériel. Les Afghans ne sont pas des orfèvres en technologie de pointe. Cette grenade-là n'explosera jamais. Alors je saisis l'une des miennes, une bonne grenade russe, fabriquée par une bonne mère russe, et dont je connais par cœur le fonctionnement. J'attends pile les cinq secondes nécessaires, calcule bien ma trajectoire et l'envoie sur le bonhomme. Le type l'empoigne pour me la relancer mais, cette fois, elle lui pète dans la main.

La guerre, c'est pas pour les amateurs. C'est un métier où il faut savoir rester méthodique et garder le rythme. Je sais par exemple que je ne dois pas m'attarder trop longtemps dans ce puits. Alors je bondis au-dehors, ramasse le fusil à lunette d'un copain mort et je cours me cacher dans une des maisons. J'y trouve des autochtones, mais je les tiens en respect avec mon arme et j'enferme toute la petite famille dans la cuisine. Puis je prends position près de la fenêtre et j'observe tranquillement les environs. Grâce à ma visée laser, je dispose d'un énorme avantage sur mes adversaires. Je replace le baladeur sur mes oreilles. La *Nuit sur le mont Chauve* résonne à nouveau dans mes tympans. Un soldat ennemi traverse mon champ de vision. Il a soudain une lumière rouge au-dessus du sourcil. J'appuie sur la détente. Et d'un.

119. JACQUES

Je regarde mes six rats dans leur cage de verre. Ils me regardent. Le chat se tient à distance. J'ai l'impression qu'ils ont compris que je parlais d'eux. Alors ils se donnent de plus en plus en spectacle contre la vitre. Dommage que je ne puisse leur lire comment je les ai mis en scène.

Mona Lisa II vient se frotter contre moi afin de vérifier que je ne l'ai pas remplacée dans mon cœur par ces monstres aux dents pointues.

Je relis mon travail.

En fait, ce roman, il part dans tous les sens. On ne comprend pas pourquoi les scènes s'enchaînent ainsi et pas autrement. Je me rends compte qu'il me faut construire un échafaudage qui soutiendra toute l'histoire et fera que les scènes tomberont à tel endroit et non à tel autre, de façon purement aléatoire. Utiliser une structure géométrique ? Bâtir une histoire en forme de cercle ? Je teste. À la fin du récit, mes personnages se retrouvent dans la même situation qu'au début. Déjà vu. Une histoire en forme de spirale ? Plus on avance, plus le récit s'élargit et débouche sur l'infini. Déjà vu aussi. Construire une histoire en ligne ? Banal, tout le monde fait ça.

Je songe à des figures géométriques plus compliquées. Pentagone. Hexagone. Cube. Cylindre. Pyramide. Tétraèdre. Décaèdre. Quelle est la structure géométrique la plus complexe ? La cathédrale. J'achète un livre sur les cathédrales et je découvre que leurs formes correspondent à des structures liées aux dispositions des étoiles dans le cosmos. Parfait. Je vais écrire un roman en forme de cathédrale. Je choisis pour modèle celle de Chartres, pur joyau du treizième siècle, regorgeant de symboles et de messages cachés.

Je reproduis méticuleusement le plan de la cathédrale sur une grande feuille de papier à dessin et m'arrange pour que les évolutions de mon récit s'intègrent dans ses repères millénaires. Les croisements de mes intrigues correspondront aux croisements des nefs, mes coups de théâtre aux clefs de voûte. La méthode m'incite à m'amuser davantage en multipliant les développements parallèles. Mon écriture devient plus fluide, les trajectoires de mes personnages s'inscrivent naturellement dans cette structure parfaite.

J'écoute de la musique de Bach. Jean-Sébastien Bach usait aussi pour ses compositions de structures de type cathédrale. Parfois, deux lignes mélodiques se croisent donnant à l'oreille l'illusion d'en entendre une troisième que pourtant aucun instrument ne joue. J'essaie de reproduire cet effet dans mon écriture avec deux intrigues qui se chevauchent pour créer l'idée d'une troisième, imaginaire celle-là.

La cathédrale de Chartres et Jean-Sébastien Bach constituent mon échafaudage secret. Portés par cette charpente, mes personnages prennent le large et mon écriture accélère. J'arrive à écrire vingt pages définitives par jour au lieu des cinq à revoir habituelles. Mon roman devient de plus en plus épais. 500, 600, 1 000, 1 534 pages... Davantage qu'un simple polar, c'est « Guerre et Paix chez les rats ».

Ça me semble enfin suffisamment solide pour être lu.

Il ne me reste plus qu'à trouver un éditeur. J'expédie mon manuscrit par la poste à une dizaine des principales maisons d'édition parisiennes.

120. VENUS

Les jurés votent. Je grignote mon ongle cassé. Je donnerais ma vie pour une cigarette mais le règlement l'interdit. Mon sort se joue en ce moment.

121. IGOR

Je vise. Je tire. J'en abats un deuxième. J'en abats un troisième. Un quatrième. Qu'il est bon de travailler en musique ! Je remercie l'Occident décadent d'avoir inventé les baladeurs. Une vision de maman flotte devant moi. Plutôt que de viser le cœur, je cherche la tête. Chaque fois que je songe à maman, j'ai envie de poser le doigt sur une détente.

122. JACQUES

À intervalles plus ou moins longs, je trouve la réponse d'un éditeur dans ma boîte aux lettres. Le premier juge mon sujet trop excentrique. Le deuxième me conseille de remettre mon ouvrage sur le métier en choisissant cette fois pour héros les chats, « beaucoup plus appréciés du grand public ».

Je regarde Mona Lisa II.

Y a-t-il un roman à faire sur Mona Lisa II, le chat le plus décadent de tout l'Occident ?

Le troisième éditeur me propose de publier mon roman à mes frais, à compte d'auteur. Il est tout disposé à m'accorder un bon prix.

123. VENUS

Les notes tombent. Elles sont plutôt sévères. La meilleure moyenne pour l'instant tourne autour de 5,4 sur 10. Ça y est, c'est mon tour. Les jurés annoncent l'un après l'autre leur verdict : 4. 5. 6. 5... Je conserve un sourire plaqué sur le visage mais je suis effondrée. Si personne ne m'estime supérieure à ces chiffres minables, je suis perdue. Quelle injustice ! Je déteste ces gens avec leurs mines hypocrites. En plus la fille la mieux notée pour le moment est bourrée de cellulite. Ils ne s'en sont donc pas aperçus ?

124. ENCYCLOPÉDIE

IDÉOSPHÈRE : Les idées sont comme des êtres vivants. Elles naissent, elles croissent, elles prolifèrent, elles sont confrontées à d'autres idées et elles finissent par mourir.

Et si les idées comme les êtres vivants avaient leur propre évolution ? Et si les idées se sélectionnaient entre elles pour éliminer les plus faibles et reproduire les plus fortes comme dans le darwinisme ? Dans *Le Hasard et la Nécessité*, en 1970, Jacques Monod émet l'hypothèse que les idées pourraient avoir une autonomie et, comme les êtres organiques, être capables de se reproduire et de se multiplier.

En 1976, dans *Le Gène égoïste*, Richard Dawkins évoque le concept d'« idéosphère ».

L'idéosphère serait au monde des idées ce que la biosphère est au monde des êtres vivants.

Dawkins écrit : « Lorsque vous plantez une idée fertile dans mon esprit, vous parasitez littéralement mon cerveau, le transformant en véhicule pour la propagation de cette idée. » Et il cite à l'appui le concept de Dieu, une idée qui est née un jour et n'a plus cessé d'évoluer et de se propager, relayée et

amplifiée par la parole, l'écriture, puis la musique, puis l'art, les prêtres la reproduisant et l'interprétant de façon à l'adapter à l'espace et au temps dans lesquels ils vivent.

Mais les idées, plus que les êtres vivants, mutent vite. Par exemple le concept, l'idée de communisme, née de l'esprit de Karl Marx, s'est répandue dans un temps très court dans l'espace jusqu'à toucher la moitié de la planète. Elle a évolué, a muté, puis s'est finalement réduite pour ne concerner que de moins en moins de personnes comme une espèce animale en voie de disparition.

Mais en même temps, elle a contraint l'idée de « capitalisme » à muter elle aussi.

Du combat des idées dans l'idéosphère surgit notre civilisation.

Actuellement les ordinateurs sont en passe de donner aux idées une accélération de mutation. Grâce à Internet, une idée peut se répandre plus vite dans l'espace et le temps et être plus rapidement encore confrontée à ses rivales ou à ses prédatrices.

C'est excellent pour répandre les bonnes idées, mais aussi pour les mauvaises, car dans la notion d'idée il n'y a pas de notion « morale ».

En biologie non plus d'ailleurs, l'évolution n'obéit pas à une morale. Voilà pourquoi il faudra peut-être réfléchir à deux fois avant de répandre les idées qui « traînent ». Car elles sont plus puissantes désormais que les hommes qui les inventent et que ceux qui les véhiculent.

Enfin, c'est juste une idée...

Edmond Wells,
Encyclopédie du Savoir Relatif et Absolu, tome IV.

125. JACQUES

Le quatrième éditeur me contacte par téléphone et m'encourage à persévérer. « L'écriture nécessite une grande expérience de la vie. Il est impossible qu'à dix-sept ans et demi vous en ayez suffisamment », dit-il.

Le cinquième éditeur me reproche mes scènes de batailles, guère prisées du public féminin. Il me rappelle que le lectorat est dans son immense majorité féminin et que femmes et jeunes filles préfèrent de loin les scènes romantiques. Pourquoi ne pas réfléchir à une version « *love story* chez les rats » ?

Je regarde mes rats : un mâle est précisément en train de copuler avec une femelle. Il lui mord très fort le cou jusqu'au sang, lui écrase la tête et lui bloque la croupe avec ses griffes pour mieux s'y emboîter. La pauvre couine de douleur, mais le mâle n'en semble que plus excité.

Une *love story* romantique chez les rats ? Ce ne serait pas réaliste...

126. IGOR

Cinq. Six. Sept. Et dix, qui fait la manche. J'ai abattu tous les soldats ennemis qui se sont aventurés dans ma rue. Il est midi. Le ciel est blanc. Le village fume et les mouches s'acharnent sur la viande encore tiède des combattants.

Les ennemis sont morts, mais les amis aussi. Je ne vois plus un seul des nôtres. Je pousse le hurlement du loup. Ce cri de ralliement n'est suivi d'aucune réponse. Je crois que j'ai eu de la chance. Je crois qu'il y a quelqu'un là-haut, au ciel, qui me protège. Bien sûr, je suis rapide mais j'ai quand même évité plusieurs fois comme par miracle de marcher sur une mine ou de recevoir une balle perdue.

Ouais, j'ai sûrement un ange gardien. Saint Igor, merci.

Je sais que je vais être rapatrié au camp pour y être réincorporé dans un nouveau commando de Loups et enchaîner d'autres missions pareilles à celle-ci. La guerre, c'est la seule chose que je sache bien faire. Chacun son truc. Je remets les haut-parleurs sur mes oreilles et je me repasse la *Nuit sur le mont Chauve.*

Soudain, j'entends un hurlement de loup. Est-ce un vrai loup ?

Non, c'est Stanislas. Il a raison, il doit avoir lui aussi un ange gardien.

127. VENUS

Encore un 5 sur 10. Tout va se jouer sur le dernier vote. Celui du boxeur.

— 10 sur 10, annonce-t-il.

Est-ce possible ? Ai-je bien entendu ?

D'un coup, ma moyenne grimpe en flèche. À cet instant, j'ai la meilleure note. J'exulte d'abord puis me reprends. Toutes les filles ne sont pas encore passées. Une autre peut me doubler.

Dans un brouillard, j'entends les autres chiffres tomber. En tête, je suis toujours en tête. Ça y est, tout le monde est passé, personne n'a fait mieux.

Je suis... je suis... Miss Univers.

J'embrasse les jurés. Les caméras de télévision me filment. Tout le pays me voit. On me tend une bouteille de champagne et j'arrose tout le monde sous les flashes des photographes.

J'ai gagné !

Je parle dans le micro :

— Je tiens à remercier tout spécialement ma mère sans qui jamais je n'aurais trouvé le courage d'entreprendre ce long cheminement vers la... perfection.

Au moment où je les prononce, je sens que ce sont les mots qu'il faut dire pour plaire au public et aux téléspectateurs. Mais, entre nous, s'il y a quelqu'un à qui je dois dire merci, c'est à moi et rien qu'à moi.

Sur scène, mes ex-rivales viennent me congratuler. Dans le public, maman pleure de joie et Esteban me lance des bisous dans les airs.

Après c'est : interviews, félicitations, photos. Je suis au zénith.

Ensuite, dehors, les gens me reconnaissent et me réclament des autographes.

Épuisée, je regagne l'hôtel avec un Esteban plus admiratif que jamais.

J'ai gagné !

128. JACQUES

J'ai perdu. Échec sur toute la ligne. Aucun éditeur ne veut de mes *Rats*.

« Écrivain c'est pas un métier, me dit mon père au téléphone. Tu parles si je le sais ! Je suis libraire et je vois bien que seuls les gens déjà célèbres se vendent. Deviens d'abord célèbre et ensuite tu pourras écrire ton livre. Tu n'as pas pris le problème dans le bon sens. »

Il n'y a que Mona Lisa qui reste proche de moi dans l'adversité. Elle sent bien que je suis affaibli et commence à s'inquiéter sur ma capacité à lui fournir tous les jours sa pâtée ou ses croquettes.

Je me couche. Le lendemain matin, je vais prendre mon service au restaurant puis je relis mon manuscrit.

Dans la cage les rats semblent se moquer de moi. Ils m'énervent. Ils se prennent pour qui ? Ce ne sont que des rats après tout. Je les relâche dans les égouts. Qu'ils se débrouillent.

Mona Lisa m'approuve d'un ronronnement significatif.

Je vais m'installer devant ma machine à écrire. Il n'y a plus la moindre magie. Il n'y a plus le moindre espoir. Je n'y arriverai jamais. Mieux vaut renoncer.

129. ENCYCLOPÉDIE

Les creq : L'homme est en permanence conditionné par autrui. Tant qu'il se croit heureux, il ne remet pas en cause ce conditionnement. Enfant, il trouve normal qu'on le contraigne à avaler des aliments qu'il déteste, c'est sa famille. Adulte, il trouve normal que son supérieur l'humilie, c'est son travail. Marié, il trouve normal que sa femme lui fasse des reproches permanents, c'est son épouse. Citoyen, il trouve normal que son gouvernement réduise sans cesse son pouvoir d'achat, c'est le gouvernement pour lequel il a voté.

Non seulement il ne s'aperçoit pas qu'on l'étouffe, mais en plus il revendique sa famille, son travail, son système politique et la plupart de ses prisons comme autant de formes d'« expression de sa personnalité ».

Beaucoup d'humains sont prêts à se battre bec et

ongles pour qu'on ne leur ôte pas leurs chaînes. Pour nous les anges, il est donc parfois nécessaire de provoquer ce qu'en bas ils nomment des « malheurs » et que nous en haut qualifions de « CREQ », pour « crise de remise en question ». Les CREQ peuvent prendre plusieurs formes : accident, maladie, rupture familiale, déboires professionnels.

Ces crises terrifient les mortels mais, au moins, les déconditionnent provisoirement. Très vite, l'humain part à la recherche d'une autre prison. Le divorcé est pressé de se remarier. Le licencié accepte un travail plus pénible encore. Cependant, entre le moment où survient la CREQ et celui où le mortel retrouve une autre prison, il aura joui de quelques instants de lucidité. Il aura entrevu alors ce qu'est la vraie liberté. Même si, en général, cela l'a plutôt effrayé.

Edmond Wells,
***Encyclopédie du Savoir Relatif et Absolu*, tome IV.**

130. VOL COSMIQUE RETOUR

Retour au Paradis.

Que mes clients ont évolué en si peu de temps ! À croire qu'ils mûrissent plus vite lorsqu'on ne les surveille pas. Venus s'est tirée de son anorexie et de sa boulimie et elle s'est acquis le titre de Miss Univers. Tant mieux, de toute façon, j'avais l'intention de le lui procurer. Igor est sorti et de la prison et de l'asile d'aliénés et il est devenu un héros militaire. Il n'y a que Jacques à la traîne, qui n'arrive pas à trouver ses marques. Qu'il reste vautré devant sa télévision aussi longtemps ne me laisse rien présager de bon.

Edmond Wells apparaît toujours au mauvais moment. Il soupire :

— Tu me déçois beaucoup, Michael. J'avais placé de grands espoirs en toi et tu gâches le travail...

— Je suis nouveau, je commence à peine à comprendre comment fonctionnent les humains.

Mon instructeur reste dubitatif.

— Ah oui, et cette petite promenade dans l'espace, c'était comment ?

Il sait. Je proteste :

— À part Jacques Nemrod qui a toujours été à la traîne, mes deux autres clients vont très bien.

— Mon pauvre Michael, dit Edmond Wells, il y a encore beaucoup de choses qu'il faut que je t'explique. Tu as remarqué que lorsque tu approches de la Terre, tu rencontres des âmes errantes ?

— Non, heu... enfin...

Il est donc au courant de notre visite chez Papadopoulos.

— Tu as remarqué que ces âmes errantes parviennent à se faire mieux comprendre des humains que nous, précisément parce qu'elles sont tout près des hommes.

— Oui... mais.

— Eh bien, lorsqu'un client fait une prière et que son ange gardien n'est pas là pour la recevoir, que se passe-t-il selon toi ?

— ... Une âme errante s'en occupe.

— En effet. Et crois-moi, elles sont trop contentes, les âmes errantes, de rendre service à notre place. Ce sont de vraies teignes. Là où l'ange n'effectue pas son travail, l'âme errante s'immisce. Qu'est-ce que tu te figures, Michael ? Qu'Igor et Venus ont eu de la chance ? Non, ils ont prié, et une âme errante est accourue faire le travail à ta place. Maintenant, elle les parasite.

Mon instructeur semble vraiment peiné.

— C'est pour cela que chaque fois que je le peux

je dis aux hommes : « N'invoquez pas les esprits, n'entrez pas en transe, fuyez les médiums et tous ceux qui prétendent vous parler de l'au-delà. Ne priez pas n'importe comment, ne vous mettez pas en quête de votre ange gardien — il sait où vous trouver. N'essayez pas d'approfondir ce qu'est le vaudou, ou le chamanisme ou la sorcellerie. Vous croyez manipuler et c'est vous qui vous faites manipuler. Chaque aide a un prix. »

Je lis dans le regard de mon maître une réelle déception à mon égard.

— Comment me faire pardonner ? Comment réparer ? murmuré-je.

— Je suis responsable de toi, Michael, soupire Edmond Wells. Alors, ne te trouvant pas, j'ai retroussé mes manches. Je les ai délivrés des âmes errantes qui leur collaient au dos. Ils sont de nouveau « déparasités ». Mais désormais, prends garde ! Tes deux « gagnants » sont convaincus maintenant qu'il suffit de t'invoquer pour que tout s'arrange. Igor t'appelle même saint Igor car il se figure que chaque être humain est patronné par l'ange dont il porte le prénom.

Edmond Wells s'élève en lévitant.

— Un jour viendra où Igor, Jacques et Venus te rejoindront ici et te fixeront dans les yeux. Et ce moment sera terrible pour toi car alors ils sauront qui tu es et ce sera à toi de leur rendre des comptes.

Honteux, je baisse la tête.

— Autre chose encore. N'écoute pas les mauvais élèves. Ce n'est pas sur eux qu'il faut t'aligner. Ce ne sont pas eux qui au jour de la pesée de leur âme s'expliqueront à ta place avec tes clients.

Mon instructeur a un mouvement du menton en direction de Raoul qui volette non loin.

— Par chance, Michael, tu as reçu de bonnes âmes au départ. Il n'est pas dit que la prochaine distribution te sera aussi favorable. En général, c'est lorsqu'on a échoué avec ses premiers clients et qu'on touche sa nouvelle couvée qu'on se rend compte combien on avait été bien servi la première fois.

Je me recroqueville. Je voudrais me faire tout petit sous ce regard.

— Pour un mortel, échouer c'est se réincarner, tonne-t-il. Pour un ange, c'est... recevoir de nouveaux clients.

131. IGOR. 18 ANS

Stanislas et moi avons droit à des médailles. Le colonel Dukouskoff nous donne l'accolade.

— Désormais vous êtes sergents-chefs.

Un parterre de militaires en uniforme impeccable se lève et applaudit. On hisse le drapeau de la nation et résonne à mes oreilles le doux hymne de la mère patrie. Le colonel Dukouskoff me chuchote à l'oreille :

— Vous êtes les deux seuls à vous en être tirés après vous être battus à un contre dix. Quel est votre secret ?

Je respire très fort et j'hésite. Je ne vais tout de même pas lui parler de mon ange gardien.

— J'ai survécu à ma mère, dis-je.

Il sourit, compréhensif.

Et, à cet instant, j'exulte d'avoir dix-huit ans et d'être vivant.

132. VENUS. 18 ANS

Je suis dans les bras du champion du monde de boxe poids lourds qui faisait partie du jury. Nous faisons l'amour. C'est une brute. Il halète comme sur un ring. Le bruit est assourdissant. De ses grosses pattes il m'étend sous lui et j'étouffe. Cent vingt kilos de muscles qui dégagent de la vapeur et vous oppressent, autant faire l'amour avec une locomotive ou un camion. Aucune délicatesse.

Ça avait pourtant bien commencé. Après l'élection, il m'a contactée et m'a demandé si on pouvait se voir. J'ai accepté. Il est venu vers moi et m'a couverte de compliments comme quoi j'étais vraiment la plus belle du concours. Puis ça s'est gâté. Il m'a rappelé que c'était lui, avec son vote de 10 sur 10, qui m'avait fait gagner le titre. À l'entendre, je lui étais redevable de ma victoire ! Ah, ces hommes, à les écouter, on n'arriverait à rien sans eux. Mais moi, je sais que si j'ai réussi, c'est parce que j'ai prononcé la bonne prière au bon moment. J'ai même ressenti une présence amie se manifester pour la première fois. Mon ange gardien, sûrement.

Par politesse, je le laisse aller jusqu'au bout puis il s'endort en poussant un grand ronflement et j'en profite pour partir.

Je suis vraiment trop gentille.

133. JACQUES. 18 ANS

J'écris de moins en moins. Je lis de moins en moins. Je reste parfois avachi dans mon canapé cinq heures d'affilée devant la télévision, sous une couverture, le chat posé sur mes genoux en train de ronronner. Je ne regarde même pas une émission en particulier. Je zappe.

Mon emploi de serveur suffit à subvenir à mes besoins. De toute façon, je ne coûte pas cher. Je me nourris de bols de pâtes déshydratées qui regonflent quand on verse de l'eau bouillante dessus.

Mona Lisa II est ravie que je regarde la télévision. Elle est persuadée de m'avoir montré la voie de la sagesse.

Je crois qu'avec *Les Rats*, j'ai écrit un bon livre. Mais si les éditeurs sont incapables de s'en rendre compte, c'est comme si je n'avais rien fait, alors autant ne rien faire pour de bon.

Au rythme où je grossis, avec mes pâtes, je ne vais pas tarder à me transformer en « Mona Lisa humain ». Par paresse de me raser, je me laisse pousser la barbe.

Peu à peu, zappant toujours, je descends dans la hiérarchie des programmes. Des informations, je passe aux films, des films aux téléfilms, puis aux séries, puis aux sitcoms, puis à ces abominables jeux d'« érudition » du matin où deux candidats s'affrontent en tentant de répondre le plus vite possible à des questions nulles du genre : « Quelle est la nourriture préférée des chiens ? »

Moi, je me fiche des chiens, j'ai un chat, mais je regarde quand même.

Je pense que je peux continuer à vivre comme ça pendant quarante ans. J'ai renoncé. Et pourtant, un jour, une émission me fait réagir.

C'est une émission littéraire. L'émission hebdomadaire littéraire de référence. D'ordinaire je l'ignore, mais aujourd'hui je suis saisi d'un attrait morbide.

Thème de l'émission : l'amour. Premier invité, un vieil acteur qui a connu son heure de gloire. Il égrène ses souvenirs et énumère, la mine coquine, les comédiennes qu'il a comme il dit « honorées ». Le présentateur, la mine tout aussi égrillarde, plaisante et renchérit dans les allusions grivoises.

Deuxième invité : un jeune type de mon âge. Auguste Mérignac, annonce le présentateur. Beau gosse. Bien habillé. Sourire décontracté. Il publie un roman autobiographique dont le héros se prénomme, comme par hasard, Auguste, lequel a pour particularité de rendre toutes les femmes folles de lui. Après quelques anecdotes libertines, Auguste Mérignac signale qu'il est un passionné de l'amour et que c'est le sens de toute son œuvre littéraire.

Troisième invité : une dame, masque de velours, talons aiguilles de quinze centimètres, bouche rouge sang. Elle est sous-maîtresse dans une « maison » sado-masochiste très fréquentée et souhaite donc conserver l'anonymat. La plupart de ses clients sont des gens très en vue, dit-elle, hommes politiques, personnalités du show-biz, grands industriels. Parce qu'ils terrorisent leur entourage, ils adorent être à leur tour dominés. La dame décrit les supplices qu'elle leur réserve et explique être blasée quant aux exigences extravagantes des stars.

Dernier invité : un sexologue, venu apporter le point de vue du savant. Les humains sont motivés par leurs hormones, assure-t-il, et il cite quelques fantasmes farfelus rencontrés dans l'exercice de sa profession. Un individu contraint de se déguiser en reine d'Angleterre pour parvenir à jouir, une femme qui avait besoin de dix partenaires différents pour atteindre l'orgasme, plus diverses célébrités (qu'il préfère ne pas citer) incapables d'assouvir leurs passions sans l'aide d'animaux, de légumes ou d'objets divers ou dans des lieux des plus étranges.

J'éteins le téléviseur en proie à un malaise. Pas la moindre histoire issue de l'imaginaire, pas le moindre personnage inventé, pas le moindre suspense. Voilà pourquoi mes rats n'intéressent personne.

Je me suis complètement fourvoyé dans ce métier. Je décide de cesser complètement d'écrire. Je fais mon deuil de l'écriture. Je serai serveur de restaurant et télé-spectateur, et ce sera largement suffisant.

134. ENCYCLOPÉDIE

DE L'IMPORTANCE DE PORTER LE DEUIL : De nos jours, le deuil tend à disparaître. Après un décès, les familles s'empressent de reprendre de plus en plus tôt leurs activités habituelles.

La disparition d'un être cher tend à devenir un événement de moins en moins grave. La couleur noire a perdu ses prérogatives de couleur du deuil par excellence. Les stylistes l'ont mise à la mode en raison de ses vertus amincissantes donc chics.

Pourtant, marquer la fin des périodes ou des êtres est essentiel à l'équilibre psychologique des individus. Là encore, seules les sociétés dites primitives continuent à accentuer l'importance du deuil. À Madagascar, lorsque quelqu'un meurt, non seulement tout le village interrompt ses activités pour participer au deuil, mais on procède à deux enterrements. Lors des premières funérailles, le corps est enterré dans la tristesse et le recueillement. Puis, plus tard, est organisée une cérémonie d'enterrement suivie d'une grande fête. C'est la cérémonie du « retournement des corps ».

Ainsi, sa perte est doublement acceptée.

Et il n'y a pas que les décès. Il y a aussi les « évé-

nements de fin » : quitter un travail, quitter une compagne, quitter un lieu de vie.

Le deuil constitue dans ces cas une formalité que beaucoup estiment inutile et qui pourtant ne l'est pas. Il importe de marquer les étapes.

Chacun peut inventer ses propres rituels de deuil. Cela peut aller du plus simple : se raser la moustache, changer de coiffure, de style d'habillement, au plus fou : faire une grande fête, s'enivrer à en perdre la tête, sauter en parachute...

Lorsque le deuil est mal accompli, la gêne persiste comme une racine de mauvaise herbe mal arrachée.

Peut-être faudrait-il enseigner l'importance du deuil à l'école. Cela épargnerait sans doute à beaucoup, plus tard, des années de tourment.

Edmond Wells,
***Encyclopédie du Savoir Relatif et Absolu*, tome IV.**

135. JACQUES. 21 ANS

Au restaurant, l'un de mes collègues veut appeler la police car une cliente n'a pas d'argent pour payer son déjeuner.

Je l'examine. Elle est frêle, fragile, toute de noir vêtue. Elle ressemble à un oiseau tombé d'un nid. Elle tient un livre à la main, *Des fleurs pour Algernon,* de Dany Keyes.

Je règle l'addition à sa place et je lui demande de quoi parle son livre. Elle me remercie, me dit que je n'aurais pas dû faire ça, puis elle consent à me parler de son livre. C'est l'histoire d'un homme, un débile mental, qui devient petit à petit intelligent grâce à un traitement chimique qui a déjà fonctionné sur une souris nommée Algernon. Le malade mental raconte sa vie et sa guérison à la première personne du singulier et c'est comme si son cerveau découvrait de nouveaux sens. L'écriture elle-même évolue. Quand il était encore idiot, il faisait une faute d'orthographe par mot, n'utilisait pas de ponctuation, mais au fur et à mesure du traitement, il progresse.

Elle se présente. Elle se prénomme Gwendoline. Elle ajoute qu'à sa connaissance cet écrivain, Dany Keyes, n'a rien écrit d'autre, mais qu'après un tel chef-d'œuvre il peut mourir tranquille. Il a accompli sa « mission pour l'humanité ». Il a réalisé l'œuvre pour laquelle il est né. Gwendoline pense que nous avons tous une œuvre à produire, et qu'alors seulement on peut mourir.

Je la regarde. Elle a des yeux brillants, en amande, et la peau très claire. Je me dis qu'une fille qui lit de la science-fiction ne peut pas être foncièrement inintéressante. Et puis ce qui me plaît chez elle, c'est qu'elle a l'air encore plus égarée que moi.

Nous marchons. Elle m'explique qu'elle est une poétesse maudite. Je lui dis que ça tombe bien, étant moi-même écrivain maudit.

Gwendoline dit qu'on est là pour souffrir et qu'on apprend par le biais de nos erreurs.

Ensuite, nous marchons sans parler. Je prends sa main glacée et je la réchauffe dans la mienne. Elle s'arrête, me fixe avec son air de petite souris perdue et me dit qu'elle me trouve très sympathique, qu'elle a envie de faire l'amour avec moi, mais qu'elle a rendu complètement malheureux tous les hommes avec lesquels elle est déjà sortie.

— Je serai la première exception.

— Je porte la poisse, soupire-t-elle.

— Je ne suis pas superstitieux. Et vous savez pourquoi ? Parce que être superstitieux... ça porte malheur.

Elle fait semblant de rire, puis me conseille à nouveau de la fuir.

Quelques semaines plus tard, j'installe cette petite souris abandonnée dans mon studio. Gwendoline s'avère très vite une excellente maîtresse de maison. Problème : quand nous faisons l'amour, j'ai l'impression qu'elle y consent pour me rendre service ou pour payer son loyer.

Parfois, elle me dévisage avec ses grands yeux et me dit : « Je ferais mieux de partir, je suis un trop grand poids pour toi. » Je tente alors de la consoler. Je lui offre des vêtements de couleur. Le noir à la longue, c'est un peu monotone. Elle les essaie une fois et ne les porte plus. Je l'emmène au cinéma voir des films des Monty Python. Elle est la seule dans la salle à ne pas rire. Je lui parle de la « télévision zen » : ma nouvelle philosophie de l'absence absolue de pensée grâce à la fréquentation intense de la télévision. Sans résultat. Mona Lisa II vient vers elle pour se faire caresser mais elle passe mécaniquement une main dans sa fourrure, comme sans y penser.

Le soir, elle se glisse doucement dans mes draps, colle les deux glaçons de ses pieds contre mes mollets, me demande si je souhaite faire l'amour comme on demande à un contrôleur s'il faut composter son billet pour avoir le droit de franchir le portillon, puis s'endort en ronflant très fort. Au milieu de la nuit, elle me roue de minuscules coups de pied, gesticule et semble régler ses comptes avec un ennemi imaginaire auquel elle s'adresse en poussant de petites plaintes.

Mona Lisa II et moi, nous décidons de relever le défi : sauver cette demoiselle en détresse coûte que coûte.

Elle oublie sa cigarette allumée entre les draps et mon charmant studio connaît un début d'incendie. Elle laisse les robinets ouverts et la salle de bains est inondée. Elle oublie de fermer la porte à clé et des visiteurs inattendus en profitent pour me voler ma chaîne hi-fi.

Chaque fois elle se confond en excuses, pleure à gros sanglots et vient se blottir dans mes bras en rappelant : « Je t'avais bien dit que je porte la poisse. » Et chaque fois, je réponds : « Mais non, mais non... »

La présence de Gwendoline chez moi me donne envie de tout réécrire et d'améliorer *Les Rats*. Je me dois d'être un gagnant pour nous deux.

Je pousse le chat. Je jette un drap sur la télévision pour qu'elle cesse momentanément de me narguer de son grand œil carré. Je me remets devant ma machine à traitement de texte et, pour la trentième fois, je recommence mon roman sur les rats, page 1.

Je dois placer la barre beaucoup plus haut encore. Il faut une intrigue qui captive l'attention même des éditeurs les plus obtus.

Nouvelle idée : créer un lieu au fond d'un égout où il se passe des faits mystérieux et terribles que je ne décrirai pas. Ce qui excite le plus l'imaginaire, c'est ce qui n'est pas montré. Pour chaque lecteur, il y aura au fond de mon égout ce qu'il redoute le plus.

Mona Lisa II me signale du bout de son museau que je dois parler d'un miroir. Faire une scène où un rat se voit dans un miroir. Tu sais tout, toi, ma Mona Lisa ! Je t'écouterai toujours. Ici ce n'est pas ma planète, mais toi tu es de ma planète. Je viens peut-être du royaume céleste des chats. Chez les Égyptiens, les chats étaient des animaux sacrés considérés comme des dieux.

Mona Lisa II est peut-être la muse que j'ai toujours recherchée.

J'écris toute la nuit.

136. IGOR. 21 ANS

En tant que sergent-chef j'ai remis sur pied le commando des Loups. J'ai sélectionné les plus féroces des recrues. Je leur ai appris toute la force de la phrase : « Sois rapide ou sois mort. » J'ai inventé toutes sortes de jeux pour qu'ils développent leurs réflexes de rapidité. Ils jonglent avec des grenades dégoupillées, ils arrivent à éviter des flèches lancées de face, ils font des concours en posant leur main sur une table et en frappant de plus en plus vite entre leurs doigts écartés avec un couteau. Certains sont si véloces qu'ils arrivent à capturer à la main des petits lapins. J'ai réveillé quelque chose chez eux. L'animal. Ils parlent de moins en moins. Il n'y a plus un seul d'entre nous qui se permettrait de se lancer dans une discussion intellectuelle oiseuse.

Quand un Loup s'adresse à un autre Loup c'est pour lui dire : « Attention derrière toi. » En fait, on ne prononce même pas « attention », seulement « derrière ». Nous ne parlons que pour survivre. Mes Loups m'obéissent au doigt et à l'œil. Je suis plus que leur sergent, je suis le chef de la horde.

Nous avons accompli ensemble plusieurs actions d'éclat qui ne seront jamais consignées dans les manuels d'histoire, mais qui auraient leur juste place dans les films de mes idoles, les stars américaines Sylvester Stallone et Arnold Schwarzenegger.

Stanislas est devenu mon bras droit, c'est lui qui morigène les Loups qui ne m'obéissent pas assez vite ou qui ne me comprennent pas à demi-mot. Il est très efficace. Si ça continue, nous parviendrons à ne plus parler du tout et à tous être branchés les uns sur les autres comme par télépathie.

Une fois, j'ai rencontré un type qui m'a dit : « Je suis content de devenir un Loup car jusqu'ici, dans mes affectations précédentes, je n'ai pas eu de chance. » Je lui ai répondu que les gens qui n'ont pas de chance n'ont rien à faire dans mon groupe et je l'ai viré.

Je crois que, dans la vie, il y a trois facteurs, le talent, la chance, le travail. Avec deux de ces facteurs on peut réussir : travail plus chance peuvent suffire, si on n'a pas de talent. Talent et travail peuvent compenser le manque de chance. Talent plus chance peuvent éviter le travail. Mais l'idéal est de disposer des trois. Je demande donc à mes Loups, en plus de leur dextérité naturelle, un entraînement permanent, et un entretien régulier de leur chance.

Je leur ai appris ma nouvelle théorie. Nous avons tous un ange gardien.

Quand ça ne va pas, il ne faut pas hésiter à lui adresser une prière express. Stanislas a raconté plusieurs anecdotes où son ange gardien l'a sauvé et je crois avoir ainsi inculqué à mes Loups quelques rudiments de pensée mystique.

La horde fait des ravages. D'autant plus qu'en face ils ne croient qu'en leurs machines. Les brebis se croient protégées par leurs radars, leurs mines et leurs nouveaux fusils d'assaut offerts par des ennemis de la Russie. Pauvres naïfs. N'importe lequel de mes Loups, à main nue, obtient plus de résultats que vous et vos robots électroniques. Parce qu'on a la rage et qu'aucun engin mécanique ne peut avoir la rage.

Les médailles s'accumulent sur mon torse et, dans mon pays, ça signifie quelque chose. J'ai perdu quelques gars qui ont manqué de rapidité dans des moments cruciaux et qui sont donc morts. C'est la sélection naturelle des espèces, comme disait Darwin. Les moins forts disparaissent vite.

Mon escouade m'admire et me respecte, mais je lui fais un peu peur. Je voudrais tant qu'un jour quelqu'un m'aime. Maintenant, j'aimerais bien une histoire d'amour normale avec une fille normale.

Pour ça, il faudra peut-être que j'obtienne encore davantage de médailles. Les médailles, ça impressionne les filles.

Ça impressionnera Venus. J'ai revu sa photo sur un journal qui enveloppait nos munitions. Il paraît qu'elle a été élue Miss Univers.

137. VENUS. 21 ANS

Depuis que j'ai été élue Miss Univers, on me réclame dans le monde entier pour des défilés ou des photos de mode et on m'interviewe à la télévision pour me demander mon avis sur tout. Comme si être la plus belle était déjà un signe d'intelligence... Billy Watts, mon agent, j'ai dû en prendre un, me conseille de répondre ce qui me passe par la tête. Comme, de toute façon, je n'y connais rien, je n'ai pas le choix. Et ça marche. Ça marche même rudement bien. Il paraît que c'est ça qui plaît aux gens, ma spontanéité. J'ai demandé si le fait de ne pas savoir de quoi l'on parle posait un problème. Billy Watts m'a répondu qu'au contraire, les gens du peuple se « reconnaissent » dans mon « ignorance ». Du coup, certains hommes politiques me citent à tout propos : « Comme le dit si bien Venus Sheridan... »

Ça m'amuse. Moi qui n'ai pas le bac, je sers de référence à des surdiplômés de Harvard. Ces politiciens ne savent plus quoi faire pour paraître proches du peuple.

À propos de la guerre en Tchétchénie, j'ai émis une fois l'opinion que c'était « mal » et ça a beaucoup plu. De manière générale mon opinion se forme au fur et à mesure que je réponds aux interviews. D'abord, je donne mon avis spontanément et après je réfléchis à la question. Ça peut paraître stupide mais ça fonctionne. Je m'aperçois ainsi que je suis contre la guerre, et de manière plus générale contre la violence, contre la pollution, contre la pauvreté, contre les maladies.

Je suis résolument contre tout ce qui est bêtise, méchanceté et laideur. Je suis prête à signer toutes les pétitions allant dans ce sens.

Pour les bébés phoques, ça demande réflexion. Si on les protège trop, ça ruine les Esquimaux qui vivent de leur chasse. Pour la libéralisation des drogues douces, l'interdiction du port d'arme et l'abolition de la peine de mort, je dois aussi méditer davantage. Je ne distingue pas encore clairement qui sont les bons et les méchants en la matière, mais j'ai promis de rendre bientôt mon verdict. Une journaliste m'a demandé pour quel candidat je voterais aux élections, le républicain ou le démocrate. J'ai répondu : « Pour celui qui s'habille le mieux. » Ça a plu aussi. Les journalistes ont dit qu'il fallait saisir ma remarque au troisième degré. À la télévision, ils ont illustré mon propos avec des photos de tyrans du tiers-monde et il était facile de se rendre compte que ces gens sont tous très, très mal habillés.

Je me suis installée dans un joli loft des quartiers chics et je ne vois plus maman qu'une fois par semaine. Elle disjoncte un peu. Elle boit trop et change trop souvent de compagnon. Moi aussi je multiplie les aventures, mais j'ai appris à ne pas trop m'investir. J'aime bien jouer avec mes amants.

Au début, je me sentais obligée de trouver des excuses à peu près valables : « J'en aime un autre » ou : « Je ne supporte pas tes amis. » Maintenant, je ne me donne même plus cette peine. Un « Tu ne m'amuses plus » boudeur me suffit.

Seule petite ombre à ce tableau idyllique, j'ai de plus en plus souvent la migraine. J'ai consulté nombre de médecins, mais aucun n'a pu m'aider. Ils ne comprennent pas mon cas.

Je fume de plus en plus. Ça endort un peu la douleur dans ma tête. La nuit, j'ai besoin de doses de somnifères de plus en plus importantes.

Mes crises de somnambulisme alternent avec mes crises de migraine. Quoi qu'il en soit, je continue à faire confiance à mes rêves.

Téléphone. Billy Watts m'annonce que je suis pressentie pour être l'ambassadrice d'une grande marque française de parfums. Contrat du siècle en vue. Je saute de joie. Si je parviens à signer ce contrat, je suis tranquille pour le reste de mes jours. Mais Billy Watts met un petit bémol. Il signale que Cynthia Cornwell est aussi sur le coup. Je suis furieuse. Cynthia Cornwell, c'est ma principale rivale. Cynthia est black comme moi. Grande comme moi. Refaite en partie comme moi. Elle a mon sourire. Et... et elle est plus jeune que moi. Elle, elle n'a que dix-sept ans et ça peut peser lourd dans la balance.

Billy Watts se dit pourtant optimiste. Ludivine, son médium, lui a déclaré que c'est moi qui l'emporterais.

En ce qui me concerne, je veux bien faire confiance aux médiums, mais pas aux entreprises de cosmétiques. Je connais les vieux cadres qui régissent ces industries. Ils donnent toujours l'avantage à la jeunesse. Je sais qu'ils vont préférer Cynthia. En plus, on m'a déjà tellement vue dans les médias qu'à vingt et un ans, je passe pour une institution tandis que Cynthia a l'avantage du rôle de challenger.

Je fais une prière. S'il y a quelque chose là-haut, si j'ai vraiment un ange gardien, je veux... JE VEUX QUE CETTE POUFFIASSE SOIT DÉFIGURÉE !

La tyrannie du cerveau gauche : Si l'on déconnecte les deux hémisphères cérébraux et si l'on présente un dessin humoristique à l'œil gauche (correspondant à l'hémisphère droit) tandis que l'œil droit (correspondant à l'hémisphère gauche) ne voit rien, le sujet rira. Mais si on lui demande pourquoi il rit, le cerveau gauche n'en sachant rien et ignorant la blague, il inventera une explication à son comportement et dira, par exemple : « Parce que la blouse de l'expérimentateur est blanche et que je trouve cette couleur hilarante. »

Le cerveau gauche invente donc une logique dans le comportement parce qu'il ne peut pas admettre d'avoir ri pour rien ou pour quelque chose qu'il ignore. Mieux : après la question, l'ensemble du cerveau sera convaincu que c'est à cause de la blouse blanche qu'il a ri et il oubliera le dessin humoristique présenté au cerveau droit.

Durant le sommeil, le gauche laisse le droit tranquille. Celui-ci enchaîne dans son film intérieur : des personnages qui vont changer de visages durant le rêve, des lieux qui sont sens dessus dessous, des phrases délirantes, des coupures soudaines d'intrigues avec d'autres intrigues qui redémarrent, sans queue ni tête. Dès le réveil, cependant, le gauche reprend son règne et décrypte les souvenirs du rêve de manière à ce qu'ils s'intègrent à une histoire cohérente (avec unité de temps, de lieu, d'action) qui, au fur et à mesure que la journée va s'écouler, va devenir un souvenir de rêve très « logique ».

En fait, même en dehors du sommeil, nous sommes en permanence en état de perception d'informations incompréhensibles interprétées par

notre hémisphère gauche. Cette tyrannie de l'hémisphère gauche est cependant un peu difficile à supporter. Certains s'enivrent ou se droguent pour échapper à l'implacable rationalité de leur demi-cerveau. En usant du prétexte de l'intoxication chimique des sens, l'hémisphère droit s'autorise alors à parler plus librement, délivré qu'il est de son interprète permanent.

L'entourage dira du protagoniste : il délire, il a des hallucinations, alors que celui-ci n'aura fait que se soulager d'une emprise.

Sans la moindre aide chimique, il suffirait de s'autoriser à admettre que le monde puisse être incompréhensible pour recevoir en direct les informations « non traitées » du cerveau droit. Pour reprendre l'exemple cité plus haut, si nous parvenions à tolérer que notre hémisphère droit s'exprime librement, nous connaîtrions la première blague. Celle qui nous a réellement fait rire.

Edmond Wells,
***Encyclopédie du Savoir Relatif et Absolu*, tome IV.**

139. IGOR. 21 ANS ET DEUX MOIS

Je m'applique. Avec mes Loups, nous ravageons la contrée. Nous prenons d'assaut des positions ennemies avec un taux de pertes très acceptable. Un jour, le colonel Dukouskoff vient nous retrouver sur le front. Le colonel a l'air ravi. Il me prend par les deux épaules et me déclare de but en blanc :

— J'ai une très bonne nouvelle.

Je me dis que ce doit être les nouvelles kalachnikovs. Depuis le temps qu'on nous a promis de remplacer notre vieux matériel, je ne vois que ça comme bonne nouvelle. Je sais déjà qui sont les gars auxquels je confierai la nouvelle arme pour la tester.

— La guerre est finie.

Je cesse de respirer. Il répète.

— C'est la paix.

J'articule avec difficulté :

— La... paix...

Ainsi donc les corrompus du Kremlin, sous l'emprise des capitalistes mafieux américains, ont décidé de signer un traité avec des représentants des troupes tchétchènes. C'est la pire chose que je pouvais entendre. Je voudrais que cet instant n'ait jamais existé. La paix. LA PAIX ? ! ! Alors qu'on était sur le point de vaincre ? ! Je n'ose demander pourquoi ils ont baissé les bras. Je n'ose signaler que peut-être, à cette seconde, mes Loups ont pris d'assaut un point stratégique. Je n'ose évoquer les atrocités que j'ai vu commettre par les Tchétchènes, les enfants qu'ils utilisaient comme boucliers vivants, les tortures subies par mes hommes capturés. Et c'est avec eux qu'on va faire la paix ? Je demande avec encore un peu d'espoir :

— C'est... c'est une plaisanterie ?

Il est étonné.

— Non. C'est officiel. Ça a été signé hier.

J'ai comme une défaillance.

Dukouskoff doit croire que c'est l'émotion due au bonheur. Il me soutient le bras. Est-il possible que les gens se fourvoient à ce point ? Qu'ils ne se rendent pas compte ? On était sur le point de gagner cette guerre ! On allait tout gagner ! Et... on négocie. Négocier quoi ? Le droit de tout perdre !

Que va-t-il advenir de moi maintenant ?

J'abandonne ma forêt, ma horde, mon grand air. Je rends mon uniforme, mes armes, mes bottes. Je rentre avec un convoi à Moscou et me replonge dans l'univers des villes aux lignes géométriques.

Gengis Khan, paraît-il, abhorrait les villes. Il disait que le seul fait de serrer des humains sur un petit territoire ceinturé de murs entraînait le pourrissement des esprits, l'encombrement des ordures, la prolifération des maladies et une mentalité mesquine. Gengis Khan a détruit le plus de villes qu'il a pu, mais les citadins ont eu le dernier mot.

Je retourne à la vie civile. Il me faut trouver un logement et je ne sais pas remplir les papiers. Je hais la paperasserie... Je loue un appartement minuscule, laid, bruyant et cher, avec une flopée de voisins qui me regardent de travers. J'ai la nostalgie des bivouacs en plein air. Où sont mes arbres ? Où sont mes Loups ? Où est mon air pur ?

Je me sens engoncé dans des vêtements civils, peu gracieux et peu pratiques. Pantalon, polo et pull. Ça manque de poches et les étoffes sont trop molles pour que j'y accroche mes médailles.

J'ai du mal à me réinsérer dans la société civile. À la guerre, il suffisait de se battre pour obtenir ce qu'on voulait. Ici une seule règle prévaut : l'argent. Il faut payer, toujours payer.

Je croyais que mes états de service m'aideraient, mais c'est le contraire. Les planqués se méfient des anciens combattants. Je passe et repasse sur mon magnétoscope les films de Stallone et de Schwarzenegger et je bois de la vodka jusqu'à sombrer dans le sommeil. Vivement que nous déclarions la guerre à l'Occident. Je suis plus que prêt.

Un facteur sonne à ma porte. Il m'apporte ma première solde de « retraité ». J'ouvre l'enveloppe et compte les billets. Ma solde de « sauveur de la nation » équivaut à la moitié du salaire mensuel d'un vendeur de sandwiches !

J'ai droit à mieux. Je veux davantage d'argent. Je veux un grand appartement. Je veux une datcha à la campagne comme les hauts fonctionnaires. Je veux une grosse limousine. J'ai assez souffert, maintenant je veux être riche.

Hé, là-haut ! mon ange gardien, si tu m'entends : JE VEUX ÊTRE RICHE.

140. LES PRIÈRES

Je me frotte les yeux. Le spectacle de la vie de mes clients m'épuise. Leur envoyer des rêves qu'ils ne comprennent pas m'énerve. Leur envoyer des signes qu'ils ne voient pas m'agace. Leur envoyer des intuitions qu'ils n'entendent pas m'exaspère. J'en ai marre. Je veux bien être un bon élève, mais il faut quand même un minimum de résultats pour avoir envie de continuer. Je vais chercher Edmond Wells.

— Je sais que le premier devoir des anges est d'exaucer les vœux de leurs clients mais ceux des miens sont vraiment difficiles à combler, dis-je à mon mentor. Jacques ne rêve que de trouver un éditeur pour ses divagations sur les rats.

— Donne-lui ce qu'il veut.

— Igor. Il veut être riche. Je le fais gagner au loto ?

— Ce ne serait pas l'aider que de le faire gagner au loto. Il deviendrait encore plus malheureux. Il ne serait plus entouré que de gens intéressés par sa nouvelle fortune. Il ne suffit pas de vouloir être riche, il faut être capable d'assumer sa richesse. Il n'est pas prêt. Rends-le riche mais de manière plus progressive qu'au loto. Client suivant.

— Venus souhaite que sa rivale, l'autre mannequin noir à la mode plus jeune qu'elle, soit... défigurée !

— Exauce son souhait, dit froidement mon mentor.

Il me semble avoir mal entendu.

— Mais je croyais qu'on était là pour ne faire que du bien aux humains ?

— Tu dois au premier chef t'occuper de satisfaire tes clients. S'ils veulent commettre des sottises, c'est leur libre arbitre. Respecte-le.

Edmond Wells m'entraîne voleter un peu au-dessus du Paradis.

— Je comprends ton trouble, Michael. La tâche d'un ange n'est pas facile. Les hommes émettent des souhaits dérisoires et médiocres. J'ai parfois l'impression qu'ils ont peur d'être heureux. Tout leur problème se résume à une unique phrase : « Ils ne veulent pas construire leur bonheur, ils veulent seulement réduire leur malheur. »

Je me répète ça pour bien en saisir la portée. « Ils ne veulent pas construire leur bonheur, ils veulent seulement réduire leur malheur... »

Edmond Wells poursuit son réquisitoire :

— Tout ce qu'ils veulent, c'est que leurs caries les fassent moins souffrir, que les enfants jadis désirés cessent de hurler quand ils regardent la télé et que la belle-mère arrête de venir gâcher leur déjeuner du dimanche. Si seulement ils avaient une idée de ce que nous sommes capables de leur apporter ! En ce qui concerne la pauvre Cynthia Cornwell, la rivale de Venus, il faudra que tu négocies son « accident » avec son ange gardien, mais ça ne devrait pas poser de problème car sa cliente gagnera des points en tant que martyre. Un dernier écueil sur lequel je veux attirer ton attention, Michael. Je ne sais pas si tu l'as senti mais... les leviers de tes clients ont changé. Igor était attentif aux signes, il l'est dorénavant aux intuitions. Venus tenait compte de ses rêves, elle commence à s'intéresser aux médiums. Quant à Jacques, jadis influencé principalement par son chat, il sera désormais sensible au souvenir de ses rêves.

141. JACQUES. 22 ANS

J'ai fait un cauchemar. Il y avait un loup qui pleurait. Et puis il y avait une fille qui se transformait en montgolfière. Et puis la fille-montgolfière quittait le sol et montait, montait. Le loup la regardait monter et se mettait à hurler d'une manière très triste. Il y avait un oiseau qui n'avait pas d'ailes qui se mettait à taper du bec contre la paroi de la fille-montgolfière pour la faire redescendre, mais la paroi était trop dure et l'oiseau sans ailes se tournait vers moi et me demandait quelque chose. Il disait : « Parler de la mort. » « Parler de la mort. »

Le loup hurlait. L'oiseau donnait des coups de patte dans la fille. Et moi, je me réveillai et m'aperçus que Gwendoline me bourrait une fois de plus de coups de pied.

Elle aussi rêvait. Elle disait : « Il faut que cela cesse », puis semblant répondre à quelqu'un qui lui parlait : « Non, pas moi, pas ça », ou bien : « Ça ne va pas se passer comme ça, croyez-moi », et elle me lançait encore ses petits pieds comme si elle combattait.

Soudain, je reçois des coups de patte. C'est Mona Lisa II. Elle aussi bouge en dormant. Yeux clos, elle fronce les sourcils, tend ses pattes, griffes sorties, et donne des petits coups secs. Mais s'il m'apparaît normal que des humains soient angoissés, il me semble soudain terrible que mon chat fasse, lui aussi, des cauchemars.

Chez le vétérinaire, la salle d'attente est bondée. Mon voisin est encombré d'un chat aussi obèse que le mien.

— De quoi souffre-t-il ?

— Myopie. Médor se colle de plus en plus près contre l'écran de mon téléviseur.

— Il se nomme Médor, votre chat ?

— Oui, parce qu'il se comporte comme un chien soumis. Aucune indépendance. Il accourt quand on l'appelle... Enfin, il devient myope et il faut peut-être lui mettre des lunettes.

— C'est sans doute une mutation générale de l'espèce animale... Le mien aussi regarde la télé de plus en plus près.

— Enfin, si ce vétérinaire généraliste ne parvient pas à trouver une solution, j'irai consulter un vétérinaire oculiste et s'il ne trouve pas non plus, j'irai voir un vétérinaire psychanalyste.

Ensemble nous rions.

— Et votre chat, qu'a-t-il ?

— Mona Lisa II fait des cauchemars. Elle est tout le temps nerveuse.

— Même si je ne suis pas vétérinaire, dit l'homme, je peux quand même vous donner un conseil. Le chat est souvent la catharsis de son maître. Ce chat vit vos souffrances. Calmez-vous et votre chat se calmera. Vous m'avez tout l'air d'une boule de nerfs. Et puis, si vous n'y arrivez pas, faites des enfants. Cela amusera le chat.

Nous patientons. Il y a encore une dizaine de clients devant nous, ce qui nous laisse tout le temps de converser. Il se présente :

— René.

— Jacques.

Il m'interroge sur mon métier. Serveur de restaurant, dis-je. Lui est éditeur. Je n'ose lui parler de mon manuscrit.

— Ça n'avance pas vite, remarque-t-il. Vous savez jouer aux échecs ? J'ai un échiquier de voyage dans ma serviette.

— D'accord, jouons.

Je m'aperçois vite que je n'aurai pas de mal à le battre, mais un conseil de Martine me revient à l'esprit. Une véritable victoire ne doit jamais être par trop éclatante, elle doit toujours être acquise de « justesse ». Je ralentis donc mon ardeur combattante et je m'arrange pour que nos camps respectifs se rapprochent. Après avoir renoncé à avoir l'avantage, serai-je capable de renoncer à la victoire ? Certaines défaites sont peut-être intéressantes... Je lui laisse prendre le dessus. Il me met mat.

— Je ne suis qu'un joueur du dimanche, se rengorge René. À un moment, j'ai bien cru perdre.

Je prends l'air contrarié.

— À un moment, j'ai bien cru gagner.

À présent, comme par enchantement, je n'ai plus peur de lui parler de mon manuscrit.

— Je ne suis pas seulement serveur dans un restaurant, j'écris aussi, à mes heures perdues.

Il me considère avec pitié.

— Je sais. Tout le monde écrit de nos jours. Un Français sur trois aurait un manuscrit en gestation. Le vôtre, vous l'avez envoyé à des éditeurs et il a été refusé, c'est cela ?

— Partout.

— Normal. Les lecteurs professionnels rédigent des fiches pour chaque manuscrit et touchent des sommes dérisoires pour ça. Pour en faire une activité rentable, ils en lisent jusqu'à une dizaine par jour. En général, ils s'arrêtent aux six premières pages tant les textes sont pour la plupart ennuyeux. Il vous faudrait beaucoup de chance pour tomber sur un lecteur enthousiaste.

Mon interlocuteur m'ouvre des horizons nouveaux.

— J'ignorais que cela se passait ainsi.

— Le plus souvent, ils se fient à la présentation, au titre et au nombre de fautes d'orthographe dans les premières lignes. Ah, l'orthographe en France ! Toutes ces doubles consonnes, vous savez d'où elles viennent ?

— D'étymologies grecques ou latines, il me semble.

— Pas seulement, me révèle l'éditeur. Au Moyen Âge, les moines copistes étaient payés au nombre de caractères par manuscrits retranscrits. Ils se sont donc entendus entre eux pour doubler les consonnes. C'est la raison pour laquelle « difficile » prend deux « f » et « développer » deux « p ». Et on poursuit religieusement cette tradition comme s'il s'agissait d'un trésor national et non d'une entourloupette de couvent.

Son tour approche. Il me tend une carte de visite au nom de René Charbonnier.

— Envoyez-le-moi donc, votre manuscrit. Je vous promets de le lire au-delà des six premières pages et de vous dire honnêtement ce que j'en pense. Mais ne vous faites pas d'illusions, quand même.

Le lendemain, je dépose mon texte à l'adresse indiquée. Le surlendemain, René Charbonnier m'écrit pour me signaler qu'il accepte de m'éditer. Je suis si heureux que j'arrive à peine à y croire. Ainsi donc tous ces efforts seraient enfin récompensés ! Ainsi donc tout ça n'aurait pas servi à rien !

J'annonce la bonne nouvelle à Gwendoline. Nous fêtons l'événement au champagne. Je me sens comme soulagé d'un si lourd fardeau. Il me faut revenir sur terre. Reprendre mes habitudes. Je signe le contrat, et essaie d'oublier ma joie pour me concentrer sur les tâches à accomplir en vue de défendre au mieux mon travail.

Grâce au chèque du contrat, j'offre à Gwen, Mona Lisa et moi-même ce dont nous rêvions depuis longtemps : un abonnement au câble. Pour fuir ma fébrilité, je m'installe devant la lumière qui me calme tant. Je capte la chaîne américaine d'informations en continu, dont le présentateur vedette est un certain Chris Petters. C'est un nouveau visage qui tout de suite me met en confiance. Comme s'il était de ma famille.

— Viens, Gwendoline, on va regarder la télé, ça nous videra la tête.

Pas de réponse de la cuisine où je l'entends préparer la gamelle du chat.

Déjà Chris Petters donne les informations du jour. Guerre au Cachemire avec menace atomique. Le nouveau gouvernement pakistanais, issu du dernier putsch militaire, a signalé que, n'ayant plus rien à perdre, il avait bien l'intention de venger l'honneur de tous les Pakistanais en écrasant l'Inde honnie. Nouvelle mode : de plus en plus d'étudiants se font coter en Bourse pour que les actionnaires financent leurs études. Ensuite, ils remboursent au prorata de leur réussite. Amazonie, les U'wa, peuple indigène de la forêt, ont décidé de se suicider si l'on persiste à vouloir pomper du pétrole sur leur territoire sacré. Ils ont déclaré, en effet, que le pétrole était le sang de la terre...

Nouvel assassinat du serial killer au lacet. Il a tué cette fois la célèbre actrice top model Sophie Donahue. Il s'y est pris de la manière suivante...

— Allez, viens regarder la télé, Gwendoline !

Gwendoline arrive en affichant une moue triste. Elle boude.

— M'en fiche.

— Qu'est-ce qui ne va pas ? dis-je en l'installant sur mes genoux et en lui caressant les cheveux comme je le fais avec mon chat.

— Toi, tu es édité. Ce n'est pas à moi que ça arriverait.

142. ENCYCLOPÉDIE

MASOCHISME : À l'origine du masochisme, il y a la crainte d'un événement douloureux à venir. L'humain a peur car il ignore quand l'épreuve surgira et

de quelle intensité elle sera. Le masochiste a compris qu'un moyen de prévenir cette peur consiste à provoquer lui-même l'événement redouté. Ainsi, il sait au moins quand et comment il arrivera. En suscitant lui-même l'événement pénible, le masochiste s'aperçoit qu'il maîtrise enfin son destin.

Plus le masochiste se fait du mal, moins il a peur de la vie. Car il sait que les autres ne pourront égaler en douleur ce qu'il s'inflige à lui-même. Il n'a plus rien à craindre de qui que ce soit puisqu'il est lui-même son pire ennemi inégalable.

Ce contrôle sur lui-même lui permet ensuite d'autant plus facilement de dominer les autres.

Il n'est donc pas étonnant que nombre de dirigeants et de gens détenteurs de pouvoir aient dans leur vie privée des tendances masochistes plus ou moins assumées.

Il y a cependant un prix à payer. À force de lier la notion de souffrance à la notion de maîtrise de son destin, le masochiste devient anti-hédoniste. Il ne souhaite plus de plaisir pour lui, il reste seulement en quête de nouvelles épreuves de plus en plus âpres et douloureuses. Cela peut devenir comme une drogue.

Edmond Wells,
***Encyclopédie du Savoir Relatif et Absolu*, tome IV.**

143. IGOR. 22 ANS

Je manque d'argent ? Eh bien, je n'ai qu'à le prendre là où il se trouve. J'entame une carrière de cambrioleur. Qu'ai-je à perdre ? Au pire j'atterrirai en prison où je retrouverai probablement beaucoup de mes

Loups. Stanislas devient mon associé. Nous utilisons le même matériel qu'à la guerre. Après le lance-flammes, il passe au chalumeau. Aucune serrure, aucun coffre-fort ne lui résiste. Pour cambrioler, il existe une heure magique : quatre heures quinze du matin. À quatre heures quinze, il n'y a pas de voitures dans les rues. Les derniers fêtards sont enfin couchés et les premiers travailleurs ne sont pas encore levés. À quatre heures quinze les grandes avenues sont désertes.

Nous effectuons nos repérages dans la journée et à quatre heures quinze, donc, nous passons à l'action. Comme à la guerre, il faut un plan et une stratégie.

Nous sommes en train de cambrioler une villa particulièrement cossue dans le quartier nord, quand Stanislas brandit un portrait sur un guéridon et me dit :

— Hé, Igor, ce type avec des moustaches en guidon de vélo, ce ne serait pas le même que sur ton médaillon ?

Je sursaute. Je compare les photos et reconnais que cela ne laisse point l'ombre d'un doute. Mêmes moustaches. Même allure arrogante. Même regard malin. Nous sommes entrés par effraction dans la maison... de mon père. J'examine les lieux. Je fouille les tiroirs. Je découvre des papiers, des albums de famille qui prouvent que mon géniteur est devenu un homme riche et important, qu'il possède plusieurs maisons, beaucoup d'amis et fréquente les puissants.

Papa a abandonné maman enceinte de moi, mais il n'est pas pour autant dépourvu de progéniture. Il y a plusieurs chambres d'enfants dans la villa !

Saisi de rage, je m'empare du chalumeau et brûle un à un tous les jouets dans les chambres d'enfants. Ils auraient dû être les miens. Ils auraient dû enchanter mon enfance à moi. Je n'en ai pas profité, « les autres » n'en profiteront pas non plus.

Puis je m'effondre dans le canapé, épuisé par tant d'injustice.

— La paix plus les retrouvailles avec mon père, c'est trop !

— Prends ça, bois, ça va passer, ça va passer, dit Stanislas en me tendant une fiasque de whisky américain.

Nous cassons tout dans la maison de mon père, le mobilier, la vaisselle, les objets. Ça lui apprendra que j'existe. Nous buvons encore pour arroser le massacre jusqu'à ce que nous nous écroulions sur des coussins éventrés. Au matin, la police nous réveille et nous conduit droit au poste. Le commissaire qui trône derrière son bureau a l'air tout jeune. Probablement un pistonné. Son visage ne m'est pas inconnu. Vania. Il n'a pas beaucoup changé depuis l'orphelinat. Il se lève et, d'emblée, me déclare qu'il m'en veut beaucoup. C'est le monde à l'envers. Il m'en veut probablement du mal qu'il m'a fait, et que je ne lui ai pas rendu.

— Pardonne-moi, dis-je, comme si je m'adressais à un débile mental.

— Ah, enfin ! dit il. C'est ce que j'ai toujours souhaité entendre de ta bouche. Tu m'as fait tellement souffrir, tu sais ! J'ai longtemps repensé à toi après que tu as quitté le centre de redressement.

J'ai envie de dire : « Moi, je t'ai vite évacué de mon esprit », mais je me tais.

Il prend un air que je ne lui connaissais pas, un air sournois.

— Je suis sûr que tu es convaincu que c'est moi qui ai mal agi.

Surtout ne pas répondre à la provocation.

— Tu l'as pensé, hein ? Avoue ?

Si je dis oui, ça va l'énerver, si je dis non aussi. Se taire. C'est le meilleur choix. En effet, il ne sait plus comment me prendre. Dans le doute, il interprète mon silence comme un acquiescement et m'annonce qu'il accepte mes excuses et que, pas rancunier, il est prêt à nous aider dans l'affaire du cambriolage. Il a même suffisamment de pouvoir pour passer l'éponge.

— Mais attention, dit-il, plus question de jouer les cambrioleurs. Pas de récidive, sinon la prochaine fois je serais obligé de t'emprisonner.

Je lui serre la main et me contente d'articuler un merci le plus neutre possible. Ciao.

— Encore une chose, me dit Vania...

— Oui, quoi ?...

Je reste immobile et stoïque, espérant que le prix de son indulgence ne va pas augmenter.

— J'ai une question à te poser, Igor...

— Vas-y...

— Pourquoi tu ne m'as jamais cassé la gueule ?

Là, il faut rester bien maître de soi. Ne pas s'énerver. Surtout ne pas s'énerver. Ma main tremble. Dans ma tête, je visualise son visage de petite fouine que j'écrase de mon gros poing rempli de phalanges bien dures. Je sens dans mon bras la puissance du coup que je pourrais porter. Mais j'ai mûri. J'ai toujours dit à mes Loups : « Ne faites pas comme les taureaux qui foncent dès qu'on agite un tissu rouge. Ne vous laissez pas submerger par les émotions. C'est à vous et non à l'adversaire de décider où et quand vous frappez. »

Vania est commissaire, entouré de tous ses collègues de travail armés, je ne pourrais pas tous les avoir. Et puis, s'il veut ma peau, il pourra toujours demander à l'un de ses subalternes de m'abattre. Ce n'est pas à cause de Vania que je vais tout perdre. Ce serait lui accorder, là encore, un grand honneur. J'ai résisté à maman, j'ai résisté au froid, aux maladies, au centre d'isolement neuro-sensoriel, aux balles et aux obus, ce n'est pas pour mourir tué dans un commissariat pour une question de susceptibilité.

Sans me retourner j'arrive à articuler :

— Mmmh... Je ne sais pas. Peut-être que je t'aime

bien malgré tout, dis-je en tordant la bouche pour me forcer à prononcer ces mots.

Respirer. Respirer amplement. Il est plus facile d'attaquer un bastion tchétchène que de se retenir de pulvériser mon ex-ami. Allez, encore une dernière phrase :

— Content de t'avoir revu, Vania, ciao.

— Je t'aime, Igor, déclame-t-il.

Je préfère ne pas me retourner.

— Qu'est-ce qu'on fait maintenant ? me demande Stanislas.

— On joue aux cartes.

Et, flanqué de Stanislas, je commence à fréquenter tous les cercles de poker de la ville. Je retrouve rapidement mes vieux réflexes. Décrypter les signes sur les visages et les mains, distinguer les vrais des faux, envoyer moi-même de faux messages... Il y a là comme une prolongation logique de mes prouesses de guerrier.

Bientôt ma façon de jouer évolue. Je n'ai plus besoin de guetter les tressaillements les plus infimes, je devine le jeu de mes partenaires sans même les observer. C'est comme s'ils dégageaient des effluves de chance et de malchance par-dessus l'épaisse fumée de cigarettes trop nombreuses. Mais j'essaie de me brancher sur quelque chose de plus subtil. Comme s'il y avait une onde qui traversait tout et me donnait les informations dont j'ai besoin. Parfois, je peux la sentir, et alors je sais pratiquement le jeu de tous mes adversaires.

Grâce au poker, j'amasse un trésor de guerre bien plus conséquent que celui que m'ont valu mes cambriolages. Ici au moins, je n'ai pas besoin d'avoir recours à des receleurs. Mes gains, je peux les étaler au grand jour.

Je gagne et j'empoche.

Je mise contre des adversaires de plus en plus coriaces, mais eux n'ont pas fait la guerre. Ils n'ont pas les nerfs, et puis la peur de perdre les rend si prévisibles... Dès que les enchères montent, ils sont comme des animaux traqués. Ils ne réfléchissent plus, ils prient. Ils sont là à frotter leurs amulettes, leurs grigris, à invoquer leurs anges gardiens, leurs dieux, leurs fantômes. Ils sont pathétiques. Comme des brebis qu'on mène à l'abattoir.

Ma renommée grandissante me donne accès à des parties privées où se pressent les riches et les puissants. J'apprends que mon père y participe et je mets tout en œuvre pour m'asseoir à la même table que lui.

Le voilà.

J'ai longtemps attendu cet instant. Il a le visage caché sous un chapeau. On ne nous présente pas. Dans ce salon opulent où des portraits d'ancêtres vous contemplent sévèrement, je m'installe dans un fauteuil en tissu damassé sous la lumière crue qui éclaire vivement le centre de la table. Les mises sont énormes, mais grâce à mes victoires précédentes, je ne manque pas de munitions. L'un après l'autre, mes partenaires déclarent forfait, leur montagne de jetons laminée, et je me retrouve seul avec papa. Il joue bien.

Je me branche sur l'onde qui traverse tout.

— Combien de cartes ? demande le croupier après la distribution.

— Trois.

— Et vous ?

— Servi, dit mon père sans me regarder et en ne me présentant que le haut de son chapeau.

J'ai tant de questions à lui poser, je voudrais savoir pourquoi il m'a engendré, pourquoi ils nous a abandonnés maman et moi, surtout pourquoi il n'a jamais cherché à me retrouver.

Nous misons.

— Cinquante.

— Cinquante et je relance de cent.

Je ne suis pas assez concentré. La sanction est immédiate. Le pot monte et je perds. Mon père demeure impassible. Il ne m'a pas encore jeté un seul regard. J'ai envie de lui dire : « Je suis ton fils », mais je me retiens. Nouveau jeu et nouvelle perte. Il est doué. Je comprends que ma force au poker ne me vient pas seulement des enseignements de Vassili, elle est aussi inscrite dans mes gènes. Mon père est un vrai reptile. Apparemment, le cambriolage et la destruction de son domicile ne l'ont pas affecté.

— Combien de cartes ?

— Deux.

Même erreur. Même punition.

Nouvelle donne. Je respire très fort. C'est maintenant ou jamais, je décide de jeter dans la bataille l'arme absolue, l'ultime stratagème de Vassili. Je ne retourne pas mes cartes, je ne leur jette pas un seul coup d'œil, j'annonce :

— Servi !

Il a enfin un léger mouvemcnt. Il enlève son chapeau et me dévoile une masse de cheveux gris. Je sais que dans un premier temps il s'est demandé si je n'étais pas fou, et qu'à présent il se demande en quoi consiste ma manœuvre. Quel que soit le cas de figure, il n'est plus maître de la situation. À mon tour de prendre la main.

Il réclame une carte. Une carte, ça veut dire qu'il tient deux paires et qu'il espère un full.

Il prend la carte et la fourre au hasard dans son jeu pour ne pas dévoiler si elle s'accorde avec d'autres. Les signes sont inexistants. Pas le moindre mouvement des doigts. Je branche mon intuition sur l'onde. Je sens qu'il n'a pas eu son full.

— Combien la mise ?

— Mille, lance mon père, les yeux rivés sur ses cartes.

Il bluffe. Il veut en finir avec moi. Il place haut la barre pour me contraindre à abandonner. Mais étant donné qu'il s'agit de la partie où je ne regarde pas mes cartes, c'est au contraire le moment de ne pas lâcher. Je surenchéris.

— Mille cinquante.

Le croupier ne peut s'empêcher d'intervenir :

— Heu... Vous montez à mille cinquante sans regarder vos cartes et sans en changer aucune ?

— Mille cinquante.

— Deux mille, dit mon père.

— Deux mille cinquante.

— Trois mille.

Imperturbable, malgré la moiteur dans mon dos, je poursuis :

— Trois mille cinquante.

Ça commence à faire une grosse somme, même pour lui. Il ne m'a toujours pas jeté un coup d'œil. Ce doit être son stratagème à lui. Faire croire qu'il n'a même pas besoin d'observer son adversaire pour le vaincre. La tête toujours baissée, ne me présentant que ses cheveux gris, il demande un temps de réflexion. Je sens qu'il va la lever pour me scruter. Mais non, il se contient.

— Dix mille, annonce-t-il comme agacé.

— Dix mille cinquante.

Cette fortune, je ne l'ai pas. Si je perds cette partie, j'en aurai pour des années à rembourser ma dette à ce père qui ne m'a jamais rien donné.

— Vingt mille.

— Vingt mille cinquante.

Enfin la masse de cheveux gris bouge et pivote. Il me regarde enfin. Je le vois de près. Il a les mêmes moustaches en guidon de vélo que sur la photo que j'ai gardée sur moi. Il n'est pas beau. Il a l'air d'avoir eu beaucoup de soucis. Je tente de saisir ce que maman a pu lui trouver. Il me fixe pour tenter de comprendre. Ses yeux sont gris, ils n'expriment pratiquement rien.

— Trente mille.

— Trente mille cinquante.

Murmures alentour. Alléchés par la hauteur de nos mises, des joueurs ont abandonné leurs tables pour s'amasser autour de la nôtre. La rumeur court.

Mon père me regarde droit dans les yeux. Je soutiens son regard. Je m'autorise même un infime sourire. Je transpire trop. Autour de nous, les gens se taisent et retiennent leur souffle.

— Cinquante mille.

— Cinquante mille cinquante.

Si je perds, je n'ai plus qu'à vendre mon sang et mes organes. J'espère que mon ange gardien a bien observé la partie depuis le début et qu'il ne va pas me laisser tomber. Saint Igor, je compte sur toi.

— Suivi ? interroge le croupier.

— Cinquante mille cinquante... pour voir, dit mon père.

Il ne surenchérit plus. Terminé le suspense, c'est le moment de retourner les cartes. Une à une, il retourne les siennes. Il a une paire de valets. Seulement une paire de valets. Et moi, qu'ai-je ? Un huit de trèfle. Un as de pique. Un roi de carreau. Une dame de cœur. Pour l'instant ça veut dire que dalle. Je n'ai plus qu'à retourner la dernière carte...

Le silence est lourd.

Une dame de trèfle.

Saint Igor merci. J'ai une paire de dames ! Vassili, tu es le meilleur. J'ai gagné. De justesse, mais je l'ai eu. J'ai battu mon père ! Le loup a mangé le serpent ! Je hurle le cri des Loups. Très fort. Personne n'ose rien dire. Puis, j'éclate d'un grand rire. Je ris, je ris, je ris.

La petite foule autour de la table se disperse, écœurée.

Merci saint Igor. Merci Vassili. La preuve est faite que le poker n'est qu'une affaire de psychologie. On peut très bien y jouer sans cartes. Je suis fou de joie.

Mon père me dévisage intensément. Il se demande qui est ce jeune homme qui l'a terrassé. Il sent qu'il y a anguille sous roche. Tous mes gènes hurlent : « Je suis une prolongation de ta chair que tu as refusée et qui maintenant se retourne contre toi ! »

J'empoche les billets qu'il me tend. Et, en plus, je suis riche. Le voilà, mon héritage.

Il est sur le point de parler. Je sens qu'il a envie de parler. Il va me poser une question. Nous allons discuter. Je lui parlerai de maman. Et puis non. Sa bouche frémit. Il ne dit rien et s'en va.

144. VENUS. 22 ANS

Je déplie le journal et découvre en première page la nouvelle : Cynthia a eu un accident de voiture. Je lis les détails. Un chat a traversé inopinément la route. Le chauffeur a braqué pour éviter l'animal et a percuté un réverbère. Le chauffeur est indemne car il avait attaché sa ceinture de sécurité. Cynthia, qui n'avait pas jugé bon de prendre cette précaution, est allée droit dans le pare-brise feuilleté. Ses jours ne sont pas en danger, mais les éclats de verre l'ont défigurée.

Le soir, je fête l'événement avec mon agent. Billy Watts me présente une invité-surprise. Ludivine, la médium qui lui avait annoncé ma réussite.

Ludivine est une femme aux allures de grosse paysanne directement sortie de sa campagne. Le cheveu blanc, la poitrine immense, elle parle avec un fort accent. Elle sent le chou.

Pourquoi les anges utiliseraient-ils des gens aussi quelconques pour parler aux hommes ? Mystère. Mais comme sa prophétie s'est révélée juste, je l'écoute.

Elle lit dans les lignes de ma main. La médium me dit que, pour moi, être mannequin n'est qu'une étape.

Je deviendrai aussi une célèbre actrice. Et ce n'est pas tout. Je vais connaître une vrai grande histoire d'amour comme on n'en rencontre que rarement dans une vie.

— Et pour moi, demande Billy Watts, avide comme un drogué réclamant sa dose, dans le futur vous voyez quoi ?

145. RIEN

Rien.

Il n'y a rien. Rien de rien.

Mes trois amis ont continué les virées dans l'espace pendant que je surveillais docilement mes clients. Ils n'ont rien trouvé. Nous nous réunissons dans le coin sud du Paradis. Je suis content de ne pas avoir continué à perdre mon temps dans ces vaines expéditions.

— Nous avons peut-être atteint notre limite de compétence, soupire Marilyn Monroe. Quand je pense que, jadis, les humains redoutaient d'être envahis par des extraterrestres qu'ils s'imaginaient méchants ou terrifiants. Si seulement... ils pouvaient exister !

Freddy se lève. Je le connais bien. Quand il s'agite comme ça, c'est qu'il a une idée. Il frétille comme un chien d'arrêt qui aurait flairé sa proie.

— Attendez... attendez, attendez, attendez. Vous connaissez l'histoire du type qui a perdu la nuit ses clefs dans la rue ?

Raoul affiche une expression qui indique clairement qu'il n'a pas le cœur à entendre des blagues. Freddy poursuit, imperturbable :

— Eh bien, il cherche ses clefs sous un réverbère. Un autre type le rejoint et l'aide à chercher. Il lui demande : « Mais vous êtes sûr de les avoir perdues là ? » « Non », répond l'autre. « Alors pourquoi vous les cherchez ici ? » « Parce que sous le réverbère, au moins, il y a de la lumière. »

Personne ne rit. Nous ne voyons pas le rapport avec nos propres recherches.

— Notre erreur est peut-être de nous être limités dans nos explorations, dit Freddy. On cherche là où ça nous est facile de chercher. Comme ce type qui cherche ses clefs à la lueur du réverbère.

— Mais nous n'avons pas de limites, proteste Marilyn. Nous avons voyagé sur des milliards de kilomètres à la vitesse de la lumière.

— Nous nous sommes limités ! insiste le rabbin alsacien. Nous sommes comme des microbes dans un bocal. Nous avons l'impression de parcourir des distances incroyables, mais nous restons toujours dans le même bocal. Alors qu'on pourrait en sortir. Aller voir... au-delà.

Je ne comprends pas où notre ami veut en venir. A priori, si loin que nous allions, nous ne rencontrerons pas de paroi de verre nous marquant une frontière.

— Et c'est quoi, notre « bocal » ? demandé-je.

— Notre galaxie.

— Nous avons visité tout au plus 0,1 % des planètes susceptibles d'être habitées dans la Voie lactée. Pourquoi irions-nous chercher ailleurs ? demande Marilyn.

Raoul Razorbak fronce ses sourcils épais. Lui semble saisir l'idée de Freddy.

— Mais oui, bien sûr ! Chez nous, le Paradis est situé au centre de la Galaxie. Peut-être que dans les autres galaxies il y a d'autres paradis également situés au centre.

J'aime ces instants d'ébullition intellectuelle où, brusquement, l'écran de notre imaginaire s'agrandit un peu.

— Freddy a raison, répète Raoul. Il faut sortir de notre galaxie. Il n'y a peut être qu'une seule planète dotée de conscience par galaxie... La nature créerait donc à chaque fois deux cents milliards de planètes pour n'en doter qu'une seule de vie et de conscience ? Quel... gaspillage !

Cela a en tout cas l'avantage d'expliquer pourquoi on n'a rien trouvé.

— Le problème, dit Freddy, c'est que si la distance entre deux étoiles est déjà immense, la distance entre deux galaxies est encore plus considérable, des millions d'années-lumière.

— Sommes-nous à même d'accomplir de tels parcours ? demande Marilyn Monroe.

Raoul répond du tac au tac.

— Sans problème. Nous pouvons encore voyager beaucoup plus vite.

Je perçois les implications d'un si grand voyage. Visiter une autre galaxie équivaut à abandonner mes clients pendant une période qui risque d'être quand même très longue.

— Sans moi. Je me suis engagé auprès d'Edmond Wells. Je crois que vous allez commettre une très grosse bêtise, dis-je.

— Ce ne sera pas la première fois, note Raoul. Après tout, cela fait aussi partie de notre « libre arbitre d'anges ».

146. JACQUES. 22 ANS ET DEMI

René Charbonnier me demande de réduire mon roman de volume. De mille cinq cents pages, je passe donc à trois cent cinquante, de huit batailles, je passe à une, de vingt personnages principaux, je passe à trois et de cent quatre-vingts décors, je passe à douze.

D'ailleurs, l'exercice qui consiste à ne conserver que l'essentiel me paraît salutaire. Je réécris, je peaufine et peaufine encore chaque ligne. Puis je coupe carrément tout le début et toute la fin de mon texte. Ainsi on entre plus vite dans l'histoire et on en sort plus vite aussi. C'est comme une montgolfière que j'allège afin qu'elle puisse mieux s'élever.

Plus mon manuscrit s'améliore, plus Gwendoline devient nerveuse. Elle marmonne : « Oui, pour toi tout marche. Ce n'est pas à moi que ça arriverait. » Je réponds : « C'est mieux pour nous deux qu'il y en ait un au moins qui réussisse. Ainsi, il peut aider l'autre. »

La phrase est mal choisie. Gwendoline aurait préféré que les rôles soient inversés. Que ce soit elle et non moi qui soit publié afin de démontrer qu'elle aussi est capable d'aider les autres. Ma réussite ne lui fait que prendre davantage conscience de sa non-réussite.

Plus la date de publication approche, plus elle devient agressive et je me retrouve presque obligé de m'excuser d'être édité. Elle finit par déclarer carrément : « Si tu m'aimes vraiment, tu dois trouver en toi la force de renoncer à publier ce livre. »

Je ne m'attendais pas à ce que son envie s'exprime aussi crûment. Je lui promets de l'emmener en vacances si *Les Rats* rapportent de l'argent. Elle me répond qu'elle déteste les vacances et que, de toute façon, mon roman est trop mauvais pour intéresser qui que ce soit.

Il se passe peu de temps avant que Gwendoline me quitte pour aller refaire sa vie avec Jean-Benoît Dupuis, psychiatre spécialisé dans la spasmophilie.

— Je te quitte pour Jean-Benoît car lui au moins a eu le courage de prononcer les seuls mots que tu as été incapable de me dire pendant toute notre relation : « Je t'aime. »

Je me sens abandonné, Mona Lisa aussi. Nous commencions à nous habituer à cette présence furtive.

Je passe à nouveau du temps enfermé à lire dans les W-C.

Gwendoline ne tarde pas à me téléphoner pour me tenir informé de son bonheur : « J'ai trouvé l'homme qu'il me faut. Jean-Benoît est parfait. » Et puis, ça se gâte. « Il est devenu fou furieux quand il a appris que je t'appelais. »

Pourtant, elle appelle toujours. Quelques écailles lui sont tombées des yeux. Elle pense que son psychiatre souffre d'un complexe d'infériorité en raison de sa petite taille. Il en veut à tous les gens plus grands que lui. Comme il est spécialiste en spasmophilie, il a affaire généralement à des clientes déprimées et faciles à manipuler. Il s'amuse à interférer dans leur vie pour voir jusqu'où va son pouvoir de manipulation. Après plusieurs tentatives de suicide de patientes, les familles ont demandé qu'il soit rayé de l'Ordre. Mais comme il est ami du ministre de la Santé, personne n'a pu l'inquiéter.

Un jour, par hasard, je rencontre Gwendoline dans la rue, elle se rendait au pressing pour déposer des vestes de Jean-Benoît. Elle a un bras en écharpe. Son visage est émacié. Elle dissimule un œil au beurre noir sous des lunettes de soleil.

Elle me voit. D'abord, elle veut me fuir, puis elle se ressaisit. Elle me touche doucement la main. Enfin, elle sourit et dit :

— Tu ne peux pas comprendre, c'est l'amour. Dupuis m'aime tellement.

Puis elle déguerpit.

Après ça, je n'ai plus eu de nouvelles de Gwendoline.

Cette histoire me perturbe.

Je me lance dans ma fuite habituelle, l'écriture : la suite des *Rats* puisque le premier tome est sur le point de paraître. C'est le moment que mon ordinateur choisit pour me laisser tomber. Une panne inexplicable et je perds tous les textes accumulés dans le disque dur !

Cela me fait un drôle d'effet, perdre ma fiancée et perdre tous mes chantiers, c'est mourir un peu. Je décide de renaître et, derechef, je recommence à écrire. Il me vient l'idée d'un personnage supplémentaire, une représentation de Dupuis.

Après tout, c'est la première fois que mon chemin croise celui d'un vrai « méchant ». Alfred Hitchcock le soulignait, ce qui fait la valeur d'une histoire, c'est la qualité du méchant. Avec Dupuis, je tiens un anti-héros d'autant plus crédible qu'il existe vraiment. Je l'introduis dans mon *Ode aux Rats* et tous mes autres personnages prennent davantage de relief.

J'écris assidûment, mais je ne sais pas pourquoi cette histoire n'en finit pas de me tourmenter. Avec Gwendoline, j'ai pris conscience qu'il est impossible d'aider les autres malgré eux, et cette révélation me navre. J'écris mais je commence à traverser une nouvelle crise de défaitisme. Comme d'habitude ça me fait du mal à retardement. Ça me fait même oublier mon plaisir d'être bientôt publié.

Je m'enferme dans les W-C et, au lieu de lire, je rumine : « À quoi bon ? » Je crois que je n'ai pas réalisé le souhait de Mlle Van Lysebeth, je n'ai pas trouvé ma place. Peut-être que je suis complètement à côté de ma mission... et pas du tout écrivain. À quoi bon insister ?...

147. ENCYCLOPÉDIE

CHACUN SA PLACE : Selon le sociologue Philippe Peissel, les caractères féminins présentent quatre tendances :

1 — les mères,

2 — les amantes,
3 — les guerrières,
4 — les initiatrices.

Les mères accordent par prédilection l'importance au fait de fonder une famille, avoir des enfants et les élever.

Les amantes aiment séduire et vivre de grandes histoires passionnelles.

Les guerrières veulent conquérir des territoires de pouvoir, s'engager pour des causes ou des enjeux politiques.

Les initiatrices sont les femmes tournées vers l'art, la spiritualité ou la guérison. Elles seront d'excellentes muses, éducatrices, doctoresses. C'étaient jadis les vestales.

Pour chaque personne, ces tendances sont plus ou moins développées.

Le problème vient lorsqu'une femme ne se retrouve pas dans le rôle principal que la société lui impose. Si on force les amantes à être des mères, ou les initiatrices à être des guerrières la contrainte génère parfois des clashs violents.

Chez les hommes, il y a aussi quatre positionnements préférentiels :
1 — les agriculteurs,
2 — les nomades,
3 — les bâtisseurs,
4 — les guerriers.

Dans la Bible, il y avait Abel le nomade qui s'occupait des troupeaux et Caïn l'agriculteur qui s'occupait des moissons.

Caïn tue Abel et comme punition Dieu dit : « Tu erreras sur la Terre. » Donc on oblige Caïn à être nomade alors qu'il est fondamentalement agriculteur. Il doit faire ce pour quoi il n'est pas fait. Et c'est là sa grande douleur.

La seule combinaison qui peut mener au mariage

durable est « mère-agriculteur ». Les deux étant dans un souhait d'immobilisme et de durée. Toutes les autres combinaisons peuvent donner lieu à de grandes passions, mais entraînent, à la longue, des conflits.

Le but d'une femme accomplie est d'être mère et amante et guerrière et initiatrice. Dès lors, on peut dire que la princesse est devenue reine.

Le but d'un homme accompli est d'être agriculteur et nomade et bâtisseur et guerrier.

Dès lors, on peut dire que le prince est devenu roi.

Et lorsqu'un roi accompli rencontre une reine accomplie, alors il se passe quelque chose de magique. Il y a et la passion et la durée. Mais c'est rare.

Edmond Wells,
***Encyclopédie du Savoir Relatif et Absolu*, tome IV.**

148. VENUS. 22 ANS ET DEMI

Maintenant ma carrière est sur les rails. Je me suis fait refaire les seins et quand je m'allonge sur le dos, les pointes restent dressées vers le ciel telles des pyramides égyptiennes.

Un coiffeur visagiste a coupé mes cheveux et un dentiste « paysagiste des mâchoires » s'est chargé d'un traitement spécial pour me blanchir les dents. Les métiers de la médecine sont décidément en passe de devenir des métiers d'art.

Dans les kiosques, ma silhouette et mon visage démultipliés ornent régulièrement les couvertures de magazines. Un sondage me classe parmi les dix femmes les plus sexy du monde. Inutile de dire qu'avec cette carte de visite j'ai tous les types à mes pieds. Je jette donc mon dévolu sur celui qui est toujours classé le numéro un des sex-symbols masculins, Richard Cuningham. L'idole de ma jeunesse.

Je charge Billy Watts d'arranger l'affaire. Il s'empresse d'obtempérer car son médium lui a confirmé que je formerais bientôt un couple avec Cuningham. Mon agent convainc facilement celui de Cuningham et, quelques jours plus tard, tout est convenu, signé, négocié, ratifié. Je dois rencontrer Richard « par hasard » dans un restaurant japonais de Santa Monica. Tous les photographes ont été avertis par un buzz du genre : « Ne le répétez à personne mais il paraît que... »

Je porte pour l'occasion des vêtements rouges car il a déclaré dans une interview aimer les femmes qui s'habillent en rouge. Pour sa part, il a eu la délicatesse de se parfumer avec « Euphorie », le parfum français que je représente.

Nos agents mangent à une table non loin et passent au crible la liste de leurs autres clients masculins et féminins qu'ils pourraient mettre en couple. Je regarde Richard. Il me semble mieux que dans ses films. Étonnant comme sa peau est lisse. Et ce n'est pas de la chirurgie esthétique ! Il doit utiliser une crème révolutionnaire, un truc que je ne connais pas. L'avoir devant moi en chair et en os, après l'avoir vu si souvent à la devanture des cinémas et dans des magazines, m'intimide un peu. Pour sa part, il mate mes seins neufs. Je ne suis pas mécontente de les rentabiliser aussi vite. On commande des sushis puis vient l'instant terrible où l'on doit engager une conversation. Nous ne savons pas quoi nous dire.

— Euh, votre agent... il est bien ? demande Richard. Il prend combien ?

— Heu... 12 % sur tout ce que je fais. Et le vôtre ?

— Le mien me prend 15 %.

— Peut-être devriez-vous renégocier ?

— C'est-à-dire que le mien s'occupe de tout. Il remplit mes factures, mes feuilles d'impôts, il paye mes courses, avec lui je peux même me permettre de ne jamais avoir d'argent sur moi. Je crois que la dernière fois où je me suis servi d'un porte-monnaie c'était il y a dix ans, avant mon succès dans le film *Nue contre toi.*

— Ah... *Nue contre toi* ?

— Oui...

— Mmmh...

Que dire ensuite ? Silence gênant. Heureusement, on nous apporte les plats et nous mangeons. Ce n'est qu'au dessert que nous trouvons un deuxième thème de conversation. Nous parlons des cosmétiques qui entraînent des allergies et de ceux que tous les types de peaux supportent bien. Enfin détendu, il me dresse la liste de tous les ragots qu'il connaît dans le métier, qui couche avec qui, et quelles sont les perversions des célébrités. Ça, c'est vraiment passionnant. Le genre de conversation qu'on n'a pas avec n'importe quel quidam.

— Je vous trouve très belle, articule-t-il en y mettant une intonation très professionnelle.

Bon, il n'a pas vu tout ce qui cloche chez moi. J'en connais les détails par cœur : mes oreilles aux lobes trop courts, mes cils effrangés, mon gros orteil qui fait angle avec le reste du pied, mes genoux un peu cagneux...

Après le repas, il me conduit dans un palace où il a ses entrées et nous nous apprêtons à faire l'amour. D'abord, il plie ses affaires proprement sur une chaise puis il commande du champagne et règle au mieux les lumières pour créer une ambiance tamisée.

— Alors, tu as le trac, petite ? me demande-t-il.

— Un peu, éludé-je.

— Tu te rappelles ce que je fais à Gloria Ryan dans

D'amour et d'eau fraîche, le truc avec le coussin, tu veux qu'on fasse pareil ?

— Désolée, je n'ai pas vu ce film. Que faites-vous avec le coussin, au juste ?

Il déglutit, puis il pose la question qui a l'air de le préoccuper depuis le début de notre rencontre.

— Lesquels de mes films tu as vus ?

J'en cite une bonne dizaine.

— Tu n'as pas vu *Les Larmes de l'horizon* ? ni *Point trop n'en faut* ? ni *C'est comme ça et puis c'est tout* ? Ce sont mes meilleurs. Même les critiques sont unanimes sur ces trois-là.

— Ahhh...

— On peut les trouver en DVD, je pense. Bon, et parmi les films où tu m'as vu, quel est ton préféré ?

— *Nue contre toi*, dis-je, baissant les yeux.

Moi aussi, je sais faire l'actrice.

Il en profite pour me déshabiller. Par précaution, j'ai choisi pour dessous ma tenue en dentelle de soie « Ravage ». Ça, c'est mon petit film à moi. Ça lui fait de l'effet. Il me pétrit aussitôt la poitrine à travers l'étoffe, embrasse mon cou, caresse longuement mes cuisses. Je l'arrête avant qu'il ne touche mes genoux cagneux. Puis je le caresse à mon tour. Je découvre quelques tatouages sur son corps, ce sont des reproductions d'affiches des trois films préférés qu'il m'a cités. Un moyen subtil de faire sa propre promotion.

Puis nos corps se posent l'un sur l'autre. Il ne me conduit pas à l'orgasme. Il est trop attentif à son propre plaisir pour s'occuper du mien.

Les jours qui suivent, je réalise que Richard n'est probablement pas l'homme idéal évoqué par la médium Ludivine. Mais je suis consciente que le fréquenter me propulse dans le show-business. Je décide donc de devenir Mme Cuningham. Autre avantage, toutes mes rivales en seront vertes de jalousie et rien que pour ça, ça en vaut la peine.

Je redoutais que ce mariage ne me fasse perdre les faveurs du grand public mais au contraire ma cote grimpe encore. Trois jours après la noce, je suis invitée au journal de 20 heures, présenté par le légendaire Chris Petters. Quelle consécration ! Chris Petters, l'idole des ménagères de moins de cinquante ans, est le journaliste le plus célèbre depuis l'avènement de sa chaîne d'information américaine en continu qui couvre toute la planète. C'est lui qui dit au monde ce qu'il doit penser de tout ce qui se passe sur les cinq continents. C'est à lui que les tyrans les plus cruels remettent des otages éperdus de reconnaissance après des mois passés dans des caves enchaînés à des radiateurs, car même les tyrans regardent le journal de Chris Petters.

J'arrive au studio avec un peu de retard, conformément à mon nouveau statut de star, et le journaliste est là pour m'accueillir avec son célébrissime sourire. Il affirme que c'est un grand honneur pour lui de recevoir une star telle que moi. Il me dit suivre ma carrière depuis le début et avoir toujours su que j'irais loin.

Dans mon fauteuil, près de lui, je commente les images : la guerre en Tchétchénie (je persiste à me déclarer farouchement contre toutes les guerres), les maladies sexuellement transmissibles (je suis pour la sexualité mais pas au prix de la mort), la pollution (c'est scandaleux tous ces industriels qui polluent), les tremblements de terre (c'est affreux tous ces gens qui meurent parce que les promoteurs n'ont pas construit de maisons assez solides, on devrait les mettre en prison), l'amour (il n'y a rien de plus beau), Richard (c'est le meilleur des hommes, nous sommes très heureux et nous voulons beaucoup d'enfants).

Après l'émission, Chris Petters me dit qu'il souhaiterait avoir mon adresse pour m'envoyer l'enregistrement de l'émission sur une cassette. Le soir même, alors que, fourbue, je m'apprête à profiter d'un bon sommeil, j'entends frapper à ma porte. Comme je vis toujours seule (le mariage avec Richard est plus médiatique que réel), je regarde dans l'œilleton. C'est Chris Petters. J'ouvre.

Il ne sourit plus. Il me pousse en arrière, m'arrache mes vêtements en me traînant vers ma chambre où, brutalement, il me jette sur le lit. En proie à une folle terreur, je le regarde tirer de sa veste un long lacet noir.

Il me tord un bras, me bloque le dos avec son genou d'un geste assuré. Puis il noue le lacet autour de ma gorge et serre. Je suffoque. Ma main libre essaie de lui agripper quelque chose. Mais son genou éloigne mon torse et le rend hors d'atteinte. Je sens pourtant quelque chose de filandreux au bout de mes doigts. Fermement, je tire.

Et... et ses cheveux me restent dans les mains. Ils sont postiches ! De se retrouver déplumé décontenance Chris Petters. Il hésite, et tourne les talons. La porte claque.

Incrédule, je contemple la perruque.

Une heure plus tard, je cours porter plainte à la police, accompagnée de Richard que j'ai convoqué d'urgence chez moi. Encore paniquée, je me perds dans mes explications mais j'en dis suffisamment pour qu'un inspecteur nous prenne à part dans son bureau insonorisé. Là, il nous explique patiemment que Chris Petters est en effet célèbre pour ses « frasques » et qu'il a déjà mis à mal plusieurs filles. Il admet qu'il est possible en effet qu'il soit l'assassin au lacet. Mais... le problème c'est que son taux d'audience bat tous les records. Il est l'idole du public. Il plaît autant aux femmes qu'aux hommes, aux pauvres qu'aux riches, et cela dans le monde entier. Il est... comment dire ?... une « vitrine de l'Amérique ». Ce qui fait que Chris Petters est protégé par sa chaîne, protégé par le gouvernement, protégé par tout ce que la nation compte de décideurs. On ne peut rien contre lui.

J'agite la perruque comme une preuve et un trophée. L'inspecteur ne doute pas qu'elle appartienne à Chris Petters, mais n'en insiste pas moins sur son impuissance.

— Si c'était le président des États-Unis qui vous avait attaquée, nous aurions pu faire quelque chose pour vous. Un président n'est pas au-dessus des lois. Mais Chris Petters, lui, est strictement intouchable.

— Nous ne sommes pourtant pas n'importe qui. Elle est Venus Sheridan et moi, son mari, vous me reconnaissez tout de même !

— Oui, vous êtes Richard Cuningham. Et alors ! Vous sortez un film tous les six mois, tandis que lui est là tous les soirs et deux milliards de gens le regardent partout dans le monde ! C'est un monument international !

Je ne comprends plus rien. Toutes mes valeurs s'effondrent. Ainsi, il y a de nos jours des gens qui échappent à la loi. Le policier consent à m'expliquer :

— Au début, le pouvoir appartenait aux plus musclés, ceux qui avaient la force de balancer avec le plus de violence leur massue ou leur épée sur leurs congénères vivaient au-dessus des lois. Puis le pouvoir est allé aux « bien-nés », aux nobles. Ils avaient droit de vie ou de mort sur leurs esclaves ou leurs serfs. Puis le pouvoir est allé aux riches et aux politiciens. La justice n'osait rien intenter contre eux quoi qu'ils fassent. À présent, le pouvoir est aux animateurs de télévision. Ils peuvent tuer, voler, tricher, personne n'osera leur dire quoi que ce soit. Car le public les aime. Chris Petters est l'homme qui passe le plus régulièrement à la télévision. Personne n'osera s'attaquer à lui. Et surtout pas moi. Ma femme l'adore trop.

— Si on ne peut plus compter sur la police, nous aurons recours aux journalistes pour ébruiter ce scandale. Il est impensable de laisser un tel fou dangereux en liberté ! éclate Richard.

— Faites ce que vous voulez, dit calmement l'inspecteur. Mais je vous garantis à l'avance que si vous réclamez justice, vous vous ferez avoir, car il pourra payer un meilleur avocat que le vôtre. Et de nos jours ce qui importe n'est pas d'avoir raison mais d'avoir un bon avocat.

Le policier philosophe nous fixe comme s'il nous prenait en pitié.

— Pour vous attaquer à un tel bastion, il vous faudrait encore beaucoup plus, beaucoup plus de gloire, avoue-t-il franchement. Et puis quand bien même... vous tenez tellement à risquer vos carrières pour ce petit incident ? Moi, à votre place, vous savez ce que je ferais ? J'adresserais un petit mot à Chris Petters pour l'informer que vous ne lui gardez pas rancune. Après tout, peut-être qu'ainsi il consentira à vous réinviter dans son émission...

Nous nous confions quand même à quelques journalistes triés sur le volet pour leur audace et leur talent d'investigation. Mais aucun n'accepte de nous suivre. Tous ne rêvent que de travailler à la télévision avec Chris Petters. Certains en appellent à la « solidarité professionnelle ». D'autres évoquent le « ridicule » de la situation. Se plaindre d'un viol qui n'a pas eu lieu...

— Mais il va s'en prendre à d'autres filles ! Ce type est un malade ! Sa place est en prison.

— Oui, tout le monde est au courant, mais ce n'est pas le bon moment pour en parler.

Je suis atterrée. Je comprends que jamais je ne serai en sécurité. Ma beauté, ma richesse, Richard, ma cohorte d'admirateurs, rien ne me protège face à des prédateurs intouchables tels que Chris Petters.

Je ne regarde plus la chaîne d'information américaine en continu et son journal du soir. Piètre vengeance.

Les mots du policier me reviennent en mémoire. « Pour vous attaquer à un tel bastion, il vous faudrait encore beaucoup plus, beaucoup plus de gloire. » Parfait, ce sera mon prochain objectif.

149. IGOR. 22 ANS ET DEMI

J'ai dû me séparer de Stanislas. Il était devenu pyromane. Quand quelqu'un ne lui revenait pas, il commençait par mettre le feu à sa boîte aux lettres puis il incendiait sa voiture. Ça ne lui a pas suffi. Il a lancé un cocktail Molotov contre la représentation de la Tchétchénie à Moscou.

Le psychiatre lui a déconseillé de toucher dorénavant aux allumettes, aux briquets et même aux pierres à feu. Mais il vient juste de récupérer un lance-flammes dans un magasin de surplus militaires et je crains le pire. Pauvre Stanislas... Encore une victime de la paix.

Le poker devient un métier régulier si ce n'est que le casino est mon bureau, le restaurant du casino ma cantine, que je n'ai pas de retraite ni de Sécurité sociale et que les horaires de travail sont décalés. À ma table se présente cette fois un type barbu aux cheveux longs, plutôt mal habillé. À ma vive surprise, lui non plus ne regarde pas ses cartes avant de miser. Aurais-je lancé une mode ? Vais-je me retrouver désormais face à d'autres adversaires jouant à ma manière ? Le type se retire cependant avant que le pot n'ait atteint des sommets.

— Très honoré d'avoir joué avec vous, monsieur, dit-il.

Il m'adresse ensuite un clin d'œil.

La voix m'est indubitablement familière. Je la

connais cette voix. Elle résonne comme si elle appartenait à quelqu'un de ma famille...

— Vassili !

Sous ses poils de menton, je ne pouvais pas le reconnaître au premier coup d'œil. Il est toujours calme, toujours serein. Nous abandonnons la table à d'autres joueurs pour gagner le restaurant. Nous nous installons en tête à tête et, tout en dînant, nous parlons.

Vassili est devenu ingénieur en informatique. Il met au point un logiciel d'intelligence artificielle qui confère un début de conscience aux ordinateurs. Il a longtemps recherché le moyen de donner aux programmes l'envie d'en faire davantage par eux-mêmes. Il a trouvé. Il les motive en leur insufflant la peur de la mort.

— L'ordinateur sait que s'il ne réussit pas la mission fixée par son programmateur, il ira à la casse. Cette crainte l'incite à se surpasser.

La peur de la mort... Il est donc possible de transmettre nos angoisses aux machines... elles sont devenues nos créatures... Vassili m'invite chez lui pour jouer au poker contre son programme informatique stimulé par la peur de la mort. Autant les logiciels d'intelligence artificielle appliqués aux échecs sont rigides, autant son logiciel de poker est souple. Il est même capable de « bluffer ». J'ai pour adversaire le programme qu'il a nommé « Subtility ». Il est difficile à battre parce que, évidemment, il se moque bien que je regarde ou ne regarde pas mes cartes. De plus, il s'améliore en tenant compte des parties précédentes qu'il mémorise et compare sans cesse pour en déduire ma stratégie habituelle.

Je finis pourtant par le battre en optant pour un comportement complètement aléatoire.

— C'est la limite de ton système, Vassili. Ton ordinateur est toujours logique alors que moi, je peux avoir une conduite tout à fait irrationnelle.

Vassili est d'accord, mais il compte remédier à cette lacune en accroissant la peur de la mort.

— Quand la machine sera vraiment angoissée à l'idée de perdre et de mourir, elle inventera toute seule des méthodes pour gagner auxquelles aucun homme n'a encore pensé. Elle deviendra apte à dominer les joueurs irrationnels ou même fous.

Vassili me demande ce qui s'est passé après l'« incident de l'orphelinat ». Je lui raconte mes exploits guerriers et mes retrouvailles avec Vania et mon père.

— Maintenant, lui dis-je, il ne me reste plus qu'à retrouver ma mère et à trancher définitivement mon cordon ombilical. Ensuite, je serai libre.

— Chéri, j'ai préparé un petit repas pour toi et ton ami ! dit une voix en provenance de la cuisine.

— On vient.

Vassili a réussi. Il a une femme, des enfants, une famille, un métier stable qui le passionne. Le petit orphelin de Saint-Pétersbourg a bien remonté la pente. Je me rends compte que moi aussi, j'ai envie d'une femme qui m'aime, je suis las des call-girls et des danseuses d'une nuit du casino.

Je me rends en province dans un nouveau casino surprendre de nouveaux partenaires. Je gagne une belle somme et, comme je sort de l'établissement, je remarque que je suis suivi. Ça arrive dans le métier. Il y a souvent de mauvais joueurs qui cherchent à récupérer leurs pertes. Je serre les poings, prêt à bondir. Mais c'est inutile car c'est la pointe d'un couteau que je sens dans mon dos. Je me retourne. Le patron du casino est là, flanqué de six de ses vigiles.

— Je t'ai longtemps observé avec les caméras intérieures. Je n'arrivais pas à croire que c'était toi. La Russie est si vaste et il faut que tu choisisses mon casino tout neuf pour plumer ma clientèle ! Je t'ai immédiatement reconnu, tu sais ? Il y a des visages qu'on n'oublie pas.

Pour ma part, je ne le reconnais pas le moins du monde. Mais comme je ne peux pas lutter contre sept bonshommes à la fois, j'attends calmement la suite.

— J'ai une théorie à moi, déclare le propriétaire. Il y a des gens avec qui l'on a, comment dire ? un « rendez-vous avec le destin ». Même si on le manque une fois, il revient. Et, si on le rate, il revient encore et encore. Jusqu'à ce qu'on ait réglé la dette. C'est ce que certains appellent les « coïncidences » ou l'impression de déjà-vu. Moi, j'ai déjà vu cet instant où je te retrouverais. Je l'ai vu plusieurs fois et ce n'était pas en cauchemar. Oh non !

Promenant son arme sur mon ventre, il continue :

— Les bouddhistes prétendent que ces rendez-vous se reproduisent en de multiples vies. Ennemis dans cette existence, ennemis dans la suivante. Il y aurait selon de nombreuses religions des familles d'âmes qui se retrouvent éternellement afin de régler leurs comptes. Pour le meilleur ou pour le pire. Dans une vie antérieure, peut-être as-tu été mon épouse et nous nous disputions. Dans une vie antérieure, peut-être as-tu été mon père et tu me rouais de coups. Dans une vie antérieure, peut-être étais-tu le chef d'un pays contre lequel j'étais en guerre. Il y a si longtemps que je ne t'aime pas...

Il s'avance dans le cercle de lumière. Le réverbère révèle son visage. Ses traits ne me disent toujours rien.

Il doit lire dans mes pensées.

— Tu as retrouvé sans doute tes amis. Il est donc normal que maintenant tu retrouves tes ennemis.

Je le dévisage, la mémoire toujours vide. Il enfonce davantage la pointe de son couteau dans ma chair. Un peu de sang coule.

Piotr.

La Russie compte deux cents millions d'habitants et coup sur coup je tombe sur mon père, Vania, Vassili et Piotr ! Ça fait vraiment un peu trop de coïncidences.

Il n'y a que ma mère que je n'ai pas encore revue. Je pense qu'elle ne va plus tarder.

Aurait-il raison ? Il existerait des familles d'âmes qui ne cessent de se croiser et de se recroiser ? Sinon pourquoi toujours ces mêmes personnages sur mon chemin ?

De ma voix la plus sereine, je demande :

— Assez palabré. Que veux-tu, Piotr, un duel comme au bon vieux temps ?

— Non. Je veux seulement que mes copains te tiennent pendant que je t'arrangerai. C'est ça, la sélection darwinienne. En cet instant, je suis mieux adapté à la nature que toi, car tu es seul et moi j'ai des copains costauds. Tu te souviens de ça ?

Il dénude une balafre au-dessus de son nombril.

— Le jour où tu m'as taillé cette estafilade, il s'est produit une désharmonie dans l'univers. Je dois y remettre bon ordre.

Il prend un peu d'élan et enfonce son couteau dans mon ventre. Ça fait vraiment très mal. Tout brûle et irradie à partir de mes entrailles. Je me plie en deux. Des flots de sang coulent sur mes genoux.

— Voilà qui rétablit l'équilibre, dit Piotr. L'univers est à nouveau en harmonie. Venez, les gars.

Je m'affale sur les marches. Le sang coule à gros bouillons et se répand autour de moi. J'essaie de presser fort pour retenir tout ce liquide tiède dont j'ai tant besoin pour tenir.

J'ai froid.

Très froid. Mes doigts s'engourdissent. Je ne sens plus ce qui se passe à leur extrémité. La même torpeur gagne mes bras. Puis mes pieds, jusqu'au bout de mes orteils. J'ai l'impression de rétrécir. Mourir, c'est très pénible finalement. Je ne le recommande à personne. J'ai mal partout. La torpeur m'envahit tout entier. J'ai tellement froid. Je tremble.

Désormais des pans entiers de mon corps sont insensibles. Je ne peux plus ordonner à ma main de se mouvoir. Quand je lui ordonne de bouger elle reste là, à la même place, toujours pressée sur mon ventre. Je la regarde. Elle est comme un objet qui ne m'appartient plus. Que va-t-il se passer maintenant ? J'ai l'impression qu'une lumière agréable m'attire là-haut.

J'ai peur.

Je m'évanouis.

Je meurs.

150. L'HUMANITÉ EST-ELLE SOLUBLE ?

Igor va mourir ! C'est beaucoup trop tôt. Vite, il faut le sauver.

Je me concentre sur un chat pour qu'il se rende sur le balcon et miaule. Puis je pousse sa propriétaire qui dort à se lever en lui envoyant des cauchemars. Elle se réveille, entend le chat, va le chercher sur le balcon. Je lui envoie l'intuition de regarder en bas à gauche. Elle voit Igor poignardé. Elle a pour premier réflexe de fermer la fenêtre et de ne rien faire. Je lui lance des signes funestes : crucifix qui se renverse, portes qui claquent, bourdonnement d'oreilles. Elle finit par faire le lien avec le corps, en bas. Mue par sa superstition, elle téléphone aux pompiers.

Dans la caserne des pompiers, ils dorment aussi. Je dois, là encore, les réveiller par des cauchemars.

Enfin le camion s'élance dans la nuit. Mais il y a des embouteillages et la sirène est en panne. Je dois prendre un par un les automobilistes pour leur insuffler l'intuition de regarder dans leur rétroviseur et de laisser passer les pompiers.

Les pompiers trouvent Igor. Je le suis jusqu'à l'hôpital et là je me débrouille pour que la meilleure équipe s'occupe de lui.

Et d'un.

Je fais tourner le triangle des sphères. Venus, elle aussi, est dans une mauvaise passe. Mais comment s'y prennent-ils pour se fourrer dans de tels pétrins ! Je la vois en train d'être rongée par le désir de vengeance. Vite, j'agis sur Ludivine. Je lui ordonne d'aller voir Billy Watts, ensemble ils rejoignent Venus. Là, il faut tout remonter à la manivelle. Ludivine lui explique que si Chris Petters n'est pas puni par les hommes, il sera jugé en haut. Ça n'a pas l'air de convaincre ma cliente. Elle prétend que puisqu'on vit dans un monde cynique où les assassins restent impunis, elle ne voit pas pourquoi elle se donnerait du mal pour bien se comporter. Elle aussi, après tout, prend plus de plaisir dans la perversion que dans la rectitude.

Bon, là ça va être difficile.

Il faut que je la sorte du processus de vengeance vers lequel son esprit s'achemine. La vengeance c'est un « full time job » et elle n'a pas de temps à perdre à faire du mal aux autres.

La négociation est difficile. Finalement, j'obtiens d'elle un accord : elle veut bien renoncer à sa haine, mais elle exige la gloire pour ne plus avoir à redouter des monuments comme Petters. Si je m'attendais à négocier mes miracles avec mes clients ! Je réponds seulement que je vais faire mon maximum.

Jacques, à présent. Il a enfin ce qu'il voulait, être publié, et voilà qu'il me fait une petite dépression nerveuse ! Qu'est-ce qu'il veut ? L'amour ? Bon sang, c'est quand même incroyable ! Depuis l'épisode de Gwendoline, ses besoins affectifs ont décuplé. Qu'est-ce que je vais pouvoir lui dénicher comme petite amie ?... Comme je suis dans la forêt turquoise autour du lac, je demande à mon voisin s'il n'a pas une cliente célibataire en stock qui pourrait combler un vide affectif.

Je suis obligé d'interroger une dizaine d'anges avant de dénicher une mortelle qui puisse supporter les traits particuliers de caractère de mon client. Je la lui fais apparaître en rêve. Ça devrait aller.

J'observe les autres anges alentour. Raoul, Marilyn et Freddy préparent leur grand voyage dans l'autre galaxie. Je leur ai dit que, cette fois non plus, je ne les suivrais pas et je ne participe donc pas à leurs réglages de vol.

Raoul me fait signe d'approcher. Je fais semblant de ne pas l'avoir remarqué et me dirige vers Mère Teresa. Elle a l'air d'avoir trouvé ses marques. Consciente de ses maladresses passées elle fayote désormais un maximum auprès des anges instructeurs. Elle leur apporte ses œufs comme une élève zélée. Elle n'hésite maintenant plus du tout à conseiller à ses clients de virer les serviteurs kleptomanes ou d'investir dans les industries qui font travailler les enfants du tiers-monde. Elle dit à qui veut l'entendre : « Au moins comme cela ils ont du travail. » Je me demande si Mère Teresa n'est pas passée d'un excès à l'autre. Il faut voir l'état de ses clients. Ils deviennent tous matérialistes, obsédés sexuels et cocaïnomanes de salon.

Je volette. Je parcours les grandes plaines de l'Est pour rejoindre les falaises nord-est. Je retrouve l'entrée que nous avait montrée Edmond Wells. Comment retracer mon chemin dans ce labyrinthe ? Je positionne mes paumes vers le haut et mes œufs arrivent. Il me suffit dès lors de repérer d'où ils arrivent, puis de les laisser repartir pour découvrir par où ils passent. Ainsi, peu à peu, en suivant mes œufs, je finis par regagner la grande salle où siègent les quatre sphères des destins.

Le spectacle des quatre ballons où palpite tout l'enjeu du monde m'impressionne toujours.

Je me plaque contre la paroi de la sphère de l'humanité et je réfléchis. Jacques a peut-être raison. À quoi bon ?

Je vois mes trois clients perdus au beau milieu de six milliards d'êtres humains. S'ils savaient que leur ange les a momentanément laissés tomber pour réaliser ses propres ambitions d'explorateur, comment le jugeraient-ils ? Je repère aussi les tourmenteurs de mes protégés. Pourquoi embêtent-ils tout le monde, ceux-là ? Peuvent pas vivre leur destin en fichant la paix à leurs voisins ?...

Edmond Wells est déjà près de moi, un bras compatissant autour de mes épaules.

— Tu ne comprends donc pas ? demande-t-il.

— Petters. Dupuis. Piotr. Non, je ne comprends pas pourquoi certains humains se donnent autant de mal pour être méchants...

— Ils ne sont pas méchants. Ils sont ignorants, donc ils ont peur. Les méchants sont des peureux qui frappent de peur d'être frappés. La peur explique tout. D'ailleurs, je t'ai entendu tout à l'heure, tu l'as bien expliqué à Venus : Petters a un sexe de taille réduite, il a peur d'être jugé par les femmes, alors... il les tue.

— Mais Petters, Piotr et Dupuis prennent plaisir à faire souffrir leurs semblables !

Edmond Wells lévite gentiment autour des immenses bulles.

— C'est aussi leur rôle. Ils sont des révélateurs de la lâcheté des autres. Petters aurait dû être exclu de la télé depuis longtemps mais, comme son taux d'audience est en croissance régulière, il est protégé et maintenu en place à tout prix. Dupuis aurait dû être radié de l'ordre des médecins mais, comme il a des accointances politiques, ses confrères le redoutent. Ils préféreront toujours l'épargner, voire le protéger. Piotr profite de la gangrène générale de la société russe. C'est un petit caïd dans un monde où chacun fait sa loi. Là, c'est l'absence de système qui autorise le mal.

Tout cela est très normal par rapport au niveau général de l'humanité. Ce sont des 333, ne l'oublie pas.

Le découragement me gagne. Mon maître me secoue.

— Ne sois pas impatient. Ne sois pas dans le jugement. Et puis... tes propres clients ne sont pas des prix de bonté, eux non plus. Ton Igor a tué. Ta Venus a prié pour que sa rivale soit défigurée. Quant à Jacques, c'est un adolescent attardé qui se réfugie dans des mondes imaginaires de crainte d'affronter la réalité.

Edmond Wells me toise gravement.

— Tu ne sais pas tout. Autrefois Chris Petters a été chercheur d'or et chasseur d'Indiens. Avec ses deux acolytes, c'est lui qui a passé la corde au cou de Jacques Nemrod. Tu vois, la vie n'est qu'un éternel recommencement. Et, en plus, il continue à arborer des scalps qui ne lui appartiennent pas... et à étrangler.

Je fronce les sourcils.

— Il y a six milliards d'individus sur la planète. Par quelle coïncidence extraordinaire l'agresseur de Venus est-il aussi l'ancien agresseur de Jacques ?

— Ce n'est pas vraiment une coïncidence, dit mon instructeur. Les âmes se regroupent par familles à travers les siècles. Les rendez-vous cosmiques se perpétuent jusqu'à leur total aboutissement. Intuitivement, ce Piotr l'a compris, lui.

Edmond Wells m'indique au loin, à travers la paroi, quelques œufs qui flottent autour des miens.

— Martine, la première amie de Jacques, a jadis été sa mère.

— C'est pour cette raison qu'elle a dressé cette barrière affective entre eux ?

Edmond Wells acquiesce et poursuit.

— Richard Cuningham a jadis été la sœur de Venus. Billy Watts a été son chien, ils n'étaient pas alors au même niveau d'évolution de conscience. Stanislas a été le fils d'Igor dans une autre existence. Dans ses vies antérieures, il a mis le feu à des bûchers de sorcières. Il a été sous les ordres de Néron à Rome. Il était présent lors de l'incendie de la grande bibliothèque d'Alexandrie et dans des temps encore plus reculés, il a été l'un de ceux qui ont découvert qu'en frottant des silex l'un contre l'autre, on pouvait allumer un feu. Avant de tuer Nemrod, Chris Petters a été conquistador et a tué beaucoup d'Incas.

Dans leurs sphères, les âmes luisent comme des petites étoiles. Ainsi, tout a sa raison d'être, tout prend racine dans l'infini des temps et a une logique invisible propre. Les comportements étranges, les phobies, les obsessions sont incompréhensibles si on ne tient pas compte des vies précédentes. Freud croyait pouvoir expliquer l'adulte en partant du nourrisson alors que pour le comprendre vraiment il aurait fallu partir de sa première incarnation humaine et même de sa première incarnation animale, voire végétale. Peut-être certains adorent-ils la viande parce qu'ils ont été fauves dans la savane. Peut-être certains adorent-ils se dorer au soleil car ils ont été tournesols. Chaque âme a sa longue histoire qui est celle d'un cheminement.

— Alors Raoul, Freddy, les thanatonautes...

— Tu les avais déjà connus sous d'autres formes. Raoul a déjà été ton père. Vous cheminez côte à côte depuis très longtemps. Le rabbin Freddy Meyer a, quant à lui, été ta mère dans plusieurs vies...

À travers la paroi, je considère l'humanité qui me fait face.

— Ne l'oublie jamais, l'enjeu n'est pas la gentillesse, mais l'évolution du champ de la conscience. Notre ennemie, ce n'est pas la méchanceté. C'est l'ignorance.

3.

CE QU'IL Y A AU-DESSUS

151. IGOR. 22 ANS ET DEMI

Je meurs. Je sors de mon corps. La lumière m'attire au loin. Je vole vivement vers elle. Et puis, soudain, je m'immobilise, incapable d'aller plus loin. Une corde argentée part de mon ventre et quelqu'un la tire pour me faire redescendre. Je repars vers la Terre.

— Ça y est. Nous l'avons récupéré !

Ils poussent des cris de joie comme si je venais de naître. Elle était pourtant jolie cette lumière dans le ciel, là-bas.

On m'installe dans un lit, on me couvre, on me borde et je m'endors. Je ne suis plus mort. À mon réveil, une fille blonde aux grands yeux verts et au décolleté vertigineux est penchée sur moi.

C'est un ange et je suis au Paradis. J'ai un mouvement vers elle, mais les différentes perfusions qui me retiennent, branchées dans mon bras, m'enlèvent immédiatement toute illusion. Il y a aussi cette douleur lancinante au ventre.

Cette fille sublime me dit que j'ai passé une semaine dans le coma et que l'équipe médicale a cru que je ne m'en sortirais jamais. Ma robuste constitution m'a cependant permis de tenir le coup. Elle me dit que j'ai sans doute été attaqué par des voyous dans la rue et que j'ai perdu beaucoup de sang. Par chance, j'appartiens à un groupe sanguin très répandu, AB+, et ils avaient suffisamment de plasma en stock pour réparer les dégâts.

Un badge en haut de la blouse blanche précise que l'ange se nomme Tatiana. Tatiana Mendeleiev. Elle est doctoresse et c'est elle qui est chargée de mon cas. Elle admire ma résistance. Je défie les lois de la médecine, dit-elle. Malgré tout, elle a une très mauvaise nouvelle à m'annoncer. Elle baisse ses yeux.

— Soyez fort. Vous avez un... cancer.

C'est donc ça, la « mauvaise nouvelle » ? Bof ! Après avoir approché la grande lumière de la mort là-haut dans le ciel, après avoir affronté ma mère, la mitraille, les éclats de grenades et les roquettes de Tchétchénie, après le coup de poignard de Piotr, un cancer, ça me paraît plutôt bénin.

La doctoresse me prend tendrement la main.

— Mais votre cancer n'est pas n'importe quel cancer. C'est un cancer inconnu jusqu'ici. C'est un cancer du nombril !

Cancer du nombril ou cancer du petit doigt, je ne vois pas ce que cela change. Je vais mourir de maladie, point barre. Il faut que je profite au mieux de ce qui me reste de vic avant d'entreprendre mon prochain envol vers la lumière des cieux.

— J'ai une grande faveur à vous demander, reprend la beauté sans lâcher ma main. J'aimerais que vous soyez mon patient. S'il vous plaît, permettez-moi d'étudier de plus près votre maladie.

Tatiana m'explique que je suis un cas unique. Le nombril est une zone morte, inactive, le reliquat du rapport à la mère. Il n'y a aucune raison qu'un cancer se développe à cet endroit précis.

La doctoresse est férue de psychanalyse. Elle sort un carnet et un stylo et me demande des précisions. Je n'ai pas besoin d'en rajouter : ma mère qui voulait absolument m'assassiner, le duel au couteau à l'orphelinat pile le jour où une famille venait m'adopter, le centre de redressement pour mineurs, l'asile psychiatrique, la guerre en Tchétchénie... Fascinée, Tatiana presse plus fort ma main. Elle dit que j'ai développé des capacités de survie uniques.

Mais ce qui la passionne chez moi, c'est mon cancer, cet inattendu cancer du nombril qu'elle a d'ailleurs déjà sobrement baptisé avec ma permission « Syndrome de Mendeleiev ». Je vais devenir ce qu'elle appelle un « cobaye ». Si j'ai bien compris, un « cobaye », c'est un malade professionnel. Le ministère de la Santé pourvoira à mon logement, ma nourriture, mon habillement, mes soins et mes frais divers. En échange, je me tiendrai à la disposition du corps médical, et plus spécialement de Tatiana. Je l'accompagnerai dans ses conférences dans le monde entier et je me prêterai à tous les examens qui lui permettront de suivre l'évolution dc la maladie. Pour tous ces services, Tatiana me propose un salaire régulier.

Elle cite un chiffre quatre fois supérieur à ma solde. Elle me regarde avec quelque chose d'implorant dans ses grands yeux verts.

Dans quel monde étrange vivons-nous ? Quand on est héros de la guerre, on vous crache à la figure et lorsque vous avez un cancer, on vous adule.

— Alors, vous acceptez ?

Je lui embrasse la main en guise de réponse.

152. ENCYCLOPÉDIE

SOLLICITATION PARADOXALE : **Alors qu'il avait sept ans, le petit Ericsson regardait son père qui essayait de faire rentrer un veau dans une étable. Le père tirait fort sur la corde, mais le veau se cabrait et refusait d'avancer. Le petit Ericsson éclata de rire** et se moqua de son père. Le père lui dit : « Fais mieux, si tu te crois si malin. »

Alors le petit Ericsson eut l'idée, au lieu de tirer sur la corde, de faire le tour du veau et de tirer sur sa queue. Aussitôt, par réaction, le veau poussa en avant et entra dans l'étable. Quarante ans plus tard, cet enfant inventait l'« hypnose ericssonnienne », une manière d'utiliser la sollicitation douce, et la sollicitation paradoxale pour amener les patients à mieux se porter. De même, on peut vérifier quand on est parent que si son enfant tient sa chambre désordonnée et qu'on lui demande de la ranger, il refusera. Par contre, si on augmente le désordre en apportant plus de jouets et de vêtements et si on les jette n'importe où, au bout d'un moment l'enfant dira : « Arrête papa, ce n'est plus supportable, il faut ranger. »

Tirer dans la mauvaise direction s'avère par moments plus efficace que tirer dans la bonne car cela déclenche un sursaut de conscience.

Si on regarde l'histoire, « la sollicitation paradoxale » est utilisée consciemment ou inconsciemment en permanence.

Il a fallu les deux guerres mondiales et des millions de morts pour inventer la SDN puis l'ONU. Il a fallu les excès des tyrans pour inventer les Droits de l'homme. Il a fallu Tchernobyl pour prendre conscience des dangers des centrales atomiques mal sécurisées.

Edmond Wells,
Encyclopédie du Savoir Relatif et Absolu, tome IV.

153. JACQUES. 22 ANS ET DEMI

Le grand jour est arrivé. Le livre *Les Rats* est sorti de l'imprimerie. Demain les gens pourront le trouver en librairie. Tout est donc accompli. Je tiens l'objet dans mes mains. Je le caresse. Je le flaire. C'est donc pour ça que je me suis battu si longtemps. Quel choc ! Il est là. Comme un enfant né d'une gestation de plusieurs années.

Les Rats.

La première euphorie passée, je ressens une angoisse intense. Ce livre en moi me remplissait et maintenant, je suis vidé. J'ai réalisé ce pour quoi j'étais venu sur terre. Tout est fini. Partir au moment culminant de la réussite et avant la redescente inévitable, c'est ce qu'il y aurait de mieux.

Ma vie n'a plus de sens. Je n'ai plus qu'à mourir. Il faut que je me tue maintenant et ma vie n'aura été que pur bonheur. Me suicider, donc. Mais comment s'y prend-on ? Comme d'habitude, je suis dépassé par les problèmes pratiques.

Comment se procurer le revolver pour me tirer une balle ? Je n'ai pas envie de sauter dans un fleuve pour m'y noyer, l'eau me semble glacée. Je n'ose pas sauter du haut d'un immeuble, ça me donne le vertige. Prendre des médicaments ? Lesquels d'abord ? Et je suis sûr qu'avec ma veine, je les vomirais tous. Reste le métro, mais je n'ai pas le courage de me jeter sous une rame.

En plus, j'ai lu ça quelque part, quatre suicides sur cinq sont manqués. Ceux qui se tirent une balle dans la bouche s'arrachent simplement la mâchoire inférieure et finissent défigurés. Ceux qui sautent du sixième étage se brisent la colonne vertébrale et finissent estropiés dans un fauteuil roulant. Ceux qui absorbent des médicaments s'abîment le système digestif et finissent avec des brûlures stomacales incurables.

Je décide de me pendre. C'est ce qui me fait à la fois le plus peur et m'attire pour des raisons inconscientes. Je sais que je suis fait pour mourir comme ça.

Je verrouille la porte, je tire les rideaux, je confie le chat (pas du tout agité) à la voisine, je m'enferme dans les toilettes et j'accroche une cravate à la lampe.

C'est dans les W-C que, toute ma vie, je me suis senti le mieux. Il me semble normal que j'y meure. Je grimpe sur un tabouret, compte jusqu'à trois et le renverse. Me voilà suspendu au-dessus du sol.

Le nœud serre plus fort. J'étouffe. Ce n'est pas le moment d'être douillet, mais je suis pourtant obligé de constater que cela m'agace d'être pendu comme ça dans un inconfort total à attendre la mort.

Une araignée, dissimulée depuis longtemps dans l'encoignure supérieure droite des W-C, m'escalade. Elle a l'air contente de disposer de ce nouveau promontoire formé par mon corps suspendu. Elle entreprend de tisser une toile entre mon oreille et un bout de lambris. Chaque fois qu'elle repasse près de mon lobe, ça me chatouille.

C'est plus long que je ne croyais. J'aurais dû sauter d'un coup pour provoquer un choc brusque dans mes vertèbres cervicales.

L'air se raréfie. J'ai la tête qui bourdonne. J'essaie vainement de tousser pour dégager la pression sur ma gorge. Ça serre vraiment trop fort. Je repense à ma vie. Le livre, les rats, les chats, Gwendoline, Martine, Mlle Van Lysebeth, mon éditeur Charbonnier... C'était quand même plutôt un bon film.

En ai-je réellement connu tous les épisodes ? Zut, j'ai peut-être d'autres femmes à aimer, d'autres livres à écrire et d'autres chats à caresser sur cette planète. L'araignée me le confirme en s'installant dans mon oreille pour y générer un bourdonnement très désagréable.

C'est sûrement mon indécision congénitale, mais je n'ai plus du tout envie de mourir. Je me contorsionne et tente de défaire le nœud. Je m'y prends un peu tard, et pourtant, coup de chance, en bricoleur maladroit, j'avais mal fixé la lampe. La vis lâche. Je tombe. La lampe suit, s'abat sur le coin de mon crâne et une bosse enfle.

Aïe.

Voilà, je suis toujours vivant. Cette expérience me vaccine définitivement contre le suicide. D'abord, ça fait très mal. Ensuite, je me dis que se suicider constitue la pire des ingratitudes. Se suicider, c'est se reconnaître incapable d'assumer le cadeau de la vie.

Et puis, je me sens responsable par rapport à mon livre. Il est publié, il faut le défendre, le présenter, l'expliquer.

À ma première interview, un journaliste me prend pour un spécialiste en rats qui a rédigé un ouvrage de vulgarisation. Je suis invité à de rares émissions de radio ou de télévision où mes interlocuteurs sont rarement allés plus loin dans la lecture que la quatrième de couverture. On me demande de résumer mon histoire. On me reproche la facture du dessin sur la jaquette. Comme si c'était moi qui avais choisi... Les quelques articles qui parlent réellement de mon livre ne paraissent pas en rubrique littéraire mais dans la section « animaux » ou « science ». Un journaliste n'hésite pas écrire que je suis un vieux scientifique américain.

Aucun chroniqueur ne perçoit mon intention première : je parle d'humains à travers le comportement d'animaux en société. Je suis exaspéré. Les rares fois où l'on me donne la parole, les questions ne me permettent pas de m'expliquer. On me demande : « Quelle est l'espérance de vie d'un rat ? » « Combien de petits dans une portée ? » Ou encore : « Comment s'en débarrasser avec efficacité ? »

J'aurais tant aimé débattre au moins une fois avec des philosophes, des sociologues, des politiciens, parler des grilles de rôles préétablis, des difficultés à sortir des rapports exploiteurs-exploités-autonomes-souffre-douleur. Mais le seul interlocuteur qu'une radio me propose pour une discussion est un spécialiste en « raticides » qui énumère, complaisant, tout l'arsenal de produits chimiques dont l'homme dispose pour les éliminer ! Difficile d'élever le débat. Il n'y a plus qu'à espérer dans les miracles du bouche-à-oreille. Je ne peux plus rien faire pour ce livre. Ma tâche est finie. Il me faut me vider la tête. Comment ? La télé ! Les informations.

Chris Petters paraît différent. Ses cheveux ont changé de couleur. Une teinture, sans doute. Le présentateur annonce que dans l'Arkansas un groupe d'écoliers a décimé à coups de mitraillette d'autres enfants dans le préau de leur établissement. Trente et un morts, cinquante-quatre blessés. Il existe un vocable pour décrire ce phénomène : « Amok ». Avant de mourir, on veut tuer un maximum de ses congénères.

Les actualités ont toujours sur moi le même effet apaisant. Les malheurs des autres me font oublier les miens et me donnent en même temps des idées pour de nouvelles histoires. Chris Petters poursuit sa litanie des petites et grandes horreurs quotidiennes.

Scandale dans les banques du sperme : un grand nombre de femmes ont choisi le même donneur, Hans Gustavson, un blond aux yeux bleus, sportif. L'homme serait maintenant le père d'au moins un demi-million d'enfants. Hans témoigne qu'il n'était pas au courant du succès de son sperme et qu'il n'en donnait que pour financer ses études. Dorénavant, il gardera pour lui ses gamètes.

Léger tremblement de terre à Los Angeles. Les sismologues estiment que la secousse pourrait être liée à la prolifération des explosions nucléaires souterraines.

Médecine : une maladie inédite a été découverte en Russie, le cancer du nombril.

Météo. Beau fixe.

Bourse : baisse du cours du Dow Jones.

Ça va mieux. Tous ces humains qui s'empoignent pour des territoires ou pour prendre le pouvoir me rappellent les rats de mon roman. Je jette un œil sur la table vers mon livre. *Les Rats*. L'objet me semble magique, vivant. Mais à lui maintenant de vivre tout seul, sans moi.

154. VENUS. 22 ANS ET DEMI

Après l'agression de Chris Petters, j'ai demandé à Richard de rester à la maison plus souvent. Du coup, j'ai pu découvrir ce que c'est que de vivre au foyer avec un homme. Tous les petits travers que Richard arrivait à dissimuler me sont soudain apparus au grand jour.

Je savais les hommes égoïstes en général et les acteurs particulièrement entichés de leur personne, mais je ne pensais pas qu'ils l'étaient davantage encore que les mannequins.

Richard se drogue. Dès le matin, il a besoin de sniffer sa ligne de cocaïne avec son café et ses croissants. Il est incapable de vivre sans. Pour ses tournages, il lui en faut des quantités de plus en plus importantes. Il dit que ça améliore sa performance. En tout cas, cette manie grève sévèrement notre budget.

Quand il me parle de cinéma, ça me fait rêver. Les plateaux de tournage me paraissent beaucoup plus attrayants que les studios de photo. Il me raconte des histoires incroyables avec des metteurs en scène qui font le coup de poing avec leur chef opérateur parce qu'ils ne sont pas d'accord sur l'emplacement d'une caméra.

Le public s'imagine toujours les acteurs plus intelligents que nous, les top-models, parce que les dialoguistes leur font prononcer des phrases passionnantes, tandis que moi, je me rends bien compte que dans mes interviews mes points de vue sur tout sont quand même limités. Je regrette de ne pas avoir fait d'études sérieuses, ça donne un peu d'épaisseur à un esprit. Quand on m'interroge, j'aimerais qu'il y ait dans un coin un scénariste chauve et binoclard qui me dicte quoi répondre.

Avouons-le tout net, dans le privé, Richard a beaucoup moins de conversation que dans ses films. Pour lui Notre-Dame de Paris est une pure création des studios Walt Disney, et Paris c'est une ville du Texas.

Richard ignore où se situe le Portugal ou le Danemark, et il s'en moque. Il n'a quitté son Kentucky natal que pour jouer des muscles à Hollywood et, miracle du cinéma, ce bouseux est devenu la coqueluche des minettes du monde entier.

Entre nous, le dialogue, c'est : « Ça va, chéri ? » Ou : « Tout va bien, mon amour ? » Ou encore : « Il fait beau, hein ? »

Richard est sans cesse préoccupé par son pouvoir de séduction.

Je l'ai surpris en train de saisir un miroir sur la table de nuit pendant que nous faisions l'amour parce qu'il voulait vérifier quelle tête il a au moment de l'orgasme. En prévision d'une scène particulièrement chaude prévue dans son prochain scénario, Richard étudiait comment présenter son menton sous le meilleur angle.

Je n'aime pas particulièrement Richard, mais je

compte me servir de lui comme tremplin pour pénétrer le monde du cinéma. Moi aussi, je sais que le temps passe. Hier, je lui ai donc fait une scène afin qu'il m'impose dans son prochain film. Il a commencé par prétendre qu'acteur, c'est un métier qui ne s'improvise pas. J'ai riposté en lui énumérant la longue liste des actrices sans talent qui ont percé dans la profession sur leur seul physique. Et comme cela ne suffisait pas pour le convaincre de tenir tête à ses producteurs, j'ai cassé des assiettes, puis j'ai sorti des photos de lui en compagnie de garçons mineurs que j'ai reçues par la poste, envoyées anonymement par « une amie qui me veut du bien ». Sans doute une figurante jalouse...

— Avec des images pareilles, non seulement j'obtiens le divorce, mais je te pique tout ton fric et je démolis ta réputation de grand séducteur.

Richard a donc persuadé ses producteurs de me donner dans son prochain film, *Les Renards*, le rôle d'une femme soldat russe combattant en Tchétchénie. Lui, il interprète le héros, le sergent-chef d'un commando justement appelé « les Renards », et moi je suis l'une de ses sous-fifres particulièrement débrouillarde, la reine du lance-flammes. Deux rôles de composition.

Heureusement, le scénariste met dans ma bouche tout plein de dialogues formidables. Je fais enfin preuve de cet humour parfait que j'ai toujours rêvé posséder mais qu'aucun chirurgien ne peut vous greffer dans le cerveau.

Le tournage des *Renards* est prévu en Russie pour plus de réalisme et aussi pour économiser sur le cachet des figurants.

Maintenant, j'ai le trac. Je veux devenir une grande star, la Liz Taylor noire.

155. ENCYCLOPÉDIE

TURING : Destin étrange que celui d'Alan Mathison Turing, né à Londres en 1912. Enfant solitaire à la scolarité médiocre, il est obsédé par les mathématiques qu'il porte à un niveau presque métaphysique. À vingt ans, il esquisse des ébauches de conceptions d'ordinateurs en les représentant le plus souvent comme des êtres humains dont chaque calculateur serait un organe.

Lorsque arrive la Seconde Guerre mondiale, il met au point une calculatrice automatique qui permet aux Alliés de décrypter les messages codés par la machine « Enigma » nazie.

Grâce à son invention, on sait dorénavant où sont prévus les prochains bombardements et des milliers de vies humaines seront ainsi préservées.

Quand John von Neumann met au point aux États-Unis le concept d'ordinateur physique, Turing, lui, élabore le concept d'« intelligence artificielle ». En 1950, il rédige un essai qui fera référence : *Les machines peuvent-elles penser ?* Il a pour grande ambition de doter la machine d'un esprit humain. Il estime qu'en observant le vivant, il trouvera la clef de la parfaite machine à penser.

Turing introduit une notion nouvelle pour l'époque et pour l'informatique, la « sexualité de la pensée ». Il invente des jeux-tests où le but est de distinguer un esprit masculin d'un esprit féminin. Turing affirme que l'esprit féminin se caractérise par l'absence de stratégie. Sa misogynie ne lui vaut pas que des amis et explique qu'il soit quelque peu tombé dans l'oubli.

Il entretient un fantasme pour l'avenir de l'humanité : la parthénogenèse, c'est-à-dire la reproduction sans la fécondation. En 1951, un tribunal le

condamne pour homosexualité. Il doit choisir entre la prison et la castration chimique. Il opte pour la seconde et subit un traitement à base d'hormones féminines. Les injections ont pour effet de le rendre impuissant et de le doter d'un début de poitrine.

Le 7 juin 1954, Turing met fin à ses jours en consommant une pomme macérée dans du cyanure. Cette idée lui aurait été inspirée par le dessin animé *Blanche-Neige*. Il laissa une note expliquant que, puisque la société l'avait contraint à se transformer en femme, il choisissait de mourir comme aurait pu le faire la plus pure d'entre elles.

Edmond Wells,
***Encyclopédie du Savoir Relatif et Absolu*, tome IV.**

156. VERS LA GALAXIE VOISINE

Si l'enjeu de tout notre œuvre d'ange est de lutter contre l'ignorance, je ne vois plus ce qui me retient de partir explorer une autre galaxie. Cela m'a pris d'un coup. Je savais que mes trois acolytes allaient bientôt entreprendre le voyage, je les ai rejoints au dernier moment.

Tant pis si je me fais mal voir d'Edmond Wells. Tant pis si je me plante avec ces clients qui sont censés être mon reflet. Je m'assume. Je suis moi aussi un transgresseur et je paierai le prix qu'il faudra pour ne pas terminer ignorant.

Formation en losange. Nous nous regroupons, Raoul, Freddy, Marilyn Monroe et moi. Inutile de nous lancer dans de nouvelles discussions, cette fois nous savons que nous partons pour la grande grande grande aventure. Une autre galaxie ! Pour la première fois, des âmes humaines sortiront de leur galaxie natale !

Christophe Colomb, Magellan et Marco Polo n'ont qu'à bien se tenir. Leurs exploits ne sont que des promenades par rapport à notre odyssée. Je piaffe d'impatience. Je sais que mes clients ne pourront pas me contacter pendant mon périple, mais tant pis.

— Les enfants n'ont qu'à se débrouiller seuls, les parents partent en vacances, déclare Raoul. Allez... en avant pour de nouvelles aventures.

Nous quittons le Paradis et nous nous élançons dans le cosmos. Nous croisons des milliers d'étoiles avant de parvenir à la périphérie de notre Galaxie. Là, Freddy nous invite à nous retourner pour la contempler comme les premiers astronautes ont découvert la Terre. Avec un peu de distance.

Fantastique.

La Voie lactée forme une spirale à cinq bras qui tourne sur elle-même. Au centre, le bulbe renferme le noyau lui-même percé du nombril du Paradis. Autour, le disque et son cortège de poussières. Persée, le bras le plus extérieur, n'en finit pas de s'enrouler. Le bras le plus rapproché, le Cygne, effleure presque le noyau. 100 000 années-lumière de diamètre et 5 000 années-lumière d'épaisseur, c'est vraiment « grand ».

Freddy nous indique une petite étoile proche du bras spirale majeur, ce petit point éloigné de la boursouflure centrale, c'est le soleil des Terriens. Songer que c'est sous cette infime lueur que mes clients sont en train de se débattre relativise bien des choses...

Nous mettons le cap sur la galaxie la plus proche, Andromède. Nous reformons notre losange et nous atteignons rapidement la vitesse de la lumière. Autour de nous les photons s'immobilisent. Puis, nous la dépassons. Au revoir les photons. Nous devons bien fuser à dix fois la vitesse de la lumière.

Le voyage n'est guère distrayant. Le vide, le vide et

toujours le vide. Tous les grands explorateurs ont dû connaître cette impression en pleine mer : de l'eau, de l'eau, encore de l'eau et rien à l'horizon pendant des périodes infinies. Du vide, du vide, des années de vide sans doute à l'échelle terrienne. Mais l'enjeu que nous nous sommes fixé et les immenses distances de l'univers ne nous laissent pas le choix. Nous traversons million de kilomètres après million de kilomètres. J'en viens à me demander si nous serons capables de retrouver le chemin du retour. Quand on a commencé à faire une bêtise, il faut aller jusqu'au bout. Quant à mes clients... qu'ils se débrouillent !

157. IGOR. 23 ANS

J'entame une carrière de « malade professionnel » plutôt agréable. Le docteur Tatiana Mendeleiev et moi, nous nous lançons dans une tournée des hôpitaux en et hors de Russie. Tout le monde s'intéresse à mon nombril cancéreux. « Ça vous fait mal ? » me demande-t-on. Au début, je répondais que non mais je sentais bien que cette absence de douleur décevait mes interlocuteurs. Comment peut-on s'intéresser à quelqu'un qui ne souffre pas ? J'ai rectifié : « Oui, ça m'empêche de dormir », puis : « Oui, comme c'est situé au centre de mon corps, ça irradie partout », et enfin : « C'est au-delà de tout. »

Phénomène intéressant, depuis que je réponds « oui », j'ai effectivement mal. Même mon corps paraît décidé à m'aider à mieux jouer mon rôle. N'empêche, pour un type blessé aussi souvent que moi au combat, ce cancer, fût-il du nombril, n'est qu'un petit bobo ridicule.

Tatiana dit qu'elle veut refaire mon éducation. Elle m'apprend à aimer les gros livres. Elle m'en a offert récemment un qui m'a particulièrement intéressé. C'est une traduction d'un roman occidental intitulé *Les Rats*. C'est l'histoire d'un rat dans une horde de rats qui veut sortir des rapports dominants-dominés pour inventer une manière de vivre avec les autres basée sur la coopération-réciprocité-pardon. Simultanément, le rat héros mène une enquête pour découvrir qui a tué le roi des rats et s'aperçoit que tous les rats dominants se sont unis pour lui dévorer le cerveau, convaincus qu'ainsi ils s'imprégneraient de sa personnalité. Par moments, il y a même des passages de guerre entre rats qui me rappellent des épisodes de ma guerre avec les Tchétchènes.

Tatiana Mendeleiev fait irruption dans ma chambre. Elle me dit qu'on ne peut pas vivre seul, qu'il faut un peu d'amour dans la vie. Elle me saisit le menton et me vrille un baiser profond avant même que j'aie le temps de comprendre ce qu'il se passe. Ses lèvres ont un goût de cerise et sa peau est de soie. Je n'ai jamais connu encore tant de douceur.

Tatiana me dit qu'elle veut vivre avec moi, mais qu'elle a son mode d'emploi. Elle précise :

— Je suis comme les plantes vertes. Il faut beaucoup me parler.

Nous faisons l'amour.

La première fois, je suis tellement ému que je grelotte de plaisir. La deuxième fois, j'ai l'impression de renaître. La troisième, j'oublie tout ce qui m'est arrivé de mauvais depuis ma naissance.

Ensemble, nous allons au cinéma voir un film avec Venus Sheridan, *Les Renards*. Elle y joue quasiment le rôle de Stanislas, si ce n'est que lorsqu'elle utilise le lance-flammes je vois bien qu'elle oublie de remonter la sécurité. Je suis, du coup, le seul à rire aux éclats quand elle surgit. C'est donc ainsi que les Occidentaux s'imaginent que nous faisons la guerre ? Ensuite, avec Tatiana, nous retenons une table dans un bon restaurant et nous ne lésinons pas sur la vodka, les blinis et le caviar. C'est le ministère de la Santé qui régale.

Nous faisons souvent l'amour. Ma doctoresse adore ça. Nous parlons beaucoup aussi. Elle me raconte qu'elle a rencontré une hypnotiseuse péruvienne, Nathalie Kim, qui lui a proposé une régression. Elle a ainsi découvert que, dans sa vie précédente, elle était une infirmière française du nom d'Amandine Ballus qui accompagnait des gens dans des expériences aux frontières de la mort. Je réponds que moi, je crois l'avoir déjà connue dans ma vie précédente et l'avoir déjà aimée.

Nous nous embrassons.

Lorsque je fais l'amour avec Tatiana, je voudrais me dissoudre en elle pour redevenir fœtus. Je ne l'ai pas seulement élue comme femme, mais aussi comme mère. Je veux m'enfoncer entièrement en elle et qu'elle me porte neuf mois, qu'elle me donne le sein, qu'elle me lange, qu'elle me nourrisse à la cuillère et m'apprenne à lire.

Quelle belle vie ! Je ne joue plus au poker. Je n'ai plus envie de frayer avec le milieu malsain des casinos. Après tant de souffrances, j'ai droit à un peu de repos et de plaisir.

Vassili passe nous voir de temps en temps et nous mangeons en famille. Il me parle de son travail qui le passionne de plus en plus. Depuis qu'il a insufflé la peur de la mort à ses programmes informatiques, de crainte de disparaître, ils développent de nouveaux sens. Dès qu'ils sont branchés sur le réseau Web international, ils cherchent à se... reproduire.

— Ils sont en quête d'immortalité, plaisante-t-il.

Vassili est un génie. Quand il parle de ses ordinateurs, on dirait qu'il parle d'animaux vivants. Il m'a apporté la dernière version de son logiciel de poker.

Non seulement celui-ci sait bluffer, mais il donne des signes de peur.

— Il redoute vraiment de perdre ?

— Il est programmé de façon à croire que plus il perd, plus il se rapproche de la mort. Ce logiciel est le douzième d'une nouvelle génération qui s'autoreproduit. Plusieurs jouent entre eux et testent leurs capacités, les plus forts se reproduisent, les plus faibles disparaissent. Je n'interviens même plus. Ils s'autosélectionnent, ils sont de plus en plus performants et de plus en plus angoissés.

— L'angoisse serait un élément d'évolution dans leur monde ?

— Qui sait ? Peut-être dans le nôtre aussi. Quand on est satisfait de son existence, on n'a aucune raison de vouloir en changer.

Je tente une nouvelle partie avec son logiciel de poker. Cette fois la machine me bat. Je recommence et elle me bat encore. Je m'entête mais, subitement, elle tombe en panne.

— Les pannes inexpliquées, c'est le problème numéro un, reconnaît mon ami. On dirait parfois que quelqu'un, quelque chose nous retient dans nos découvertes.

Il propose de remplacer sa machine et de jouer directement avec moi. Mais j'ai promis à Tatiana de ne plus jouer aux cartes avec des humains. Ma doctoresse survient et me prend dans ses bras. Elle me caresse le dos. Tatiana, c'est ma bonne surprise dans une vie qui ne m'avait jusqu'alors réservé que des désagréments.

Je fais un vœu : avoir encore une bonne surprise.

158. ENCYCLOPÉDIE

De l'importance du biographe : L'important n'est pas ce qui a été accompli mais ce qu'en rapporteront les biographes. Un exemple : la découverte de l'Amérique. Elle n'est pas le fait de Christophe Colomb (sinon elle se serait appelée la Colombie), mais d'Amerigo Vespucci.

De son vivant, Christophe Colomb était considéré comme un raté. Il a traversé un océan dans le but d'atteindre un continent qu'il n'a pas trouvé. Il a certes débarqué à Cuba, Saint-Domingue et dans plusieurs autres îles des Caraïbes, mais il n'a pas pensé à chercher plus au nord.

Chaque fois qu'il rentrait en Espagne avec ses perroquets, ses tomates, son maïs et son chocolat, la reine l'interrogeait : « Alors, vous avez trouvé les Indes ? » et lui répondait : « Bientôt, bientôt. » Finalement, elle lui a coupé les crédits et il a abouti en prison après avoir été accusé de malversations.

Mais alors, pourquoi connaît-on tout de la vie de Colomb et rien de celle de Vespucci ? Pourquoi n'enseigne-t-on pas dans les écoles : « découverte de l'Amérique par Amerigo Vespucci » ? Tout simplement parce que le second n'a pas de biographe tandis que le premier en a eu un. En effet, le fils de Christophe Colomb s'est dit : « C'est mon père qui a fait l'essentiel du boulot, il mérite d'être reconnu », et il s'est attelé à un livre sur la vie de son père.

Les générations futures se moquent des exploits réels, seul compte le talent du biographe qui les relate. Amerigo Vespucci n'a peut-être pas eu de fils ou alors celui-ci n'a pas jugé bon d'immortaliser les prouesses paternelles.

D'autres événements n'ont survécu que par la volonté d'un seul ou de quelques-uns de les rendre

historiques. Qui connaîtrait Socrate sans Platon ? Jésus sans les Apôtres ? Et Jeanne d'Arc, réinventée par Michelet pour donner aux Français la volonté de bouter dehors le Prussien envahisseur ? Henri IV ? Médiatisé par Louis XIV pour se doter d'une légitimité.

Avis aux grands de ce monde : peu importe ce que vous accomplirez, la seule façon de vous inscrire dans l'Histoire, c'est de vous trouver un bon biographe.

Edmond Wells,
***Encyclopédie du Savoir Relatif et Absolu*, tome IV.**

159. VENUS. 23 ANS

Les tournages sont ennuyeux. Je piétine pendant des heures avant d'entendre le « silence-moteur-action » qui mettra tout en branle. Je prends l'habitude de monopoliser une chaise dès mon arrivée sur le plateau. Le cinéma est un apprentissage de la patience. Et ceux qui oublient de se nantir d'un siège se retrouvent à attendre debout pendant des éternités.

Je n'imaginais pas que le cinéma, c'était ça : dénicher une chaise et attendre.

Quand c'est enfin à mon tour de jouer, il y a toujours quelque chose qui arrive pour compliquer le tournage : le bruit d'un avion au loin, un fil sur l'objectif, voire l'arrivée inopinée de la pluie.

Les moments où je me montre une actrice inspirée ne sont pas retenus parce que, en face, Richard, mon partenaire, a un trou de mémoire ou parce qu'un assistant a oublié la pellicule nécessaire pour filmer la scène jusqu'au bout. À la longue, c'est assez irritant.

Alentour tout le monde hurle. Le metteur en scène ne connaît pas d'autre mode que celui de l'agression pour s'adresser à ses acteurs. Même à moi, il ne parle que pour m'accabler de reproches : « Articule davantage. » « Ne tourne pas le dos à la caméra. » « Attention, ta main est dans le champ. » « Suis fidèlement les marques par terre. » Et enfin, le comble : « Ne fais pas cette tête-là, tu as l'air énervé. »

Ah ! ce réalisateur...

Jamais quelqu'un ne m'a autant manqué de respect. De toute ma longue carrière de mannequin, jamais les couturiers les plus hystériques ne se sont permis de me traiter ainsi. J'en suis à mon deuxième film, mais je me demande si je suis faite pour le cinéma.

Richard est très nerveux. Je le gêne pour draguer comme il en a l'habitude sur les tournages. Du coup, il s'ennuie et nous nous disputons souvent. Qui a dit : « le mariage c'est trois mois on s'aime, trois ans on se querelle, trente ans on se supporte » ? Nous, nous avons commencé directement par les « trois ans on se querelle » et je ne me sens pas disposée à entamer les « trente ans on se supporte ».

Je m'occupe avec des petits dessins. Ils représentent tous deux personnages qui se tiennent par la main. J'ignore pourquoi je dessine tout le temps la même chose. Une façon d'exorciser mon rêve de couple idéal, peut-être ?

Je m'étudie dans la glace. Tout ce que j'ai souhaité, je l'ai. Je suis heureuse, mais pourquoi est-ce que je ne m'en aperçois pas ?

La migraine me taraude. Depuis que je suis toute petite, elle ne m'a jamais quittée. Cette douleur lancinante, permanente. Mon mal trouble ma vie privée, ma vie professionnelle, ma joie de vivre. C'est comme si je ne pouvais jamais être vraiment seule. Dans ma tête il y a toujours ce petit animal coincé qui griffe contre la paroi de mon crâne pour tenter d'en sortir. C'est abominable. Et aucun médecin n'en détermine la cause.

Maintenant ma prière, c'est de ne plus jamais avoir de migraines.

160. JACQUES. 23 ANS

Mon éditeur m'appelle enfin. Mes chiffres de vente ne sont pas fameux. Mes *Rats* n'ont pas fait la moitié de ce qu'il espérait. Tant de romans sortent chaque année en France, plus de quarante mille, de sorte qu'il est difficile d'attirer l'attention sur un ouvrage en particulier. Pour que mon livre marche, il aurait fallu une invasion de rats à Paris ou alors qu'on entre dans l'année chinoise du Rat. En plus, je ne dispose pas de parrain, aucune célébrité ne s'est entichée de mon livre.

— Ton truc de coopération-réciprocité-pardon, ça t'est venu comment ?

— En rêve.

— Ouais, eh bien, je crois que ce n'était pas une très bonne idée. J'ai discuté avec un ami critique qui m'a dit que ça donnait un côté prêchi-prêcha qui énerve. Un rat qui prône le pardon, ça casse la crédibilité de tout ton travail d'éthologie sur les vrais comportements des rats. Un rat, ça ne pardonne pas.

— J'ai essayé d'imaginer comment les rats pourraient évoluer s'ils avaient plus de conscience. Bon, bref, on s'est cassé la figure ?

— Hmmm... En effet, c'est raté pour la France, admet Charbonnier, mais contre toute attente, *Les Rats* sont un très grand succès en Russie. Là-bas, nous en sommes déjà à trois cent mille volumes vendus en un mois.

Voilà autre chose.

— Comment expliquez-vous ça ?

— En Russie, la télévision est tellement médiocre que, proportionnellement, la population lit beaucoup plus qu'en France.

Moi qui voulais la gloire, je l'ai mais... pas dans ma langue. Certes, nul n'est prophète en son pays, mais la prochaine fois que je ferai une prière, je préciserai : « Pourvu que ça marche... en France. »

Grâce à mon succès russe, Charbonnier est d'accord pour accepter un autre livre. Ai-je un projet en vue ?

— Euh oui... La découverte du Paradis.

J'ignore ce qui m'a pris. Les mots ont jailli tout seuls.

— Et pourquoi ça ?

— Encore à cause d'un rêve. Il y avait des gens qui volaient dans le ciel à la recherche d'un paradis dans l'espace. Ça me semble une bonne histoire.

L'éditeur n'est pas d'accord. Les gens ne sont pas mûrs pour entendre parler du Paradis d'une façon laïque. Tous les livres qui évoquent le Paradis ont été rédigés pour « donner la foi ». Le sujet est sacré.

Je réponds que justement, ça m'amuserait de désacraliser tout ça car, selon moi, il ne faut pas abandonner aux religions et aux sectes l'exclusivité de parler de la Mort et du Paradis.

Un temps de réflexion au bout du fil et Charbonnier décide de me faire confiance. Quelques jours plus tard, à la devanture d'une librairie poussiéreuse, mon regard est attiré par la couverture d'un livre soldé : *Les Thanatonautes*. Sur la couverture, une spirale bleue sur fond noir et un nom : Michael Pinson. Lui aussi parle du Paradis, mais son titre, trop tiré par les cheveux, a dû jouer contre lui. Et puis même pour ceux qui comprennent le sens de ce néologisme, « thanatonaute », l'idée de la mort est rédhibitoire. Qui aurait envie d'acheter un livre sur la mort ?

Moi. J'achète et je lis. Je m'amuse à chercher la solution à l'énigme qui court tout au long de l'ouvrage : « Comment tracer un cercle et son point central sans lever le stylo ? » La solution consiste à plier un coin de la feuille de papier (donc à changer de dimension) puis à tracer une spirale qui déborde sur les deux pans de feuille... Je me suis creusé les méninges avant de découvrir que c'était précisément le motif de la couverture.

Je me mets en chantier. Je débranche le téléphone. Je choisis pour musique adéquate la *Symphonie du Nouveau Monde* de Dvořák. Puis je laisse courir mes pensées.

Inventer un Paradis. Pas simple. Même si beaucoup de mythologies en parlent, l'endroit reste flou. Comment visualiser un paradis crédible ? Une planète ? Trop facile. Un cube ? Trop géométrique. Un champ d'astéroïdes ? Trop éparpillé. Une fois de plus, mon chat m'indique la solution. Mona Lisa II joue avec le robinet de la baignoire. L'eau coule. Connaissant mes habitudes, Mona Lisa II fait basculer mon flacon de bain moussant. Mais la bonde n'étant pas fermée, l'eau mousseuse disparaît au fur et à mesure au fond de la baignoire.

Je songe que les âmes sont peut-être semblables à ces bulles de savon. Je les imagine aspirées comme elles par un vortex qui serait celui du Paradis. Les bulles sont emportées par le tourbillon dans des canalisations d'où elles émergeront ailleurs, dans un monde si complexe qu'elles ne peuvent l'imaginer. Comment une bulle subodorerait-elle d'où elle vient et où elle va ? Comment une bulle concevrait-elle une baignoire, des humains, une canalisation, une ville, un pays, la Terre ? Au mieux, elle perçoit l'eau et la masse tiède de la baignoire... Et puis elle doit être effrayée par ce trou qui l'expédie vers l'inconnu...

Donc voilà ce que me propose Mona Lisa II : un

cône inversé, un vortex, une spirale qui aspire tout jusqu'à son tréfonds.

161. ENFIN

Il me semble que cela fait des mois que nous volons tout droit. J'ai l'impression de nager dans un océan. Heureusement que nous n'avons ni faim, ni soif, ni sommeil. En chemin, Freddy nous raconte des blagues pour nous distraire. Il finit par les raconter plusieurs fois. Nous faisons semblant de ne pas nous en apercevoir.

Nous volons longtemps dans l'univers. Et puis un jour...

— Galaxie à l'horizon ! hurle Raoul telle une vigie d'antan.

Une lueur, qui n'est pas une étoile, rayonne au loin. Enfin Andromède ! Elle n'est pas en forme de spirale, elle est lenticulaire. Nous sommes sûrement les premiers Terriens, plutôt les premiers « Voie-lactiens », à la voir de si près.

Andromède est une galaxie plus récente que la nôtre, avec des étoiles plus jaunes que celles de la Voie lactée.

— Cette fois, on y est.

Marilyn Monroe pointe son doigt vers le centre de cette galaxie. Elle a repéré quelque chose. Il y a là aussi un trou noir. Serait-ce une règle commune à toutes les galaxies : un trou noir qui sert d'axe et fait tourner la masse des étoiles qui l'étoffe ?

Nous piquons vers ce vortex. Nous côtoyons des étoiles, des planètes, des météorites qui sont aspirées par cet orifice céleste ! Nous restons à les contempler et, soudain, nous observons une âme filer. Après le premier instant de surprise nous essayons de la poursuivre mais elle fonce trop vite.

Nous nous arrêtons en essayant de comprendre la portée de notre observation. C'était une âme. Donc il y a de la conscience. Donc il y a de la vie intelligente. Voilà qui ouvre d'immenses possibilités...

— Est-ce un dieu ou une âme extraterrestre que nous avons vue fuser ? questionne Raoul toujours persuadé de découvrir le royaume des dieux.

Pour notre part, Freddy, Marilyn et moi nous contenterions de rencontrer des extraterrestres...

D'autres ectoplasmes passent. Nous essayons d'en intercepter plusieurs, chaque fois ils filent. Si ce sont des morts, je n'ai jamais vu des âmes aussi pressées d'être jugées.

— Nom d'un chien de nom d'un chien de nom d'un chien ! répète Raoul, qui n'en revient toujours pas.

Quelqu'un nous fait enfin signe.

— Qui êtes-vous ?

C'est un ectoplasme, mais il rayonne différemment de nous. Notre aura est de tonalité bleutée, la sienne plutôt rosée.

— Des anges de la Terre.

L'allure de cet ange extraterrestre est banale. C'est un maigrichon avec des allures de chef de gare de province. Il paraît aussi interloqué que nous.

— De la « Terre » ? Pourquoi cela s'appelle la Terre ?

— Parce que c'est le matériau qui forme sa surface. Du sable, de la terre.

— Mmm... et c'est où la Terre ?...

— Heu... par là, répond Marilyn Monroe en désignant la direction d'où nous venons.

Heureusement que nous communiquons par la pensée, nul besoin d'un interprète.

— Michael Pinson pour vous servir, dis-je.

Il consent à se présenter :

— Mon nom est Zoz. Zoz tout court.

— Enchanté, Zoz.

Nous lui expliquons que nous venons de la galaxie Voie lactée. Zoz digère lentement l'information. Au début, il ne veut pas y croire puis, quand nous lui expliquons les raisons de notre périple, il commence à nous accorder un certain crédit. Il nous avoue même qu'à bien y réfléchir, lui aussi avait repéré des trous dans les curriculum vitae karmiques de ses clients et il s'était déjà demandé si des humains ne se réincarnaient pas ailleurs. Mais il ne s'attendait quand même pas à ce qu'ils émigrent sur une autre galaxie.

Il nous dit qu'ici, la Voie lactée se nomme 511. Curieux, ils utilisent des chiffres tout comme nous. Des ectoplasmes filent au-dessus de nos têtes. Zoz nous dit que ce sont des morts qui vont se faire recycler au Paradis.

Nous lui demandons d'où viennent ces morts. Il signale qu'il n'y a à sa connaissance qu'une seule planète habitée dans la galaxie. Ici, on la désigne non par son matériau, mais par sa couleur, « Rouge ». La planète Rouge.

Nous sommes avides d'en savoir plus. Nous l'accablons de questions auxquelles il répond avec l'amabilité d'un bon guide touristique. Il dit que les « Rougiens » mangent du pain, de la soupe, des légumes, de la viande. Ils vivent dans des villes et construisent des maisons. À l'entendre, Rouge est exactement identique à la Terre. Les extraterrestres seraient-ils parfaitement semblables aux humains ?

Je réfléchis. Littérature et cinéma nous ont habitués à nous représenter les extraterrestres comme des êtres plus petits ou plus grands, avec plus de bras ou de têtes, avec des tentacules ou des ailes, mais rarement comme nos... semblables.

Nous demandons à faire un tour sur cette planète.

Zoz hésite puis accepte de se faire le guide de son monde. Nous voici face au globe étranger. Rouge a l'air plus grande que la Terre.

De l'extérieur, la planète Rouge est entourée d'une épaisse atmosphère. Elle tourne en une large ellipse autour d'un soleil plus grand que le nôtre. Comme la distance est plus considérable par rapport au soleil mais que celui-ci est plus chaud, le climat de Rouge est en fin de compte aussi tempéré que celui de la Terre.

Rouge est une planète « terriennement » viable. Plus nous nous en rapprochons, plus nous apprécions son paysage. La surface solide est rouge magenta, le ciel est mauve, comme illuminé par des couchers de soleil dansants. Les océans sont cyan foncé. Cette teinte n'est pas due aux seuls reflets du ciel, mais aussi aux fonds marins. Joli.

Rouge comporte quatre continents, chacun doté d'une météorologie et de reliefs propres et bien différenciés : un continent montagneux, un continent de plateaux couverts de forêts, un continent de plaines, un continent de déserts. Les mœurs de leurs habitants sont fondées sur l'adéquation à une saison.

Zoz nous décrit les quatre grands peuples de sa planète. Les hivernaux, qui vivent dans les montagnes, disposent d'une haute technologie et ont construit des villes souterraines en raison du froid. Ils ont peu d'enfants. La majeure partie de la population est âgée de plus de quarante ans. Les hivernaux se sont dotés d'un régime démocratique. Tous les citoyens participent au vote des lois grâce à des réseaux électroniques. Points faibles : agriculture en déshérence, croissance démographique en chute libre. Points forts : développement de technologies de pointe avec des robots qui travaillent à leur place. Les hivernaux sont peu sportifs et peu expansifs. Ils vivent renfermés chez eux devant des écrans câblés. Ils sont convaincus que, grâce aux progrès de leur médecine, ils seront bientôt tous centenaires. Leur devise : « L'avenir appartient aux plus intelligents. »

Les automnaux vivent en surface sur les plateaux, dans de vastes métropoles polluées entourées de forêts. Ils sont capables de produire leur propre technologie, armement, robots, mais celle-ci n'est pas aussi sophistiquée que celle des hivernaux. Ils ont besoin de l'apport des techniques de pointe de ces derniers mais aussi des fruits et légumes des printaniers et de la viande des estivaux. Pour n'en pas manquer, ils ont mis au point un système d'échanges commerciaux et une diplomatie destinés à ne pas les fâcher avec quiconque. Leur devise : « Nous sommes les amis de tout le monde. » Ils servent les intérêts des hivernaux en leur fournissant les matières premières nécessaires à leur industrie et leur viennent en aide en cas de disette grâce à leurs stocks de nourriture issus du commerce.

Quant aux estivaux et aux printaniers, en échange de leurs fournitures alimentaires, les automnaux les aident à avoir une technologie correcte et des matières premières. Régime politique : république avec assemblée représentative et fréquents changements de Premier ministre.

Les printaniers vivent dans les plaines au sein de villes de tailles réduites. Une agriculture florissante, beaucoup de céréales. Croissance démographique moyenne. Régime politique : monarchique. Technologie : moyenne. Point fort : pas de point fort. Point faible : pas de point faible non plus. Les printaniers sont moyens dans tout ce qu'ils entreprennent. Très liés aux estivaux, ils pensent qu'avec leur aide ils envahiront un jour les hivernaux et les automnaux et s'empareront de leurs technologies. Ainsi ils auront gagné sur tous les tableaux. Devise : « L'équilibre est à mi-chemin entre les deux extrêmes. »

Les estivaux vivent dans de petits villages construits autour des grandes oasis qui transpercent leur désert.

Très peu de technologie. Ils font beaucoup d'enfants. Régime despotique. Tout le monde est aux ordres du Commandeur qui a le droit de vie et de mort sur tous. Point fort : d'immenses cheptels de gros lémuriens alimentés par les céréales des printaniers qu'ils tondent et font grossir pour les manger. Lorsque le taux de croissance démographique se fait trop lourd, le Commandeur lance des croisades en direction des continents voisins afin de conquérir de nouveaux territoires au titre d'espace vital. Même si elles font souvent figure de suicides collectifs, ces croisades ont permis peu à peu aux estivaux de prendre pied sur les trois autres continents où ils ont institué des « zones libérées » qui très lentement grandissent en grignotant les autres territoires. Les croisades se déroulent durant les périodes chaudes car leur adaptation à la canicule favorise les estivaux.

Le sacrifice est considéré comme une valeur essentielle de la culture estivale. Tous les estivaux doivent être capables de se sacrifier pour le rayonnement de leur Commandeur. Devise : « Plus vous souffrirez ici-bas, mieux vous serez récompensés au paradis. »

Malgré la volonté de neutralité des automnaux et des printaniers, les quatre continents sont en permanence en conflit plus ou moins larvé. Les estivaux et les hivernaux sont officiellement en guerre, les automnaux et les printaniers se chargeant de faire pencher alternativement la balance d'un côté ou de l'autre. Le plus souvent, ce sont les conditions météorologiques qui décident du vainqueur.

L'ellipse de Rouge étant plus large que celle de la Terre, les saisons y sont plus longues. Au lieu de durer trois mois, elles s'étendent sur cinquante ans. D'où des années de soixante-treize mille jours, au lieu de trois cent soixante-cinq.

Le demi-siècle d'été profite aux estivaux et contraint les hivernaux à demeurer terrés. De même les cinquante ans d'automne bénéficient aux automnaux, les cinquante ans de printemps aux printaniers et les cinquante ans d'hiver aux hivernaux.

À chaque saison qui le favorise, le peuple concerné tente de s'imposer une fois pour toutes. Chacun aimerait avoir le pouvoir d'arrêter le temps et de fixer le climat sur la période à laquelle il est adapté. Mais, inexorablement, le temps s'écoule et contraint les détenteurs momentanés du leadership mondial à laisser la place aux suivants.

Zoz nous invite à continuer à descendre vers Rouge pour voir les capitales des quatre continents. Celle des hivernaux a été construite en altitude, tout en haut d'une montagne. On distingue peu de formes au sol puisque lcs gens vivent retranchés dans des galeries souterraines climatisées où ils circulent à la lumière de néons. Pour les femmes, la mode est aux minijupes et aux seins exhibés au travers de découpes dans les chemisiers et les vestes, le tout ressemblant beaucoup aux vêtements qui prévalaient sur Terre à l'époque minoenne en Crète.

Le mode de locomotion des hivernaux est un métro dont les rames desservent tous leurs quartiers.

Les automnaux ont construit leur capitale sur un plateau rocailleux qu'ils ont couvert de gratte-ciel. Leurs rues sont obstruées par des embouteillages monstrueux. Ici l'automobile règne en maître. Les gens sont très nerveux. La mode est aux vêtements moulants fabriqués dans une matière plastique commode pour la course à pied et la pratique des sports en général.

Les printaniers ont érigé leur capitale dans une vallée entourée de champs cultivés aux fleurs mauves. Leurs maisons sont des demi-sphères de ciment. Les habitants se pressent sur de grands marchés où le commerce est florissant. Les fermières arborent de grandes jupes pleines de poches où elles entassent le produit de leurs courses. Il y a de nombreux jardins et beaucoup de circulation dans les rues. Le mode de locomotion des printaniers est à base d'attelages tirés par des quadrupèdes ressemblant à des tapirs.

La capitale des estivaux s'étale au milieu d'une oasis. Les multiples plates-formes de l'immense palais du Commandeur surplombent les résidences de ses épouses et des membres de sa famille qui sont souvent ses ministres. Tout autour, les casernes militaires des « volontaires de la mort », lesquelles servent d'abris à la fois à l'armée, à la police et aux redoutables services secrets. Des prisons surpeuplées longent les casernes.

Vient ensuite la ville proprement dite. Les bâtisses sont de plus en plus délabrées. Les quartiers périphériques respirent la misère.

— C'est ici, nous confie Zoz, que le Commandeur recrute l'essentiel de ses « volontaires de la mort » pour ses guerres. Le Commandeur a persuadé les plus pauvres que leur misère était due à l'arrogance des hivernaux. Si bien que les estivaux vivent soudés dans la haine des montagnards.

Dans la capitale estivale tout le monde circule à pied. Pour les hommes et pour les femmes, la mode est au treillis militaire. Les femmes ont le visage marqué de motifs compliqués peints à même la peau...

Freddy s'enquiert s'il y a des juifs sur Rouge.

— Juifs ?

Zoz ignore le mot. Le rabbin lui explique tant bien que mal à quoi le terme pourrait correspondre. Zoz est intrigué. Il répond qu'il existe en effet une tribu nomade dotée d'une culture ancienne et qui vit disséminée sur les quatre continents.

— Comment se nomme ce peuple ?

— Les relativistes, parce que leur religion est le « relativisme ».

Elle prétend que les vérités sont multiples et qu'elles changent selon le temps et l'espace. Politiquement, cette croyance agace les autochtones. Les quatre blocs sont tous assurés de détenir la vérité unique et considèrent les relativistes comme autant de fauteurs de troubles. Ainsi, tous, lors de périodes de croissance, se sont livrés à des persécutions à leur encontre afin de renforcer le nationalisme ambiant. Lorsque les relativistes sont persécutés, c'est toujours un signe précurseur d'une confrontation entre deux blocs.

Freddy se tait, soucieux. Je sais ce qu'il pense. Il se demande si l'espèce humaine terrestre ou extraterrestre n'aurait pas où qu'elle soit une grille de rôles sociaux liée à des peuples.

— Les relativistes ont subi des persécutions, dit Zoz. Plusieurs fois, nous avons cru qu'ils allaient disparaître complètement. Mais régulièrement, les survivants ont muté en rendant leur culture de plus en plus relativiste.

Raoul a soudain une intuition :

— Peut-être que les juifs ou les relativistes sont comme les truites dans les filtrages d'eau douce.

— Les truites ? s'étonne le rabbin.

— Bien sûr, dans les systèmes de filtrage d'eau douce on met des truites parce que ce sont les animaux les plus sensibles à la pollution. Dès qu'il y a un produit toxique, les truites sont les premiers poissons à mourir. C'est une sorte de signal d'alerte.

— Je ne vois pas le rapport.

— Les juifs, par leur paranoïa due aux persécutions passées, sont plus sensibles. Du coup, ils réagissent plus rapidement aux totalitarismes montants. Ensuite, c'est un cercle vicieux. Parce que les tyrans savent que les juifs vont les détecter les premiers, ils essaient de s'en débarrasser avant.

Marilyn Monroe enchaîne :

— Raoul a raison. Pour les nazis, les juifs étaient de dangereux gauchistes. Pour les communistes, c'étaient d'arrogants capitalistes. Pour les anarchistes, c'étaient des bourgeois décadents. Pour les bourgeois, des anarchistes déstabilisants. Il est étonnant que dès qu'un pouvoir centralisé et hiérarchisé s'installe, quelle que soit son étiquette, il commence par persécuter les juifs. Nabuchodonosor, Ramsès II, Néron, Isabelle la Catholique, Saint Louis, les tsars, Hitler, Staline... Intuitivement les chefs totalitaires savent que, là où il y a des juifs, il y a des individus difficiles à endoctriner car leur pensée est née il y a cinq mille ans et est basée non pas sur le culte d'un chef guerrier charismatique mais sur un livre d'histoires symboliques.

Freddy hésite. J'essaie d'enfoncer le clou :

— C'est peut-être aussi parce qu'ils sont les « truites détectrices de totalitarisme » qu'ils ont survécu. Après tout, c'est le seul peuple de l'Antiquité qui ait gardé presque intacte sa culture alors que tous les grands empires, égyptien, romain, grec, hittite, mongol, qui ont tenté l'expérience totalitaire et qui les ont persécutés ont disparu. Cette culture a un rôle à jouer.

— Comme toutes les cultures ont leur rôle. Les Japonais, les Coréens, les Chinois, les Arabes, les Tsiganes, les Amérindiens, tous ceux qui ont survécu jusqu'à nos jours ont donc une fonction précise dans la masse humaine. Et il faut maintenir cet équilibre délicat entre elles.

Zoz est amusé par nos théories. Freddy demande à voir les temples relativistes et nous allons visiter l'un de ces endroits étranges. Ici pas de statues, pas d'extravagances. Par leur sobriété les temples relativistes font aussi penser aux temples protestants.

Zoz nous emmène ensuite sur un terrain de combat où les armées estivales luttent contre les armées hivernales. Au début les robots hivernaux ont le dessus mais, submergés par la masse des enfants kamikazes qui se font sauter au milieu de leurs ennemis, les robots sont décimés.

— Hé oui ! pour l'instant les humains ont encore le dessus sur les machines, signale notre guide.

Déjà, des vagues d'enfants, portant des explosifs dans des sacs à dos, se précipitent sur les fortins hivernaux protégés par des tourelles à tir automatique.

Est-ce cela l'avenir de la guerre ?

Un ange d'un rose plus lumineux volette vers Zoz, sans doute son instructeur personnel, l'« Edmond Wells » local.

— Zut, mon mentor, bafouille l'ange de Rouge.

En effet, l'autre paraît plutôt mécontent.

— Qu'est-ce que tu fiches ? Tes clients sont en train d'en faire de belles ! Retourne immédiatement t'occuper d'eux !

— Mais... mais..., bégaie Zoz. Mes compagnons sont des anges d'une autre galaxie. Il existe donc un autre Paradis ! Et il y a une vie extrarougienne ! Vous vous imaginez !

L'instructeur n'est nullement impressionné par cette annonce.

— Ce que tu ignores, Zoz, c'est que cette information, tu n'étais pas encore autorisé à en prendre connaissance. Pour toi et tes semblables, elle doit demeurer secrète et j'espère que tu sauras tenir ta langue.

Si Zoz est doté d'un ange instructeur qui connaît l'existence de la Terre, cela signifie du même coup qu'Edmond Wells, mon mentor à moi, connaît probablement lui aussi l'existence de Rouge.

— Vous ne seriez pas un 7, par hasard ? demande Raoul.

L'ange instructeur nous jette un œil réprobateur.

— Vous aussi, vous êtes bien loin de vos clients et devriez rentrer.

— Nos clients sont très débrouillards, dit Raoul.

— Hum..., en êtes-vous si certains ? Un proverbe rougien assure que « c'est lorsqu'on ne regarde pas la casserole que le lait déborde ». Vous n'êtes pas placés sous ma responsabilité et je n'ai donc pas de conseil à vous donner, mais en ce qui concerne Zoz, il est hors de question que vous me le dévergondiez. Tu as compris, Zoz ? Que l'idée ne te traverse jamais de descendre te promener sur leur « Terre ».

Zoz baisse humblement les yeux, nous adresse un timide signe d'adieu et s'éloigne aux côtés de son instructeur qui, par-dessus son épaule, nous lance :

— Récréation terminée ! Il est temps pour tout le monde de reprendre le travail.

162. ENCYCLOPÉDIE

EXTRATERRESTRE : Le plus ancien texte occidental mentionnant des extraterrestres est attribué à Démocrite, au quatrième siècle avant J.-C. Il fait allusion à une rencontre entre explorateurs terriens et explorateurs non terriens sur une autre Terre située au milieu des étoiles. Au deuxième siècle, Épicure note qu'il est logique qu'il existe d'autres mondes similaires peuplés de quasi-humains. Par la suite, ce texte inspira Lucrèce qui, dans son poème *De natura rerum,* évoque la possibilité de l'existence de peuples non terriens vivant très loin de la Terre.

Le texte de Lucrèce ne tomba pas dans l'indifférence générale. Aristote et plus tard saint Augustin tinrent à affirmer que la Terre était la seule planète habitée par des êtres vivants et qu'il ne pouvait en exister aucune autre car Dieu l'avait voulu ainsi et que c'était un cadeau unique.

Abondant dans ce sens, en 1277, le pape Jean XXI autorisa la condamnation à mort de toute personne mentionnant l'éventualité d'autres mondes habités, et il fallut attendre quatre cents ans pour que les

extraterrestres cessent d'être un sujet tabou. Le philosophe Giordano Bruno, par exemple, fut envoyé au bûcher en 1600 pour avoir, entre autres, soutenu cette thèse.

Cyrano de Bergerac écrit en 1657 son *Histoire comique des États et Empires de la Lune*, Fontenelle y revient en 1686 avec ses *Entretiens sur la pluralité des mondes* et Voltaire en 1752 avec *Micromégas* (Petit-grand), grand voyageur de l'espace descendu de Saturne en touriste sur la Terre.

En 1898, H.G. Wells tire les extraterrestres de l'anthropomorphisme en leur donnant dans sa *Guerre des mondes* des aspects de monstres terrifiants aux allures de pieuvres montées sur vérins hydrauliques. En 1900, l'astronomc américain Percival Lowell annonce avoir vu des réseaux de canaux d'irrigation sur Mars, preuve de l'existence d'une civilisation intelligente. Dès lors, le terme d'extraterrestre perd de son côté fantasmagorique. Il faudra cependant attendre Steven Spielberg et son *E.T.* pour qu'ils deviennent synonymes de compagnons acceptables.

Edmond Wells,
***Encyclopédie du Savoir Relatif et Absolu*, tome IV.**

163. JACQUES. 25 ANS

Rouge.

Je rêve qu'avec l'engin spatial de mon enfance, je voyage vers une planète rouge. Sur cette planète vit un dieu qui se livre à des expériences. Il fabrique des mondes qu'il installe dans des bacs transparents pour observer comment ils mûrissent. Il entretient aussi dans des éprouvettes de petits animaux prototypes qu'il dépose précautionneusement avec des pinces fines sur ses plates-bandes. Quand il ne s'acclimate pas, le dieu tente de récupérer l'animal raté. Mais lorsque les prototypes déficients prolifèrent, il s'empresse de fabriquer des prédateurs (animaux plus puissants ou petits, comme des virus) qui éradiqueront ses brouillons manqués. Il mettra au point ensuite l'animal remplaçant. Dans mon rêve le dieu n'arrive pas à effacer complètement ses erreurs, alors il n'en finit pas de rajouter espèce sur espèce pour essayer de mettre un peu d'ordre dans ce chaos vivant.

Je me suis réveillé en sueur, Ghislaine à côté de moi. Ghislaine est ma nouvelle compagne. J'ai choisi Ghislaine parce qu'elle n'était pas paumée, que ses parents ne sont pas intervenus dans notre couple et qu'elle ne paraît pas victime d'une fragilité psychologique. Par les temps qui courent, ces qualités sont assez rares pour légitimer une installation à demeure.

En fait, ce n'est pas tout à fait vrai. La principale raison pour laquelle j'ai choisi Ghislaine, c'est que c'est elle qui m'a choisi. Ghislaine est pédiatre. Elle est douce, elle sait écouter et parler aux enfants. Je suis un enfant.

Il n'est en effet pas normal à vingt-cinq ans de s'intéresser encore aux châteaux, aux dragons, aux princesses charmantes, aux extraterrestres et aux dieux dans l'espace.

Ghislaine a l'air d'une princesse charmante. Elle est brune, toute menue, de petite taille et, à vingt-quatre ans, elle s'habille encore au rayon « fillette ».

Elle connaît les nouvelles méthodes pour éveiller les tout-petits. Les week-ends, elle milite dans une association d'aide aux enfants inadaptés. Ça l'épuise, mais elle dit que si ce n'est pas elle, personne d'autre ne le fera à sa place.

— Toi aussi, tu es un gamin inadapté, me dit-elle

en me caressant les cheveux que j'ai très fournis, surtout sur le sommet du crâne.

Elle me dit qu'en chaque être humain coexistent un enfant, un adulte et un parent. Lorsqu'un couple se crée, chacun choisit son rôle par rapport à l'autre. Généralement, l'un devient parent et l'autre joue l'enfant. L'idéal pourtant serait que les deux se veuillent adultes et se parlent de grande personne à grande personne.

Nous avons essayé. Nous avons échoué. C'est plus fort que moi, je fais l'enfant. C'est enfant que je me sens le mieux, c'est enfant que je trouve ma plus grande ouverture d'esprit. Un enfant ne possède pas de certitudes et s'émerveille de tout. En plus, j'aime être materné.

Ghislaine a été surprise que je joue encore aux jeux de rôles. Je lui ai expliqué que ceux-ci m'aident à rédiger des fiches pour mes personnages et à les situer tout comme mes cartes de tarot à rechercher le meilleur parcours d'initiation pour mes héros.

Sur mon bureau, il y a toute une panoplie d'aides à l'écriture. Cela va des plans de batailles, des représentations des visages de mes héros (je choisis souvent des acteurs qui existent pour de bon et je scrute leurs traits jusqu'à ce que je devine leur psychologie), à des figurines en pâte à modeler que je sculpte pour visualiser des décors ou des objets.

— Je ne m'imaginais pas qu'il fallait tout ce bazar pour raconter de simples histoires ! s'écrie Ghislaine. Ton bureau ressemble à un laboratoire. Tu ne vas quand même pas soutenir que tu utilises ces schémas de cathédrales, ces rebuts de pâte à modeler...

Elle me traite de cinglé et se hausse sur la pointe des pieds pour m'embrasser.

Avec Ghislaine je me sens bien, mais il manque cependant à notre couple la dimension qui lui permettrait de durer. On commence à s'ennuyer. Passé l'émerveillement de vivre avec un adulte qui se comporte comme un enfant, Ghislaine s'aperçoit surtout qu'elle pratique un métier difficile et mal payé, comparativement à moi.

Les enfants qu'elle soigne lui prennent beaucoup de son énergie. Ils sont déjà tellement traumatisés par la vie qu'ils ne sont pas tendres avec elle. Ils se complaisent dans des attitudes de petits chiens abandonnés. Il y a les enfants battus, les enfants victimes d'inceste, les épileptiques, les asthmatiques... Comment Ghislaine pourrait-elle affronter des destinées si lourdes armée de son seul petit courage ? Elle s'est fixé une mission au-dessus de ses forces.

Le soir elle me raconte quel patient est mort dans ses bras ce jour-là. Elle est bouleversée et je ne sais quoi faire pour la soulager du poids de sa peine.

— Peut-être devrais-tu changer de métier, lui dis-je après qu'elle eut pleuré toute une nuit le décès d'un bambin épileptique.

Cette phrase ne me sera jamais pardonnée.

— C'est facile d'aider les gens sans les voir, les toucher, leur parler directement. C'est facile, c'est confortable, c'est sans risque !

— Tu ne veux pas que je reste à côté de chacun de mes lecteurs pour me tenir prêt à discuter avec lui ?

— C'est exactement ce que tu devrais faire ! Tu as choisi ce métier pour fuir le monde. Enfermé dans ta chambre en tête à tête avec ton ordinateur, tu rencontres qui ? Ton éditeur ? Tes rares copains ? Ce n'est pas ça, le monde. Tu vis dans une dimension imaginaire, un univers puéril qui n'existe pas, n'importe quoi pour ne pas grandir. Mais un jour le monde réel te rattrapera, mon monde, là où je me débats avec mes malades, mes déprimés, mes agressés. Ce n'est pas avec tes bouquins que tu changeras quoi que ce soit à la misère, à la faim et aux guerres.

— Qui sait ? Mes livres véhiculent des idées et ces

idées sont destinées à modifier les états d'esprit et les comportements.

Ghislaine ricane.

— Tes petites histoires sur les rats ? Beau résultat ! Les gens éprouveront de la compassion pour les rats alors qu'ils n'en ont même pas pour leurs propres enfants.

La semaine suivante, Ghislaine me quitte. C'était trop beau pour durer. Je me pose des questions. Mon métier est-il réellement immoral ? Pour me remettre d'aplomb, le soir je vais voir *Les Renards*, le genre de film que d'habitude j'évite de mon mieux.

On y montre en long et en large tout ce qui intéresse Ghislaine : des pauvres, des malades, des miséreux et qui s'entretuent. Si c'est ça le réel, je préfère le cinéma dans ma tête. Il y a quand même là-dedans une actrice américaine sublime, Venus Sheridan, une merveille de naturel. On dirait qu'elle a été toute sa vie femme soldat russe. Richard Cuningham, la vedette masculine, n'est pas mal non plus. Il est complètement habité par son rôle.

Ce qui s'est passé en Tchétchénie est vraiment terrible, mais que puis-je y faire ? Ajouter un *nota bene* à l'intention de mon lectorat russe : « S'il vous plaît, faites l'amour et pas la guerre » ?

Les mots que Ghislaine m'a lancés à la tête ont sur moi un effet à retardement. Je n'arrive plus à écrire. Je suis un être pervers qui prend plaisir à écrire des histoires bizarres alors que le monde entier souffre. Alors, militer à « Médecins du Monde « ? Parcourir l'Afrique en vaccinant les enfants à tout va ?

Je sens pointer une crise d'« àquoibonisme ». Un remède, m'enfermer dans les W-C et faire le point. Est-ce mal d'écrire ? Est-ce mal de ne pas assister tous les misérables de par la planète ? Est-ce mal de ne pas lutter contre les tyrans et les exploiteurs ?

J'assume. J'envoie un chèque à une association caritative et je me remets à écrire. J'aime tellement écrire que je suis prêt à payer pour m'y adonner en paix.

Mon éditeur m'appelle.

— Ce serait bien que tu sortes de temps en temps, que tu acceptes des séances de dédicaces dans des librairies, que tu dînes en ville pour rencontrer des journalistes...

— C'est nécessaire ?

— Indispensable. C'est même par là que tu aurais dû commencer. En plus, voir du monde, ça te donnera des idées pour écrire. Fais un effort. Tu as besoin de la presse, des libraires, des contacts avec tes pairs, de fréquenter les salons littéraires... Vivre en ermite, c'est te condamner à brève échéance.

Jusqu'ici Charbonnier a toujours été de bon conseil. Mais de là à faire le singe dans des soirées mondaines, flûte de champagne à la main, à écouter les derniers ragots de la profession...

D'accord pour les dédicaces dans les salons. Je ne compte guère là-dessus pour relancer ma carrière, mais peut-être qu'au contact des gens qui s'intéressent aux livres et aux écrivains je comprendrai mieux pourquoi je ne parviens pas à toucher un plus large public en France.

Mona Lisa II me fixe, l'air de dire : « Enfin, tu te poses les bonnes questions. »

Je me rendors seul dans mon lit. Les draps sont froids.

164. IGOR. 25 ANS

— Igor, j'ai une merveilleuse nouvelle pour toi.

Moi qui ai souhaité une bonne surprise, je sens

qu'elle est là. Je ferme les yeux. Elle m'embrasse. Je lance un ballon d'essai :

— Tu es enceinte ?

— Non, mieux.

Elle se serre contre moi, le sourire épanoui.

— Igor, mon ami, mon amour, tu es... guéri.

Une décharge électrique me foudroie la moelle épinière.

— Tu plaisantes ?

Je pose mon livre près de moi et je dévisage, affolé, la physionomie radieuse de ma doctoresse.

— J'ai ici le résultat de tes dernières analyses. Elles sont au-delà de toute espérance. Le cancer du nombril n'a qu'une durée de vie limitée. Ta guérison ouvre des voies nouvelles à la recherche médicale. Je pense que tu en es redevable aussi à l'amélioration de tes conditions de vie. Oui, ce doit être ça, le cancer du nombril a des caractéristiques très psychosomatiques.

Mes poumons me brûlent. Dans ma bouche, ma salive s'assèche. Mes genoux s'entrechoquent. Tatiana m'entoure de ses bras et me serre.

— Mon amour, tu es guéri, tu es guéri, tu es guéri... C'est formidable ! Je cours avertir l'équipe. On va faire une fête à tout casser pour marquer ton retour à la vie normale.

Et elle s'en va en dansant.

La « vie normale », je la connais. Je ne plais pas aux femmes. Les propriétaires refusent de me louer leur appartement sans fiches de paie. Les patrons ne veulent pas m'engager parce que pour eux tous les anciens des commandos sont des brutes. Et en ce qui concerne le poker, mon ami Piotr a mis ma tête à prix dans tous les bons casinos du pays.

Je n'ai jamais eu que deux refuges, l'hôpital et Tatiana, et voilà, ils me rejettent eux aussi. Il faut que je tue quelqu'un et que j'aille en prison. Là, je la retrouverai, ma « vie normale ». Mais en cohabitant avec Tatiana, j'ai perdu la rage. Elle m'a donné le goût de la quiétude, de la gentillesse, des livres, des discussions animées. Guéri, si ça se trouve, elle ne voudra même plus me parler. Elle se trouvera un autre patient avec une maladie encore plus inédite que la mienne. Un phtysique de l'oreille ou un handicapé des narines. Elle me chassera.

Depuis quelque temps, elle me bassine avec un type porteur d'un microbe inconnu. Elle couche sûrement déjà avec lui.

Je me donne de grands coups de poing dans le ventre, mais je sais que ce fichu cancer n'en fait qu'à sa tête. Il est apparu comme un voleur dans mon corps et juste quand je l'acceptais, l'appréciais, le revendiquais, il a filé comme il était venu.

Je suis guéri, quelle catastrophe ! Je ne pourrais pas échanger ma guérison avec quelqu'un d'autre qui en profiterait mieux ? Hé ho ! mon ange, si tu m'entends, je ne veux plus guérir. Je veux retomber malade. C'est ma prière.

Je m'agenouille sur le carrelage et j'attends. Je sentais quand mon ange m'écoutait. Je sens qu'il ne m'écoute plus. Saint Igor aussi se désintéresse de moi à présent que je suis rétabli. Tout s'effondre.

J'ai tout supporté mais cette « guérison », c'en est trop. C'est la goutte d'eau qui fait déborder le vase.

Dans le couloir j'entends Tatiana qui entretient tout le personnel hospitalier de la bonne nouvelle.

— Igor est guéri, Igor est guéri ! chante-t-elle à tue-tête, l'inconsciente.

— S'il te plaît mon ange, envoie-moi une métastase en signe d'alliance. Tu m'as assisté pour de petites choses, si tu m'oublies dans les grandes, tu n'es qu'un ange irresponsable.

La fenêtre est ouverte. Je me penche. L'hôpital est haut. Une chute de cinquante-trois étages, ça devrait aller.

Agir sans réfléchir. Surtout sans réfléchir, sinon je ne trouverai pas le courage. Je saute. Je descends comme une pierre.

J'aperçois au-dessous, par les fenêtres, des gens qui vaquent à leurs occupations. Certains me voient et font des « o » avec leur bouche.

« Sois rapide ou sois mort » ? Là je suis très rapide et je vais bientôt être très mort.

Le sol approche à toute allure. J'ai peut-être fait une boulette. J'aurais peut-être dû réfléchir quand même un peu.

Le sol est maintenant à dix mètres de moi. Je ferme les yeux. J'ai à peine le temps de ressentir la petite seconde désagréable où tous mes os se fracassent contre le bitume. De solide, je deviens liquide. Là, ils ne me récupéreront plus. J'ai très mal une seconde qui semble durer une heure et puis tout s'arrête. Je sens la vie qui me quitte.

165. VENUS. 25 ANS

J'ai divorcé d'avec Richard. Et je sors avec mon avocat, Murray Benett, le célèbre ténor du barreau. En une semaine, il s'installe dans ma vie, dans mon cœur, dans mon corps, dans mes meubles et dans mes contrats.

Avec lui, la vie de couple se transforme en une sorte de contrat permanent. Il dit que la vie à deux, que ce soit dans le concubinage ou le mariage, devrait être régie par un système de bail trois-six-neuf, comme pour les locations d'appartements. À échéance, c'est-à-dire tous les trois ans, si les partenaires ne sont pas satisfaits, on réexamine les clauses ou on dénonce le contrat, et s'ils sont contents on repart pour trois nouvelles années par « tacite reconduction ».

Sur ce sujet, Murray est intarissable. Le mariage « classique » est stupide, prétend-il. C'est un contrat à vie que les protagonistes signent alors qu'ils sont incapables d'en déchiffrer les clauses tant ils sont aveuglés par leurs sentiments et la peur de la solitude. Si les époux le ratifient à vingt ans, il restera valable soixante-dix ans environ, sans être susceptible de la moindre modification. Or la société, les mœurs, les gens évoluent et il arrive forcément un moment où le contrat devient caduc.

Je me moque de tout ce baratin juridique, tout ce que je sais c'est que Murray adore faire l'amour dans des positions insensées. Avec lui, j'en découvre que même le *Kāma-sūtra* ignore. Il me prend dans des endroits complètement incongrus où nous risquons d'être surpris par le premier passant venu. Le danger est un aphrodisiaque.

Lorsque nous dînons avec sa « bande », essentiellement constituée de ses ex-petites amies, je sens qu'elles m'en veulent d'occuper la place convoitée de dernière amante en date. Quand Murray parle, il amuse la galerie.

— Comme tous les avocats, je déteste avoir des clients innocents. Si on gagne pour un innocent, il considère cela comme normal. Et si on perd, il vous en veut personnellement. Alors qu'avec un coupable, si on perd, il considère que c'est inéluctable et si on gagne, il vous baise les pieds !

Tout le monde s'esclaffe. Sauf moi.

Au départ, Murray et moi avons chacun défini notre territoire dans notre appartement. Là, c'est ma chambre. Là, c'est mon bureau. Là, je range ma brosse à dents et là tu mets la tienne. Dans nos placards tout ce qui est à portée d'yeux est occupé par ses vestes, ses pulls et ses chemises. Mes affaires à moi sont reléguées soit tout en haut, soit tout en bas. J'aurais dû me méfier d'emblée de ce genre de détails.

De tous les hommes que j'ai connus, Murray est le premier à être attaché si fort à cette notion de territoire.

Toutes les manœuvres lui sont bonnes pour élargir son territoire :

Qui garde en main la télécommande et choisit le programme à la télé ?

Qui squatte le premier le matin les toilettes et la salle de bains ?

Qui y lit le journal sans se soucier que l'autre attende ?

Qui décroche quand le téléphone sonne ?

Qui sort les poubelles ?

Quels parents reçoit-on le dimanche ?

Comme je suis à même de fuir et de me réfugier en permanence dans mon métier d'actrice, je m'investis peu dans cette guérilla quotidienne.

J'aurais pourtant dû rester sur le qui-vive. J'aurais dû réagir immédiatement quand il a commencé à m'arracher toute la couette en dormant, tandis que moi je restais à grelotter.

L'amour n'excuse pas tout. Aucun de mes anciens admirateurs n'aurait pu m'imaginer si souple et si docile. Le salon, la cuisine et le vestibule avaient été déclarés territoires neutres. Au nom du bon goût, Murray a rapidement enlevé de l'entrée tous les bibelots qui me plaisent pour les remplacer par des photos de vacances de lui avec ses ex. Plus aucune nourriture normale ne traîne dans le réfrigérateur envahi par ses aliments favoris, plats étranges achetés tout préparés en pharmacie pour leurs vertus amincissantes.

Quant au salon, il y trône un énorme fauteuil avec interdiction à quiconque d'y poser ses fesses.

Comme, par paresse, je refuse de passer mon temps à me battre, mon territoire particulier se retrouve réduit à la portion congrue. De guerre lasse, j'abandonne à

Murray presque toute ma moitié d'appartement pour me calfeutrer dans mon petit bureau dont il a exigé d'ailleurs que j'ôte la serrure afin que je ne puisse m'y enfermer.

Je suis battue. Cependant, comme Murray renégocie habilement avec mes producteurs mes droits sur mes films, je ne me considère pas comme entièrement perdante. Il a fallu qu'il se mêle de ranger et de redécorer mon ultime refuge, mon bureau, pour que je lui annonce mon intention de ne pas reconduire le bail.

Murray l'a pris de haut.

— Sans moi, tu es fichue. Notre société est devenue tellement juridique que les producteurs te dévoreront toute crue.

Je prends le risque. N'ayant nullement l'intention d'adhérer à son « club des ex », je le prie, en outre, de ne pas chercher à me revoir. Là, il s'emporte. Il déclare que je lui suis entièrement redevable de ma réussite. « Sans moi tu ne serais jamais devenue une actrice inspirée. » En conséquence, il exige la moitié de tout ce que j'ai gagné pendant notre vie commune. J'y consens sans rechigner. C'est vrai qu'il m'a rendu la vie si difficile et que je me suis sentie tellement à l'étroit sur mon territoire en peau de chagrin que, cette année, j'ai accepté le plus de rôles possible et donc beaucoup accru mes revenus. Mes migraines ont repris de plus belle. Je supplie Billy Watts, mon agent, de trouver une solution.

— Il n'y en a que deux, dit-il. La première, la plus classique, c'est de te rendre à Paris chez le professeur Jean-Benoît Dupuis, le spécialiste français de la migraine et de la spasmophilie. La seconde consiste à consulter mon nouveau médium.

— Tu n'es plus avec Ludivine ?

— Après le succès de ses consultations individuelles, elle a créé un groupe de réflexion et, comme il a eu beaucoup de succès, elle a malheureusement enchaîné par la fondation d'une secte. La GVF. « Les Gardiens de la Vraie Foi. » Ils ne sont pas méchants, mais ils se réunissent en costume, les cotisations sont chères et ceux qui veulent en sortir sont « excommuniés ». Ça a suffi à me refroidir. Maintenant ils exigent d'être reconnus comme une religion à part entière.

— Et qui est ton nouveau surdoué ?

— Ulysse Papadopoulos. C'est un ancien moine ermite. Il lui est arrivé des choses extraordinaires, paraît-il. Depuis, il a un don. Il converse directement avec les anges. Il te permettra d'entrer en contact avec ton ange gardien, lequel t'expliquera pourquoi tu es continuellement en proie à de tels maux de tête.

— Tu crois qu'on peut converser directement avec son ange gardien sans le... comment dire ?... déranger dans son boulot d'ange ?

166. ENCYCLOPÉDIE

RESPIRATION : Les femmes et les hommes ne perçoivent pas le monde de la même manière. Pour la plupart des hommes, les événements évoluent de manière linéaire. Les femmes, par contre, peuvent concevoir le monde dans sa forme ondulatoire. Probablement parce qu'elles ont tous les mois la preuve que ce qui se construit peut se déconstruire et se reconstruire ensuite à nouveau, elles perçoivent l'univers comme une pulsation permanente. Inconsciemment est inscrit dans leur corps ce secret fondamental : tout ce qui grandit finit par diminuer, tout ce qui monte finit par descendre. Tout « respire » et il ne faut pas avoir peur que l'expiration succède à l'inspiration. La pire chose serait de vou-

loir retenir sa respiration ou de la bloquer. Ce serait l'étouffement assuré.

Les récentes découvertes en astronomie montrent de même que notre univers issu du big-bang et qu'on a toujours perçu comme un univers en expansion permanente pourrait lui aussi se concentrer jusqu'à un big-crunch, sorte de concentration maximale de la matière, débouchant peut-être à nouveau sur... un deuxième big-bang. Même l'univers dans ce cas « respirerait ».

Edmond Wells,
***Encyclopédie du Savoir Relatif et Absolu*, tome IV.**

167. RETOUR

Retour vers le Paradis. Les distances entre les deux galaxies sont tellement incommensurables que je ne crois pas que nous reviendrons voir Zoz de sitôt. Nous volons vite et, pourtant, nous avons l'impression de progresser comme des escargots.

Tout en volant, nous méditons sur les implications de notre découverte. Nous avons exploré une seconde planète habitée par des humains, mais il doit en exister encore beaucoup d'autres. Rien que dans l'amas de galaxies qui comprend la nôtre et celle de Zoz, je sais que s'en entassent 326 782. Même si elles ne comprennent pas toutes un paradis au centre et que seules 10 % en possèdent un et donc une planète habitée par des humanoïdes, il subsiste encore 32 000 planètes peuplées de gens avec lesquels nous pourrions discuter.

Nous cherchions nos dieux, nous cherchions d'où venait Nathalie Kim, nous avons trouvé autre chose qui ne répond à aucune de ces deux questions. Reste maintenant à savoir si les âmes transitent d'un Paradis à l'autre. Et si oui, pourquoi ?

Notre horizon géographique et spirituel s'élargit. Je redoutais que ma vie d'ange ne soit monotone, elle devient tonique. Rien que d'y penser, mes responsabilités me reviennent à l'esprit.

Pourvu qu'il ne soit rien arrivé de catastrophique à mes clients !

168. IGOR. 25 ANS

Après mon suicide, je suis mort et je suis sorti de mon corps. Il y avait en haut la fameuse lumière que je connaissais déjà mais je ne me suis pas élevé vers elle. En moi, quelque chose protestait : « Tu dois demeurer ici jusqu'à ce que justice te soit rendue. Alors seulement tu pourras monter. »

Maintenant je suis une âme errante. Je me suis transformé en une entité immatérielle. Je suis transparent et impalpable. Je ne savais trop quoi faire au début. Je suis donc resté près de ma dépouille et j'ai attendu. Une ambulance est arrivée. Un brancardier a jeté un œil sur mon cadavre en bouillie et s'est retourné pour vomir.

D'autres personnes en uniforme blanc sont venues et ont enfourné mon ancien corps dans un sac en plastique après en avoir recherché les lambeaux épars sur la chaussée. Elles m'ont emmené à la morgue. Tatiana paraissait très affligée par ma disparition mais ça ne l'a pas empêchée de pratiquer une autopsie et de placer mon fichu nombril guéri dans un flacon de formol afin de l'exhiber à tout le monde. Dans le genre veuve éplorée, il y a mieux.

Voilà, je suis un fantôme. Comme je n'ai plus peur de mourir, j'observe plus sereinement les êtres et les choses. Autrefois, la peur de la mort était inscrite en moi comme un bruit de fond permanent qui m'empêchait d'être vraiment tranquille. Maintenant je n'ai plus ça, mais je vis avec des regrets.

Je me suis suicidé. J'ai eu tort. Beaucoup d'hommes se plaignent de souffrir dans leur chair. Ils ne connaissent pas leur chance. Eux, au moins, ils ont un corps. Les gens devraient savoir que chacun de leur bobo est une preuve qu'ils possèdent un corps. Tandis que nous, les âmes errantes, nous ne ressentons plus rien.

Ah, si je retrouvais un corps, je m'enchanterais de la moindre de mes cicatrices. Je la rouvrirais de temps en temps pour vérifier qu'il y a bien du sang dessous et que la blessure me fait toujours souffrir. Combien ne donnerais-je pas pour ressentir ne serait-ce qu'un petit ulcère à l'estomac, ou même un aphte, ou une démangeaison de piqûre de moustique !

Quelle bourde j'ai faite en me suicidant ! Pour quelques minutes d'exaspération, me voilà âme errante pour des siècles et des siècles.

Au début, j'ai tenté de prendre mon nouveau sort à la légère. C'est agréable de voler et de percer les murailles. Je peux m'introduire partout. Je peux me faire fantôme en Écosse et agiter des draps pour affoler les touristes. Je peux être esprit de la Forêt pour complaire aux chamans de Sibérie. Je peux me glisser dans des séances de spiritisme et faire tourner les tables. Je peux aller dans les églises et accomplir des miracles. J'ai d'ailleurs joué à Lourdes, rien que pour vérifier mon pouvoir d'âme errante sur la matière.

L'état d'âme errante présente encore d'autres avantages. J'assiste gratuitement à des concerts, et placé aux premières loges en plus. Je me faufile au cœur de batailles décisives. Même au beau milieu d'un champignon atomique, je n'ai plus rien à craindre.

Je me suis amusé à descendre au fond des volcans et dans les abysses. Ça va un temps et puis ça lasse. Je me suis immiscé dans les salles de bains des plus belles femmes. La belle affaire quand on n'a plus d'hormones... Je me suis diverti quinze jours. Pas plus. Quinze jours suffisent pour toutes les gamineries qu'on a souhaité réaliser, enfant, en regardant *L'Homme invisible.*

Quinze jours. Ensuite, j'ai compris toute la misère de mon état. On côtoie en permanence les autres âmes errantes. Les âmes des suicidés sont pour la plupart amères, aigries, déprimées, jalouses, hargneuses. Elles souffrent et elles regrettent pour la plupart leur choix. Nous nous retrouvons dans les cimetières, les caves, les églises, les cathédrales, les monuments aux morts et, de manière plus générale, tous les lieux que nous trouvons « marrants ».

Nous parlons de nos vies passées. J'ai rencontré des assassinés qui rôdent pour embêter leur bourreau, des gens trahis, humiliés, qui errent pour se venger, des innocents condamnés à tort qui hantent les nuits de leurs juges, bref, maintes créatures en souffrance qui ont leurs raisons pour ne pas quitter l'humanité. L'essentiel de notre troupe, ce sont cependant les suicidés.

Nous sommes tous assoiffés de justice, de revanche, de vengeance. Ce qui nous caractérise tous, c'est la volonté de nuire à ceux qui nous ont nui plutôt que de chercher à monter au Paradis. Nous sommes des guerriers. Or, un guerrier pense davantage à faire du mal à ses ennemis qu'à se faire du bien à lui-même ou à en faire à ceux qu'il aime.

À présent, notre unique chance de retourner dans la matière est de voler un corps. L'idéal, c'est de pénétrer un corps momentanément déserté par son âme. C'est difficile, mais c'est possible. Dans les clubs de méditation transcendantale, il y a toujours des débutants qui décollent de travers et étirent trop leur cordon d'argent.

Si ça claque, il n'y a plus alors qu'à entrer en eux. Le problème, c'est que nous sommes toujours des centaines d'âmes errantes à cerner ces clubs et qu'il faut jouer des coudes pour se faufiler dès qu'un corps se libère.

Autre provende de corps abandonnés : les drogués. Les drogués, c'est du pain bénit. Ils sortent de leur corps n'importe quand n'importe comment, sans la moindre discipline, sans le moindre rituel, sans le moindre accompagnateur pour les protéger. Du nanan. Il suffit d'entrer.

Le seul problème avec les dépouilles de drogués, c'est qu'une fois dedans, on ne s'y sent pas très bien. On est tout de suite en manque et, du coup, on ressort pour être aussitôt remplacé par un autre fantôme. Un vrai jeu de chaises musicales sauf que les sièges sont brûlants et qu'on ne peut pas y rester assis très longtemps.

Restent les accidentés de la route. Nous sommes comme des vautours, nous, les charognards des âmes.

Parfois, une âme errante intègre un corps d'accidenté et il meurt quelques minutes plus tard à l'hôpital. La guigne !

Donc, il faut dénicher un corps en bon état, vide parce que temporairement délaissé par un propriétaire sain. Pas facile.

En attendant, rien d'autre à faire qu'errer. Pour oublier un peu ma triste condition, je me lance dans une petite tournée de ces médiums qui perçoivent nos voix. Je commence par Ulysse Papadopoulos, et là, qui vois-je ? Venus. Venus Sheridan. L'idole de ma jeunesse. Elle veut par le truchement du Grec s'entretenir avec son ange gardien. Génial. J'arrive.

169. JACQUES. 25 ANS

Cédant aux pressions de mon éditeur, je me rends au Salon du Livre de Paris pour une séance de dédicaces. Le Salon du Livre de Paris est devenu une tradition, une grande fête annuelle où tous les auteurs se retrouvent et retrouvent leurs lecteurs.

Toute une foule se presse dans les allées, mais pour moi les clients sont rares. Je regarde le plafond, et j'ai l'impression de perdre un temps précieux que je pourrais mettre à profit en travaillant sur mon prochain ouvrage.

J'ai écrit d'autres livres depuis *Les Rats*. Un sur le Paradis, un sur un voyage au centre de la Terre, un sur des gens qui savent utiliser les facultés inconnues de leur cerveau. En France, aucun n'a connu le succès. Rien qu'un petit bouche-à-oreille et de meilleures ventes en livre de poche. Mais mon éditeur reste confiant car, en Russie, mon public me fait un triomphe.

J'attends. Quelques enfants s'approchent et l'un me demande si je suis célèbre. Je réponds que non mais le gamin me tend quand même un papier pour que j'y appose ma signature.

— Lui n'est pas connu mais, on ne sait jamais, il pourrait le devenir un jour, explique-t-il à son voisin.

Des badauds me prennent pour le libraire du stand et me réclament des titres d'autres auteurs. Une dame me demande où se trouvent les lavabos. Je bats la semelle sur la moquette. Une hôtesse installe Auguste Mérignac. Nous avons tous deux le même âge, mais guère la même prestance. Veste de tweed, foulard de soie, Mérignac en impose encore plus que la fois où je l'avais vu à la télévision. À peine Mérignac s'est-il assis qu'un attroupement se forme et qu'il commence à signer à tour de bras.

Je guette désespérément un « lecteur à moi », comme un pêcheur attend qu'un poisson morde à l'hameçon où il a oublié d'accrocher l'appât, tandis que son voisin remplit son épuisette. On s'empresse tant autour de Mérignac que, pour ne plus perdre de temps à répondre aux salutations, il enfile un casque de baladeur tout en signant machinalement les pages de garde sans la moindre dédicace.

Comme par hasard l'essentiel de son public est constitué de jeunes filles. Certaines déposent discrètement sur sa table leur carte de visite avec leur numéro de téléphone. Celles-là, il condescend à leur jeter un regard pour voir si elles méritent le détour.

Soudain, comme pris d'une fatigue au poignet, il fait signe à l'hôtesse qu'il s'arrêtera là pour aujourd'hui. Il repousse sa chaise, se lève sous les murmures de déception de celles qui ont attendu en vain et, à ma grande surprise, se dirige vers moi.

— On marche pour discuter un peu ? Ça fait un moment que j'ai envie de discuter avec toi, Jacques.

Auguste Mérignac me tutoie !

— D'abord, je dois te dire merci, et ensuite tu me diras merci.

— Et pourquoi donc ? dis-je en lui emboîtant le pas.

— Parce que je t'ai piqué l'idée principale de ton livre sur le Paradis pour en faire la matière de mon prochain roman. Je t'avais d'ailleurs déjà emprunté toute la structure des *Rats* pour écrire *Mon bonheur*.

— Quoi, *Mon bonheur*, c'est un plagiat de mes *Rats* ?

— On peut voir ça comme ça. J'ai transposé ton intrigue « rats » dans le monde des humains. Déjà ton titre ne valait rien, le mot « rat » fait fuir tout le monde, alors que chez moi, il y a « bonheur ». Ton livre souffrait, en plus, d'une mauvaise couverture mais ça, c'est la faute de ton éditeur. Tu devrais venir chez le mien. Il te vendrait mieux.

— Vous osez m'avouer sans vergogne que vous me volez mes idées !

— Voler, voler... Je les ai reprises et j'y ai rajouté du style. Chez toi, tout est trop concentré. Il y en a tellement, des idées, que le public ne peut pas suivre.

Je me défends :

— J'essaie d'être le plus simple et le plus direct possible.

Mérignac sourit gentiment :

— La mode littéraire actuelle ne va pas dans ce sens. J'ai donc mis au goût du jour un roman qui n'était pas de son temps. Tu devrais considérer mes emprunts comme un hommage et non comme un vol...

— Je... je...

Le jeune homme chéri des jeunes filles me considère avec commisération.

— Ça ne t'ennuie pas que je te tutoie ? me demande-t-il tardivement. Ne t'imagine pas que ma gloire t'était due. Tu n'as pas réussi parce que tu n'étais pas destiné à réussir. Même si tu avais rédigé *Mon bonheur* mot pour mot, tu n'aurais pas obtenu davantage de succès parce que toi, tu es toi, et moi, je suis moi.

Il me prend le coude.

— Déjà tel quel, avec ton succès confidentiel, tu déranges. Tu énerves les scientifiques parce que tu parles des sciences sans être spécialiste. Tu énerves les croyants parce que tu parles de spiritualité sans te revendiquer de la moindre chapelle. Enfin, tu énerves les littéraires parce qu'ils ne savent pas dans quelle catégorie te ranger. Et ça c'est rédhibitoire.

Mérignac interrompt sa marche pour mieux me regarder.

— Maintenant que je t'ai en face de moi, je suis convaincu que tu as toujours dû énerver tout le monde. Les profs à l'école, les copains et même ta famille...

Et tu sais pourquoi tu énerves tellement ? Parce qu'on sent que tu as envie que les choses changent.

Je veux parler, me défendre, mais n'y arrive pas. Les mots se coincent dans ma gorge. Comment cet être que j'ai toujours considéré comme sans intérêt m'a-t-il si bien compris ?

— Jacques, tes idées sont d'une belle originalité. Alors, accepte qu'elles soient reprises par quelqu'un qui dispose du pouvoir de les faire vivre auprès d'un large public.

Je m'étouffe.

— Vous croyez que je ne réussirai jamais ?

Il secoue la tête.

— C'est plus compliqué que ça. Tu pourras connaître la gloire, mais à titre posthume. Dans cent, deux cents ans, et je peux te promettre que cela se produira, un quelconque journaliste désireux de prouver son originalité tombera par hasard sur un de tes livres et pensera : « Tiens, pourquoi ne pas mettre à la mode Jacques Nemrod, écrivain ignoré de son temps ? »

Mérignac esquisse un petit rire qui n'a rien de méchant, comme s'il était sincèrement désolé pour moi, puis poursuit :

— En fait, je devrais être jaloux. Moi, je tomberai dans l'oubli. Ne trouves-tu pas que toutes ces explications méritent un petit « merci » pour ma peine ?

Je balbutie à mon propre étonnement un petit « merci ». Le soir, je m'endors plus détendu. On a décidément beaucoup à apprendre de nos ennemis.

170. ENCYCLOPÉDIE

LÂCHER-PRISE : Le lâcher-prise émane d'une des trois voies de sagesse préconisées par Dan Millman : humour, paradoxe, changement. Le concept double la notion de paradoxe. C'est lorsque l'on ne désire plus quelque chose que cette chose peut arriver. Le lâcher-prise, c'est aussi le repos de l'ange. N'étant plus sollicité, il peut enfin travailler tranquillement.

On ne louera jamais suffisamment l'art du lâcher-prise.

Il n'existe rien d'indispensable. On n'a jamais vu un homme devenir heureux parce qu'il obtenait soudain le travail, l'argent, l'amour qu'il convoitait. Les véritables grands bonheurs sont des événements inattendus qui transcendent largement le champ des souhaits des intéressés. Nous nous conduisons comme des Pères Noël permanents. Ceux qui demandent un train électrique reçoivent un train électrique. Mais ceux qui ne demandent rien peuvent recevoir beaucoup mieux. Cessez d'être en demande et alors seulement on pourra vous satisfaire.

Edmond Wells,
***Encyclopédie du Savoir Relatif et Absolu*, tome IV.**

171. RETOUR AU PARADIS

Ce retour me semble durer des années. Je recommence à me faire beaucoup de souci pour mes œufs. Qu'ont pu encore inventer Venus, Igor et Jacques ? Je n'ose l'imaginer. Je file dans le cosmos en direction de la Voie lactée. Elle paraît si lointaine...

172. VENUS. 25 ANS

M'entretenir avec mon ange gardien ? De ma vie, je n'ai jamais souhaité rien de mieux. Dans cet appartement new-yorkais de style baroque, partout il y a des anges, un ange au fusain sur la porte, des statuettes d'anges dans l'entrée, des anges peints sur les murs et les plafonds. Sur les toiles des tableaux, des anges combattent des dragons et des saints sont suppliciés dans des arènes romaines.

La séance coûte mille dollars cash mais Billy Watts m'a garanti que ce Papadopoulos est le meilleur médium du monde. Un ange, saint Edmond, lui est un jour apparu pour lui dicter un livre. Il s'agirait selon mon agent d'un dictionnaire bizarre que le copiste ne peut ni ne veut révéler.

D'autres anges sont venus par la suite chez lui afin d'y livrer combat contre des démons. Il a eu ainsi un dialogue privilégié avec l'ange Raoul. Mais, après avoir passé de longues années à consigner les messages de saint Edmond, et saint Raoul s'obstinant à ne pas réapparaître, Ulysse Papadopoulos a décidé de quitter son ermitage et de regagner le domaine des hommes afin de les aider à comprendre le monde du dessus en les mettant en contact avec leurs anges gardiens.

Papadopoulos est un auteur célèbre. Il a publié des livres : *Tout sur nos amis les anges, Les anges sont parmi nous* ou : *Parlez à votre ange sans timidité. Saint Raoul et moi* a été son best-seller. Dans la salle d'attente, je feuillette ces ouvrages. Dans une vitrine, sur le côté, des tee-shirts représentant saint Raoul tel qu'il lui est apparu dans ses illuminations sont à la disposition des clients. Il y a aussi des posters de saint Raoul terrassant les entités maléfiques du Pérou. Saint Raoul semble être la spécialité locale.

— Vous pouvez entrer, madame Sheridan, dit la réceptionniste.

Je pénètre dans un salon aux murs peints de nuages, sans doute pour évoquer le Paradis. Au centre trône une lourde table. Il y a là une dizaine de femmes et un seul homme, le mage Papadopoulos, je suppose. Il est vêtu d'une longue robe blanche et affiche un même air inspiré.

Les femmes sont pour la plupart âgées et couvertes de bijoux. Sans doute sont-elles désœuvrées et occupent-elles leurs journées à parler avec les anges. On se croirait dans une réunion Tupperware. Mais au lieu de papoter boîtes en plastique, on discute de l'au-delà. J'hésite un instant à prendre mes jambes à mon cou, mais j'ai payé comptant la réceptionniste et la curiosité l'emporte. Je m'installe à une place libre et le mage Papadopoulos, ancien moine, se lance dans des incantations en latin d'où se détachent les mots *mysterium, aeternam* et *doloris*.

Il nous demande ensuite de nous prendre par la main pour former une chaîne de prière et il invoque :

— Ô saint Raoul, Toi qui es toujours prêt à m'écouter, descends et au nom de l'amour que Tu me portes, soulage les douleurs de ces mortels amis.

Il poursuit son rituel en fermant les yeux et en marmonnant une prière où « saint Raoul » revient fréquemment, puis annonce que la séance peut commencer.

Une grande femme osseuse, vêtue à la dernière mode, prend la parole la première. Elle demande si elle doit acheter un nouveau magasin pour compléter sa gamme de vêtements. La bouche de Papadopoulos tremblote à plusieurs reprises et il annonce que oui, elle doit l'acheter car ainsi elle deviendra encore plus riche. Je ne suis pas très impressionnée. Il est évident que les gens riches s'enrichissent toujours davantage et que lui prédire le succès, ce n'est pas prendre un grand risque. S'il suffit d'annoncer ça pour empocher mille dollars, je veux bien pratiquer le métier moi aussi, à l'occasion. En plus, en actrice chevronnée, je saurais sûrement mieux que ce type barbu interpréter les médiums.

173. IGOR. FANTÔME

C'est bien Venus Sheridan en chair et en os. Quelle chance que tous ces médiums soient tellement à la mode ! Il paraît que 80 % de l'humanité pratique régulièrement les « voyants » : astrologues, cartomanciens, sorciers, prêtres, diseurs de bonne aventure, médiums, etc. Probablement à cause de l'inquiétude du futur et de la complexité du monde. À nous, les âmes errantes, ça donne un moyen d'agir sur la matière vivante. Je vais pouvoir m'adresser directement à mon ancienne idole sans être handicapé par la barrière des langues.

Mais ce n'est pas encore son tour. Une vieille bonne femme demande à Papadopoulos si elle doit vendre la résidence familiale que son mari aimait tant à présent qu'il a péri écrasé par un chauffard ivre.

Mmm... Venus n'a pas l'air convaincue par les élucubrations du mage. Je vais lui redonner de l'intérêt vite fait. Je file à la recherche du défunt évoqué qui, par chance, est resté là, à hanter son massacreur, et je lui transmets la question de sa veuve.

— Non, dit-il, il ne faut pas vendre car j'ai caché une grosse somme d'argent dans la cave, derrière la commode faux Louis XV. Il suffit de la pousser. C'est dans la statue de l'hippopotame.

Je reviens à toute allure et je passe l'information au médium. Cela produit son petit effet. Tout le monde s'émerveille de la précision de la réponse. La dame concernée en bafouille d'émotion et reconnaît qu'en effet, elle a bien dans sa cave une commode Louis XV et une statue d'hippopotame. Comment Papadopoulos l'a-t-il deviné ?

Venus demeure cependant sceptique. Elle s'imagine que cette dame est une complice. Tant mieux, le choc n'en sera que plus grand.

Justement, Venus prend la parole. Elle demande que faire pour se débarrasser de ses éternelles migraines. Je traverse rapidement son crâne pour évaluer son cas. Le frère... la hante de l'intérieur !

Quelqu'un doit lui parler de son frère. Vite, un conciliabule avec des âmes errantes plus spécialisées que moi dans ces problèmes. Un suicidé par balle m'indique le nom d'un praticien qui a longtemps souffert avant de découvrir le secret d'un frère jumeau. Il s'appelle Raymond Lewis. Je retourne dare-dare dans le salon de Papadopoulos et lui dicte son texte.

— Venus, il existe... un homme capable de tout t'expliquer, de te soigner et de te guérir. Il a... connu le même problème que toi... et il l'a résolu. Il s'appelle... Lewis.

Venus fait la moue.

— Des Lewis, il y en a des milliers.

— Ce Lewis est... médecin accoucheur.

— Des Lewis médecins accoucheurs, il y en a sûrement aussi tout un tas, s'agace Venus. Lewis comment ?

— Attendez, R... R... Ramon Lewis.

C'est bien ma chance. Nous sommes tombés sur un médium dur d'oreille. Je hurle presque :

— Pas Ramon, pas Ramon ! Raymond, Raymond !

— Pas Ramon, pas Ramon... Edmond, rectifie Papadopoulos.

Ce n'est pas possible ! Il est complètement bouché !

— Raymond. C'est pas courant comme prénom, mais c'est le sien.

Papadopoulos ferme les paupières et se concentre :

— R... R... Raymond. C'est pas courant comme prénom, mais c'est le sien.

— Oui et alors ? dit Venus, de plus en plus impatiente.

Il faut que je me dépêche sinon elle va se lever et claquer la porte au nez de cet idiot avant que j'aie pu l'aider. Je souffle dans le pavillon déficient :

— Raymond Lewis est dans le même cas que toi. Il a perdu un être jumeau avant sa naissance. Cette absence lui a donné des migraines. En vous assemblant, vous comblerez votre manque mutuel de jumeau, et les esprits de vos jumeaux se retrouveront et seront libérés.

Mon médium traduit tant bien que mal et l'essentiel de l'information passe. Venus ne bouge plus. Rien de tel que la vérité pour ébranler les gens.

Papadopoulos est le plus secoué par mon intervention. Il y avait longtemps que le pauvre n'avait reçu un message aussi net de l'au-delà. Bouleversé, il panique un peu. Quel manque de professionnalisme !...

Il paraît que les anges appellent les mortels des « clients ». Nous, entre fantômes, on use d'un autre sobriquet : « la viande ». J'aime agir sur la viande.

174. ENCYCLOPÉDIE

CYCLE SEPTENNAIRE (PREMIER CARRÉ DE 4 X 7) : Une destinée humaine évolue par cycles de sept ans. Chaque cycle s'achève par une crise qui fait passer à l'étape au-dessus.

De 0 à 7 ans. Lien fort avec la mère. Appréhension horizontale du monde. Construction des sens. Le parfum de la mère, le lait de la mère, la voix de la mère, la chaleur de la mère, les baisers de la mère sont les références premières. La période se termine généralement par une fêlure du cocon protecteur de l'amour maternel et la découverte plus ou moins frileuse du reste du monde.

De 7 à 14 ans. Lien fort avec le père. Appréhension verticale du monde. Construction de la personnalité. Le père devient le nouveau partenaire privilégié, l'allié pour la découverte du monde en dehors du cocon familial. Le père agrandit le cocon familial protecteur. Le père s'impose comme la référence. La mère était aimée, le père devra être admiré.

De 14 à 21 ans. Révolte contre la société. Appréhension de la matière. Construction de l'intellect. C'est la crise de l'adolescence. On a envie de changer le monde et de détruire les structures en place. Le jeune s'attaque au cocon familial, puis à la société en général. L'adolescent est séduit par tout ce qui est « rebelle », musique violente, attitude romantique, désir d'indépendance, fugue, lien avec des tribus de jeunes en marge, adhésion aux valeurs anarchistes, dénigrement systématique des valeurs anciennes. La période s'achève par une sortie du cocon familial.

De 21 à 28 ans. Adhésion à la société. Stabilisation après la révolte. Ne parvenant pas à détruire le

monde, on l'intègre avec au départ la volonté de faire mieux que la génération précédente. Recherche d'un métier plus intéressant que celui des parents. Recherche d'un lieu de vie plus intéressant que celui des parents. Tentative de bâtir un couple plus heureux que celui des parents. On choisit un(e) partenaire et on fonde un foyer. On construit son propre cocon. La période s'achève généralement par un mariage.

L'homme a, dès lors, rempli sa mission et en a terminé avec son premier cocon protecteur.

FIN DU PREMIER CARRÉ DE 4 x 7 ANS.

Edmond Wells,
***Encyclopédie du Savoir Relatif et Absolu*, tome IV.**

175. JACQUES. 26 ANS

Aujourd'hui, c'est mon anniversaire. Je m'enferme dans les W-C et je fais le point sur ma vie. À vingt-six ans, j'ai tout raté. Je n'ai pas bâti de cellule familiale. Je n'ai pas de compagne, je n'ai pas d'enfant, je vis seul en rat indépendant, mais solitaire. D'accord, j'exerce le métier qui me plaît le plus, mais on ne peut pas dire que j'aie réussi dans l'écriture.

Mona Lisa II est décédée d'un excès de cholestérol. Je l'ai enterrée à côté de Mona Lisa I.

Mona Lisa III est encore plus grasse que sa devancière. Elle a de la cellulite aux pattes (le vétérinaire n'avait jamais vu ça). Elle aime se blottir contre moi. Ensemble, nous regardons la télévision. À l'émission littéraire qui a cette semaine pour thème « La nouvelle littérature », l'invité-vedette est encore Mérignac.

Il déclare éprouver parfois des angoisses existentielles et se poser des questions. Je crois qu'il se vante. Mérignac ne se pose pas de questions, il a déjà trouvé toutes les réponses. Mona Lisa III me souffle quelque chose à l'oreille. Ça ressemble à « miaou » mais je sais qu'elle me prévient qu'elle a faim.

— Voyons, Mona Lisa III, cela fait déjà trois boîtes de pâtée spécial foie et cœur mijotés que tu engloutis !

— Miaou, répond l'intéressée sans vergogne.

— Il n'y en a plus et il pleut !

— Miaou, insiste l'animal.

On voit que ce n'est pas elle qui va sortir dans le froid et l'humidité à la recherche d'une épicerie encore ouverte. Je crois qu'avec les chats je triche. Ce qu'il me manque, c'est une compagne humaine. Je commence à prendre conscience que le problème doit venir de moi. C'est moi qui choisis des filles compliquées qui m'entraînent toujours dans la même impasse. Mais comment me reprogrammer ?

Mona Lisa III persistant à miauler, j'éteins le téléviseur, enfile un imperméable sur mon pyjama et pars à la recherche d'une boîte de pâtée pour chats. Des voisins me saluent. Ils n'ont jamais lu mes livres mais comme je passe pour être un auteur de science-fiction, je suis devenu une figure pittoresque du quartier.

La grande surface du coin est déjà fermée, et chez l'épicier il n'y a plus de pâtée « foie et cœur mijotés », il ne reste que du « thon-saumon sauce curry ». Je connais ma Mona Lisa III, à part le « foie et cœur mijotés », elle ne supporte que la « daurade farcie au caviar ». Il y en a mais c'est cher.

Je n'ose pas rentrer les mains vides. La boîte « daurade farcie au caviar » me nargue. Bon, après tout c'est mon anniversaire. Puisque je vais le passer en tête à tête avec mon chat, fêtons-le ensemble. Je prends pour moi des spaghettis déshydratés. Et pour le dessert ? Une île flottante. Je m'apprête à saisir la dernière qui reste au rayon « frais » quand une main s'empare du pot en même temps que moi. Sans réfléchir, je tire plus fort que l'autre. Gagné. Je me retourne pour voir qui était mon adversaire. C'est une jeune fille qui me dévisage, les yeux écarquillés.

— Vous ne seriez pas Jacques Nemrod ?

J'acquiesce.

— L'écrivain Jacques Nemrod ?

Je la regarde. Elle me regarde. Elle étire un large sourire et me tend la main.

— Nathalie Kim. J'ai lu tous vos livres.

Sans m'en rendre compte, je recule et me heurte à quelque chose de dur qui cède dans mon dos. Toute une montagne de boîtes de petits pois s'effondre sur moi.

176. VENUS. 26 ANS

Il faut que je le trouve. Il faut que je le trouve. Il faut que je le trouve. Il n'y a pas de Dr Raymond Lewis dans l'annuaire de Los Angeles, ni dans celui de New York. Je fais appel à un service de renseignements qui couvre tout le pays. La réponse ne tarde pas. Il y a un Dr Raymond Lewis médecin accoucheur à Denver, Colorado.

Un avion, un taxi et me voilà devant une maison cossue dans une rue qui l'est tout autant. Je me jette sur la sonnette. Pourvu qu'il soit là. Pourvu qu'il soit là. Pourvu qu'il soit là.

Des bruits de pas me parviennent et un petit bonhomme avec de grosses lunettes et un crâne chauve ouvre la porte. Il m'a probablement déjà vue au cinéma car il reste là, à me contempler, interloqué.

— J'aimerais vous parler. Puis-je entrer, s'il vous plaît ?

Il semble pour le moins surpris.

Il enlève ses lunettes, dévoile un regard d'une incroyable douceur et passe un mouchoir sur son front moite.

— Docteur Lewis, « on » m'a assuré que vous pourriez résoudre un problème qui dure depuis ma naissance. On m'a dit même que vous étiez la seule personne au monde susceptible de m'aider.

Il se décide à reculer et à me laisser entrer. Il m'invite à m'asseoir sur un canapé dans son salon, sort une bouteille de whisky et, au lieu de m'en servir un verre, c'est lui qui en gobe deux. Je n'ai pas le temps d'ouvrir la bouche que déjà il m'annonce que je suis la femme de sa vie. Depuis qu'il m'a aperçue à la télévision, il « sait » que c'est avec moi, moi et personne d'autre, qu'il doit finir ses jours. Il pense chaque soir à moi et sa chambre est tapissée de mes posters. Zut. Pourvu qu'il n'ait pas le calendrier pour camionneurs.

Soudain, pris d'un doute, il me demande si je suis un sosie ou si je suis bien la vraie Venus Sheridan. Puis il court à la fenêtre vérifier qu'il n'y a pas de caméra cachée dans la rue et qu'il n'est pas en train de participer à une émission-surprise. Il se rassure avec deux nouveaux grands godets de whisky.

— Cet instant, dit-il, je n'ai même jamais osé le rêver. Dans mes fantasmes les plus fous, je ne me risquais qu'à vous approcher au milieu d'une foule pour obtenir un autographe. Pas plus.

Je ne suis pas insensible à tant d'attention respectueuse. Je le trouve touchant, cet homme. Il me fixe comme une apparition. Dès qu'il se remettra à respirer, je lui poserai mes questions.

— Vous aurez du mal à croire aux circonstances qui m'ont conduite jusqu'à vous. Mais je vais être franche, je ne vois que la vérité pour expliquer tout. Par l'intermédiaire d'un médium, j'ai pu parler à mon ange gardien et mon ange m'a dit que vous aviez le même problème que moi et que vous étiez le seul à pouvoir le résoudre. J'ai donc parcouru mille deux cents kilomètres pour vous rencontrer.

Le Dr Lewis est encore perturbé mais, le whisky aidant, il reprend contenance. Quand même, il bégaie :

— Votre... votre ange gardien vous a conseillé... de venir me voir !

À cet instant, je me rends compte de la stupidité de ma démarche. Ma pauvre Venus, tu es tombée bien bas. Il suffit qu'un médium ringard te souffle n'importe quoi pour que tu démarres au quart de tour. Mais tu as des excuses, je te l'accorde, tes migraines sont insupportables et, jusqu'ici, personne ne t'a proposé de solution.

— Un ange, répète gravement le Dr Lewis.

— Bien sûr, vous ne croyez pas aux anges, dis-je.

— Je ne m'étais jamais posé la question, mais peu importe qui vous envoie du moment qu'il me permet de vivre ce moment fabuleux.

Il est temps d'en venir au fait avant qu'il ne se remette à rêvasser. J'annonce :

— Je suis malade. Pouvez-vous me guérir ?

Sa physionomie retrouve tout son sérieux. Le médecin reprend le dessus sur l'admirateur.

— Je ne suis pas généraliste, je suis accoucheur obstétricien mais je ferai tout mon possible pour vous secourir. Quel est votre problème ?

Comme il ne songe toujours pas à m'offrir un verre, je me sers moi-même un whisky et j'en avale une gorgée avant d'oser prononcer le mot honni.

— Migraine.

— Migraine ?

Il me regarde fixement et soudain un immense sourire s'affiche sur son visage jusque-là compassé. C'est comme s'il avait été traversé d'une révélation et que la raison de mon incroyable présence dans sa maison lui devenait maintenant évidente. Nous parlons toute la nuit.

Depuis tout petit, comme moi, Raymond Lewis est en proie à des migraines épouvantables, à se taper la tête contre les murs. Intuitivement ou poussé par son propre ange gardien, il a étudié la médecine en choisissant pour spécialisation l'obstétrique.

Médecin accoucheur, il s'est passionné pour les jumeaux. D'après lui, il arrive fréquemment que deux œufs soient fécondés simultanément. Mais il est rare qu'ils viennent tous deux à terme. En général, au bout de trois mois, le corps de la femme en expulse un.

Raymond est intarissable. Un jour, il a tiré deux enfants du ventre d'une mère, l'un vivant, l'autre mort. Dès lors, il s'est intéressé à un autre phénomène peu connu, celui des jumeaux dits « transfuseur-transfusé ». Il me semble déjà connaître ce mot, je le laisse pourtant poursuivre.

— Normalement, les jumeaux sont tous deux reliés directement à leur génitrice et n'ont pas de rapports entre eux. Or, il arrive parfois qu'apparaisse une petite veine de dérivation les reliant directement. Dès lors, non seulement ils communiquent mais, en plus, ils s'échangent des liquides nutritifs. Grâce à cette connexion, il s'établit entre eux une complicité beaucoup plus forte qu'entre jumeaux normaux. Cependant, dès le sixième ou septième mois de grossesse, cette relation entraînera la mort d'un d'entre eux. À cette période l'un des deux commencera à détruire l'autre en aspirant tous ses liquides nutritifs.

Je suis tout ouïe. Chaque phrase de Raymond évoque pour moi une réalité que je pressentais.

— L'un « vampirise » l'autre, c'est pour cela qu'on parle de jumeaux transfuseur-transfusé. Le jumeau survivant accapare toutes les qualités du jumeau mort et naîtra en bien meilleure forme que la moyenne des bébés. Vous devriez demander à votre mère si les médecins n'ont pas trouvé un fœtus sans vie à vos côtés lors de son accouchement.

Je n'ose comprendre.

— Mais quel rapport avec la migraine ?

— Le mot même fournit l'information. MIGRAINE. Ce qui provoque vos souffrances, c'est le souvenir de l'autre moitié de graine, votre ancien frère jumeau ou votre ancienne sœur jumelle.

177. ENCYCLOPÉDIE

CYCLE SEPTENNAIRE. (DEUXIÈME CARRÉ DE 4 X 7) : Le premier carré ayant débouché sur la construction de son cocon, l'humain entre dans la seconde série de cycles septennaires.

28-35 ans : Consolidation du foyer. Après le mariage, l'appartement, la voiture, arrivent les enfants. Les biens s'accumulent à l'intérieur du cocon. Mais si les quatre premiers cycles n'ont pas été solidement construits, le foyer s'effondre. Si le rapport à la mère n'a pas été convenablement vécu, elle viendra ennuyer sa belle-fille. Si le rapport au père ne l'a pas été non plus, il s'immiscera et influencera le couple. Si la rébellion envers la société n'a pas été réglée, il y aura risque de conflit au travail. 35 ans, c'est souvent l'âge où le cocon mal mûri éclate. Surviennent alors divorce, licenciement, dépression ou maladies psychosomatiques. Le premier cocon doit dès lors être abandonné et...

35-42 ans : On recommence tout de zéro. La crise passée, reconstruction d'un second cocon, l'humain s'étant enrichi de l'expérience des erreurs du pre-

mier. Il faut revoir le rapport à la mère et à la féminité, au père et à la virilité. C'est l'époque où les hommes divorcés découvrent les maîtresses et les femmes divorcées les amants. Ils tentent d'appréhender ce qu'ils attendent au juste non plus du mariage, mais du sexe opposé.

Le rapport à la société doit aussi être revu. On choisit dès lors un métier non plus pour la sécurité qu'il apporte mais pour son intérêt ou pour le temps qu'il laisse de libre. Après la destruction du premier cocon, l'humain est toujours tenté d'en reconstruire au plus vite un second. Nouveau mariage, nouveau métier, nouvelle attitude. Si on s'est débarrassé convenablement des éléments qui le parasitaient, on doit être capable non pas de bâtir un cocon semblable mais un cocon amélioré. Si l'on n'a pas compris les erreurs du passé, on rétablira exactement le même moule pour aboutir aux mêmes échecs. C'est ce qu'on appelle tourner en rond. Dès lors les cycles ne seront plus que des répétitions des mêmes erreurs.

42-49 ans : Conquête de la société. Une fois rebâti un second cocon plus sain, l'humain peut connaître la plénitude dans son couple, sa famille, son travail, son épanouissement personnel. Cette victoire débouche sur deux nouveaux comportements.

Soit on devient davantage avide de signes de réussite matérielle : plus d'argent, plus de confort, plus d'enfants, plus de maîtresses ou d'amants, plus de pouvoir, et on n'en finit pas d'agrandir et d'enrichir son nouveau cocon sain.

Soit on se lance vers une nouvelle terre de conquête, celle de l'esprit. On entame alors la véritable construction de sa personnalité. En toute logique, cette période doit s'achever sur une crise d'identité, une interrogation existentielle. Pourquoi suis-je là, pourquoi vis-je, que dois-je faire pour

donner un sens à ma vie au-delà du confort matériel ?

49-56 ans : Révolution spirituelle. Si l'humain a réussi à construire son cocon et à se réaliser dans sa famille et son travail, il est naturellement tenté de rechercher une forme de sagesse. Dès lors, commence l'ultime aventure, la révolution spirituelle.

La quête spirituelle, si elle est menée honnêtement, sans tomber dans les facilités des groupes ou des pensées toutes prêtes, ne sera jamais assouvie. Elle occupera tout le reste de l'existence.

FIN DU DEUXIÈME CARRÉ DE 7 x 4 ANS.

N.B. 1 : L'évolution se poursuit ensuite en spirale. Tous les 7 ans, on monte d'un cran en repassant par les mêmes cases : rapport à la mère, rapport au père, rapport à la révolte contre la société, rapport à la construction de sa famille.

N.B. 2 : Par moments, certains humains font exprès d'échouer dans leur rapport à la famille ou au travail afin d'être obligés de recommencer les cycles. Ils retardent ou évitent ainsi l'instant où ils seraient obligés de passer à la phase de spiritualité car ils ont peur d'être placés pour de bon face à eux-mêmes.

Edmond Wells,
***Encyclopédie du Savoir Relatif et Absolu*, tome IV.**

178. UN PETIT PROBLÈME

Pour le retour, Marilyn Monroe a tenu à prendre la tête du losange. Elle nous adresse un signe. Au loin, des formes lui semblent suspectes.

Bon sang, des âmes errantes !

Les points clairs se multiplient. Toute une armée d'âmes errantes ! Des dizaines d'âmes errantes se sont rassemblées là.

— Oye, oye, oye, dit Freddy, ce comité d'accueil ne me dit rien qui vaille.

— On fait demi-tour ? suggère Marilyn Monroe.

À la tête de l'armée ennemie se profilent plusieurs figures historiques. Il y a là Simon de Montfort, la terreur des cathares, avec sur sa gauche Torquemada, le farouche inquisiteur, Al Capone et ses gangsters enchapeautés. Que du beau monde.

Le rabbin Meyer tente de parlementer et leur demande ce qu'ils nous veulent. C'est alors que surgit à l'avant de cette sinistre cohorte un personnage que je ne connais que trop bien : Igor. « Mon » Igor. Que fait-il là ? Horreur, il est mort pendant mon absence !

— Igor, comment peux-tu ?...

Il me toise sans pitié.

— Toi, tu es le fameux Michael Pinson. Tu as été mon ange gardien et tu n'as pas su me sauver. Vois ce que je suis devenu par ta faute !

Je m'emporte :

— Je me suis battu pour ta survie ! J'ai exaucé tes vœux. Je t'ai évité d'innombrables chausse-trapes.

— Tu as échoué. La preuve, je suis là.

— Tu n'écoutais plus mes signes !

— Tu n'avais qu'à être plus clair, rétorque-t-il. Je sais maintenant que tu m'as salement abandonné pour satisfaire tes folles ambitions d'explorateur. Où étais-tu pendant que je souffrais ? Où étais-tu pendant que je t'implorais ? Sur une planète lointaine, oui, en train de faire le fanfaron ! Je t'en veux, tu ne peux pas savoir à quel point je t'en veux !

Je grimace. Edmond Wells m'avait prévenu qu'un jour j'aurais à rendre directement des comptes à mes clients.

— J'accepte de reconnaître mes erreurs, mais apprends, toi, à pardonner.

— Pardonner ! Tu en as de bonnes. Je ne suis pas un ange, moi !

Dire que je me suis fait tant de souci pour Igor. J'ai eu tellement pitié de lui lorsque sa mère voulait le tuer, quand il était à l'orphelinat, au centre de redressement pour mineurs, à l'asile d'aliénés, à l'armée. Et voilà que maintenant, il est devenu mon adversaire direct.

Igor nous informe que les âmes errantes sont lasses d'errer indéfiniment sur la Terre. Se rendre sur une autre planète leur permettrait enfin de changer de paysage.

— Vous êtes des âmes errantes ici, vous serez des âmes errantes là-bas, remarque Marilyn Monroe.

— C'est à vérifier. Pour ma part, je suis convaincu que là-bas l'herbe est plus verte.

— Qu'espérez-vous ? demande Raoul.

— Vous vaincre et vous transformer en anges déchus. Nous en comptons déjà quelques-uns dans nos rangs. Lorsque vous serez des nôtres, vous nous guiderez plus volontiers vers votre planète mystérieuse.

— Mais je croyais que les anges déchus étaient des anges qui avaient fait l'amour avec des Terriennes.

— C'est un des moyens de basculer dans l'obscurité mais il y en a d'autres...

Les anges déchus se détachent des rangs des âmes errantes pour planer au-dessus d'elles et les diriger d'un point de vue plus élevé.

— Ça ne va pas être du gâteau, marmonne Freddy.

— Si on faisait demi-tour ? suggère de nouveau Marilyn Monroe, pas très rassurée.

— Nous n'avons plus le choix, dit Freddy Meyer. Si nous prenons la fuite, ils nous poursuivront et nous frapperont dans le dos. En plus, notre déroute leur donnerait un surcroît d'énergie. Faire front, donc.

Ils s'approchent. Face à nous, les âmes errantes forment une armée hétéroclite avec dans leurs rangs des chevaliers en armures, des samouraïs, des empoisonneuses de la cour de Louis XIV, des tueurs en série, des désespérés qui n'ont plus rien à perdre. Ces gens sont au-delà de toute crainte. Ils ont accumulé tant de forfaits dans leurs vies passées qu'il leur faudrait des milliers de réincarnations pour remonter la pente. En plus les anges déchus sont là pour les exciter davantage encore contre nous.

Ils sont tout près maintenant. Simon de Montfort les incite à se ranger en bon ordre. Je ne comprends pas pourquoi ils nous estiment à ce point redoutables pour être venus si nombreux. Nous allons être obligés de livrer combat à un contre cent.

— Ce sera l'Armageddon, annonce Torquemada.

— À l'attaque ! commande Igor.

719. VENUS. 26 ANS

Raymond Lewis. Je ne parviens pas encore à y croire, mais à peine l'ai-je aperçu que j'ai compris que cet homme a été fait pour moi. Il est gentil, il est doux, il est intelligent et il m'admire tellement.

J'ai envie d'avoir des enfants avec lui.

Je prie pour ça.

180. LA BATAILLE DE L'ARMAGEDDON 2.

Les âmes errantes nous submergent. Comme nous l'avons fait autrefois avec les Incas, nous tentons de comprendre leur douleur afin de les réconforter, mais ces âmes ne semblent même pas capables de sentir notre compassion. Après une première charge pour tester notre résistance, elles se regroupent pour un deuxième assaut.

— Cette fois l'empathie ne suffira pas, confirme Raoul. Il nous faut une arme plus puissante.

Freddy Meyer étudie la situation et lance :

— L'amour ! Utilisons l'amour. Comme des enfants battus, ils ne sont pas accoutumés à être aimés. Comme des enfants battus, ils continuent à faire des bêtises après avoir reçu une rossée parce que ça leur est égal et que c'est leur mode de vie habituel. Comme des enfants battus, si nous les aimons, ils seront désarçonnés.

Raoul, Freddy, Marilyn et moi, nous nous serrons les uns contre les autres. Nos paumes s'illuminent. Le rayon de lumière jaillit de nos mains droites (sauf pour Marilyn qui est gauchère) et nous sommes prêts à arroser de tout notre amour la cohorte des fantômes.

— Chargez ! ordonne Igor.

Ils se précipitent en rangs serrés. Nous abaissons nos rayons de lumière d'amour comme des lances et, en effet, notre amour les déconcerte. Ils se figent. L'effet de surprise est total. Certaines âmes nous rejoignent et nous n'avons plus qu'à les laisser entrer en nous pour les relancer vers le Paradis où elles reprendront leur cycle de réincarnations. Nous en piégeons ainsi une dizaine.

Igor commande le repli. Les fantômes se regroupent et décident de mettre au point leur propre arme pour contrecarrer notre amour : la haine.

En bon stratège, Igor place les âmes errantes les plus enragées à la pointe de l'offensive. Nous dardons nos épées d'amour et de lumière pour résister à l'assaut de leur haine. Ils unissent toutes leurs rancœurs, tous les souvenirs des souffrances de leur dernière existence pour produire des rayons verts de haine pure qui ferraillent âprement contre nos rayons bleus d'amour.

Ils sont coriaces. Nous sommes obligés de réunir quatre tirs d'amour pour venir à bout d'une seule lance de haine. La bataille est acharnée. Nous reculons sous les coups des rayons verts, mais déjà Igor organise l'offensive suivante.

— Il nous faut une autre arme défensive, dit Raoul, sinon ils finiront par nous atteindre avec leur haine.

Pour une fois, ce n'est pas Freddy mais moi qui propose le premier :

— L'humour. L'amour pour épée, l'humour pour bouclier.

Les fantômes sont déjà sur nous quand, sur un signe de moi, nous matérialisons par l'esprit des boucliers d'humour que nous empoignons vigoureusement de nos mains gauches (sauf Marilyn Monroe qui pour la raison déjà indiquée se sert de sa main droite).

Cette fois, leur haine ne nous touche pas, déviée par nos boucliers. Tandis que notre amour leur taille des croupières, cinquante âmes errantes parmi les plus féroces s'enfournent dans le vortex du Paradis. Marilyn Monroe reprend espoir. Elle clame à tout va ce qui deviendra notre nouveau cri de ralliement :

— L'amour pour épée, l'humour pour bouclier !

Igor sonne la retraite. Aussitôt, les êtres d'ombre s'assemblent autour de lui pour décider quelle sera l'arme qui contrera notre humour : la moquerie.

Leur devise est désormais : La haine pour épée, la moquerie pour bouclier.

— À l'assaut ! crie Igor.

Ils chargent.

181. ENCYCLOPÉDIE

ARMES : « L'amour pour épée, l'humour pour bouclier. »

Edmond Wells,
***Encyclopédie du Savoir Relatif et Absolu*, tome IV. Ajout exotique de Michael Pinson.**

182. LA BATAILLE DE L'ARMAGEDDON 2 (suite)

Si nous perdons cette bataille et si ces âmes errantes découvrent Rouge, leurs idées noires se répandront comme des virus dans l'Univers. Elles n'auront plus ensuite qu'à visiter une par une les autres galaxies pour tout contaminer.

L'enjeu n'est pas négligeable. Je comprends pourquoi l'instructeur de Zoz voulait garder le silence sur les peuples extraterrestres. Même si c'en est fini du temps des secrets, certaines informations gagnent à n'être communiquées qu'avec parcimonie.

L'armée des êtres d'ombre avance. Vision d'apocalypse. Dans mes oreilles résonne *Carmina burana* de Carl Orff. Qu'ont-ils encore imaginé ? Au lieu de se lancer dans une mêlée, ils s'arrêtent à distance et nous mettent en joue de leurs bras tendus comme des fusils.

— Feu ! ordonne Igor.

Nous avons à peine le temps de nous abriter derrière nos boucliers d'humour. Nous contre-attaquons d'un tir nourri d'amour qu'ils esquivent facilement derrière leur barrière de moquerie.

Déjà une deuxième ligne se présente formée de

désespérés et de fous. Sur ceux-là, ni l'amour ni l'humour n'ont de prise.

— Chargez ! commande Igor.

Un flot de haine renforcé de démence heurte et plie nos boucliers d'humour. Difficile à quatre de s'opposer à une telle multitude. Les fous se moquent de nous et Igor constate que la moquerie n'est pas seulement une arme de défense, elle peut aussi servir à l'offensive. Avec nos boucliers, nous nous mettons en formation de tortue et leurs moqueries ricochent.

Visée par une méchante remarque personnelle, Marilyn, qui a mal placé son humour défensif, est légèrement touchée. Elle n'a jamais supporté qu'on mette en doute son talent d'actrice. Freddy est obligé de lui remonter le moral. Nous armons nos mains de tout notre amour. Chacun pense à ce qu'il y a eu de plus beau dans sa précédente existence. Je me souviens de l'amour qui me liait à Rose, la femme de ma dernière vie de chair.

— Chargez ! répète Igor.

Nous abaissons nos boucliers et tirons de l'amour en rafales sur la tenaille qui cherche à nous étrangler. Ça marche. Il ne reste plus qu'à aspirer ces corps éthérés. Ils entrent par le bas de notre dos, remontent par notre échine impalpable, et il n'y a plus qu'à les propulser par le sommet du crâne. Nos colonnes vertébrales ectoplasmiques, rampes de lancement vers le Paradis, sont encombrées de fantômes à sauver. Mais, pendant ce temps, nous avons du mal à protéger nos flancs d'une nouvelle vague d'assaut qui fait éclater notre formation.

Séparés, nous nous défendons tant bien que mal au corps à corps. Un coup d'humour pour se protéger, un coup d'amour pour attaquer, un coup de colonne vertébrale pour expédier au Paradis.

— Tiens bon, Michael, m'encourage Raoul, en me

débarrassant d'un ange déchu noiraud agglutiné à mon dos.

Il est arrivé à point. Beaucoup plus puissant que les âmes errantes, cet ange déchu était en train de me déstabiliser avec les souvenirs les plus douloureux de ma dernière existence. Le problème, c'est qu'en nous traversant le corps, les ennemis vaincus nous affaiblissent en nous communiquant leurs peines.

En face, des renforts surgissent. Ils sont plusieurs dizaines à nous cerner.

— Comment faire pour aimer davantage ?

— Fermez une seconde les yeux, conseille Freddy qui, en un flash étourdissant, nous envoie les images de ce que l'humanité a accompli de plus beau.

Les peintures rupestres dans les grottes de Lascaux, la grande bibliothèque d'Alexandrie, les jardins suspendus de Sémiramis, le colosse de Rhodes, les fresques de Dendérah, la cité de Cuzco, les villes mayas, l'Ancien Testament, le Nouveau Testament, le principe de la touche de piano, les temples d'Angkor, la cathédrale de Chartres, les *Toccatas* de Jean-Sébastien Bach, *Les Quatre Saisons* de Vivaldi, les polyphonies des Pygmées, le *Requiem* de Mozart, la *Mona Lisa* de Léonard de Vinci, la mayonnaise, le droit de vote, le théâtre de Molière, le théâtre de William Shakespeare, les orchestres de percussions balinais, la tour Eiffel, les tandooris de poulet indiens, les sushis japonais, la statue de la Liberté, la révolution non violente de Gandhi, la théorie de la relativité d'Albert Einstein, « Médecins du Monde », le cinéma de Méliès, les sandwiches pastrami-cornichon, la mozzarella, le cinéma de Stanley Kubrick, la mode des minijupes, le rock'n roll, les Beatles, Genesis, Yes, les Pink Floyd, les gags des Monty Python, le film *Jonathan Livingstone le goéland* et sa musique de Neil Diamond, la première trilogie de *La Guerre des étoiles* avec Harrison Ford, les livres de Philip K. Dick, *Dune* de Frank

Herbert, *Le Seigneur des Anneaux* de Tolkien, les ordinateurs, le jeu « Civilization » de Sid Meyer, l'eau chaude... Des centaines d'images se déversent, toutes preuves du génie humain et de son apport à l'univers. Combien les Rougiens paieraient cher pour l'ajout d'une seule de ces merveilles à leur civilisation !

— Je ne comprends pas, Freddy, c'est toi qui me disais que l'humanité était indigne d'être sauvée...

— Humour-paradoxe-changement. Je peux très bien ne placer aucun espoir dans l'humanité et être conscient de toutes ses réussites.

Igor stimule ses troupes. Pour les remotiver, il utilise la même technique que le rabbin alsacien, en l'inversant toutefois. À ses âmes errantes, à ses êtres de l'ombre, il envoie des images de guerres tribales primitives, de brigands de grand chemin s'érigeant des châteaux à force de rapines, les premiers boulets de canon, l'incendie de la grande bibliothèque d'Alexandrie, les cales des navires où s'entassent les Noirs voués à l'esclavage, les mafias, les gouvernements corrompus, les guerres puniques, et Carthage en feu, la Saint-Barthélemy, les tranchées de Verdun, le génocide arménien, Auschwitz, Treblinka et Maïdanek, les « dealers » dans les cages d'escalier, un attentat terroriste dans le métro parisien, des marées noires où s'engluent des oiseaux morts, des brouillards de pollution sur des villes modernes, des programmes de télévision débiles, la peste, la lèpre, le choléra, le sida et toujours de nouvelles maladies.

Igor les invite à se souvenir de toutes leurs souffrances, de tous leurs malheurs, de tous leurs échecs, afin de mieux nous les jeter à la face au moment de l'assaut. Gorgés de haine et de mépris, impatients, ils se ruent sur nous. Sous la masse des assaillants, nous reculons. Leurs moqueries font mouche. Nos rayons d'amour perdent de leur intensité. Chaque âme errante que nous parvenons à aspirer augmente notre désarroi.

Et la question terrible survient inopinément dans mon esprit : « Mais au fait, qu'est-ce que je fais là ? »

Je tente de me concentrer sur Jacques et Venus, mes deux clients survivants, mais déjà je commence à me désintéresser de leur sort. Ils sont nuls, leurs prières sont nulles et leurs ambitions lamentables. Comme le soulignait Edmond : « Ils essaient de réduire leur malheur au lieu de s'efforcer de bâtir leur bonheur. »

Je distribue toujours mes rayons d'amour, mais avec moins de conviction. J'évite de mon mieux les rafales de moqueries et je songe que Venus n'est qu'une insupportable pimbêche et Jacques un parfait autiste. Pourquoi devrais-je me donner du mal pour de telles créatures ?

L'armée des ombres se reforme pour un assaut final à vingt contre un. Nous n'avons plus aucune chance de nous en sortir.

— On se rend ? demande Marilyn.

— Non, répond Freddy. Il faut en envoyer un maximum au Paradis, tu as senti à quel point ils souffrent ?

— Vite, Freddy, une blague ! exige Raoul.

— Heu... c'est l'histoire de deux omelettes qui sont en train de frire dans une poêle. Il y en a une qui dit à l'autre : « Dites donc ! Vous ne trouvez pas qu'il fait chaud par ici ? » Et l'autre se met aussitôt à beugler : « Au secours ! Il y a à côté de moi UNE OMELETTE QUI PARLE ! »

On se force à rire. C'est suffisant, en tout cas, pour raffermir nos boucliers. Freddy enchaîne :

— C'est un type qui va voir son médecin et qui lui dit : « Docteur, j'ai des trous de mémoire. » « Depuis quand ? » demande le praticien. « Depuis quand... quoi ? » répond le malade.

Heureusement qu'il a toujours en stock des petites blagues de voyage. On n'a pas du tout le cœur à rire vraiment, mais ces deux petites histoires semblent tellement incongrues en cet instant terrible qu'elles nous redonnent confiance.

En face ça plaisante moins. Igor caracole comme un cavalier de l'Apocalypse, flanqué d'une sorcière et d'un tortionnaire. Il lance à Marilyn une allusion blessante sur son histoire avec Kennedy. Le trait fait mouche. La lumière de Marilyn décline et s'éteint. Ange déchu, elle rejoint les rangs adverses et nous bombarde maintenant de ses rayons verts. Elle connaît nos points faibles et sait frapper où ça fait mal.

Des images de camps de concentration s'abattent sur Freddy. Il cherche à rétorquer avec ses blagues, mais son énergie le fuit. Son épée d'amour se rétrécit et son bouclier d'humour s'amollit. Il tombe lui aussi. Il va retrouver Marilyn.

Je comprends ce qu'ont ressenti les derniers combattants de Fort Alamo encerclés par les Mexicains, ceux de Massada encerclés par les Romains, ceux de Byzance encerclés par les Turcs, ceux de Troie encerclés par les Grecs, Vercingétorix cerné par Jules César à Alésia. Il n'y aura pas de renforts, pas d'ultime cavalerie, pas de dernier recours.

— Il faut tenir, il faut tenir, martèle Raoul d'une voix rauque tandis que vacille la lueur de son bouclier d'humour.

— Tu as encore une blague en munition ?

183. JACQUES. 26 ANS

En chutant, les boîtes de petits pois m'ont assommé. Je suis un peu groggy. Cette situation ridicule survient vraiment au pire moment. J'essaie de retrouver mes esprits, mais je dois avoir une grosse bosse. Mon front saigne. L'épicier me traîne dans son arrière-boutique et appelle Police secours.

— Aidez ce pauvre garçon, exige une dame.

— C'est ma faute, reconnaît Nathalie Kim.

Je voudrais lui affirmer que non, mais ma voix s'éteint, je ne peux plus parler.

184. LA CAVALERIE

C'est la fin. Dans ma main droite, l'épée d'amour n'a plus que l'allure d'un couteau suisse émoussé. Dans ma main gauche, le bouclier d'humour ressemble à un napperon troué.

Que Marilyn et Freddy soient tombés parmi les anges déchus me navre. Comme au début de la grande épopée thanatonautique, nous sommes seuls, Raoul et moi. Nous nous plaçons dos à dos face à la horde des âmes errantes.

Igor sourit.

— TOI ET MOI ENSEMBLE CONTRE LES IMBÉCILES ! claironne Raoul.

D'entendre notre vieux cri de ralliement me redonne de la vigueur. Mais pour combien de temps ? Je m'effondre sous une moquerie de Marilyn. Igor lève haut son sabre de haine pour m'assener le coup fatal qui me fera basculer dans le camp adverse. Je vacille déjà quand, subitement, j'aperçois au loin une petite lueur qui ne cesse de grandir. C'est Edmond Wells qui surgit à la rescousse, accompagné de dix anges en pleine forme, et non des moindres : Jorge Luis Borges, John Lennon, Stefan Zweig, Alfred Hitchcock, Mère Teresa (qui ne sait plus quoi faire pour rester dans le coup),

Lewis Carroll, Buster Keaton, Rabelais, Kafka, Ernst Lubitsch.

Ils envoient des boulets d'amour. Ils mitraillent des rafales d'humour. Les âmes errantes reculent en désordre. Leurs moqueries ne me touchent plus. Mes mains retrouvent leur chaleur et, de nouveau, l'amour sort dru de ma paume comme une épée flamboyante. Par-dessus la mêlée, Edmond Wells me rappelle une maxime de son *Encyclopédie du Savoir Relatif et Absolu :* « Aime tes ennemis, ne serait-ce que pour leur porter sur les nerfs. » Je m'emploie à éprouver de la compassion, même pour Igor.

Il s'immobilise, surpris.

Ça marche. Les âmes errantes battent en retraite. Marilyn Monroe et Freddy Meyer basculent et regagnent nos rangs.

Edmond Wells s'avère un aspirateur chevronné d'âmes errantes. Quelle classe ! Un coup il tire, un coup il aspire, un coup il tire, un coup il aspire. Je n'aurais jamais imaginé mon mentor si doué pour la bagarre. L'issue de cet Armageddon est proche. Bientôt il ne reste plus devant nous que quelques fantômes parmi les plus farouches. Igor est toujours à leur tête.

— Tu ne m'auras pas ! me lance mon ancien client. J'ai accumulé suffisamment de hargne contre l'humanité pour résister à ton amour, Michael.

— C'est à voir.

Je lui remémore son précédent karma, quand il était Félix Kerboz mon ami, premier des thanatonautes, déjà en butte aux mauvais traitements de sa mère. Tant de malheur à travers le temps ravive sa fureur. Il change de couleur.

— Il a accumulé trop de haine, l'amour ne peut plus le sauver, soupire Raoul.

Je ne baisse pas les bras.

Soudain, parmi les ennemis encore acharnés à notre perte, je distingue la mère de Félix-Igor. Elle vient de mourir d'une cirrhose du foie. La rage qu'elle éprouve contre le père d'Igor l'a maintenue entre deux mondes, âme errante. C'est l'occasion unique. Je la lui désigne. Furibond, il fonce vers elle pour un corps à corps sans merci. Leur haine mutuelle est féroce et, pourtant, aucun ne parvient à détruire l'autre. Nous profitons de la diversion pour expédier au Paradis les dernières âmes errantes, tant et si bien qu'à la fin de cette bataille d'Armageddon ne restent plus qu'Igor et sa mère, déchaînés, mais épuisés.

— Cela fait treize vies que ces deux-là se combattent, m'informe Edmond Wells.

Comme aucun d'eux ne parvient à prendre le dessus sur l'autre, à bout de forces, ils commencent à se parler. Ils s'accablent d'abord de reproches. Treize vies d'ingratitude et de traîtrise, treize existences de coups bas et de soif de se nuire. De part et d'autre, la dette est lourde mais au moins, là, ils se parlent. Ils se regardent en face, d'égal à égal, et non plus d'enfant à adulte.

Après la colère viennent la lassitude, puis les explications et, enfin, les excuses.

— Maman !

— Igor !

Ils s'étreignent. Comme quoi, il ne faut jamais désespérer.

— Maintenant, à toi de faire, Michael, dit mon instructeur. C'est d'une de tes âmes qu'il s'agit.

J'aspire le fils et la mère à travers ma colonne vertébrale transparente et ils ressortent lumineux par le sommet de mon crâne pour, ensemble, gagner le Paradis.

— Voilà le premier de tes clients prêt à être jugé, me signale Edmond Wells.

— Je dois monter tout de suite assister Igor ?

— Non, tu as du temps. Il lui faut d'abord traverser les Sept Ciels et patienter dans la zone du Purgatoire. Des tâches plus urgentes t'attendent. Dépêche-toi,

Michael, il y a du nouveau avec tes deux clients encore incarnés sur Terre.

185. ENCYCLOPÉDIE

LA CONJURATION DES IMBÉCILES : En 1969, John Kennedy Toole écrit un roman, *La Conjuration des imbéciles.* Le titre s'inspire d'une phrase de Jonathan Swift : « Quand un génie véritable apparaît en ce bas monde, on peut le reconnaître à ce signe que les imbéciles sont tous ligués contre lui. »

Swift ne croyait pas si bien dire.

Après avoir vainement cherché un éditeur, à trente-deux ans, écœuré et las, Toole choisit de se suicider. Sa mère découvre le corps de son fils, son manuscrit à ses pieds. Elle le lit, et estime injuste que son fils ne soit pas reconnu.

Elle se rend chez un éditeur et assiège son bureau. Elle en bloque l'entrée de son corps obèse, mangeant sandwich sur sandwich et obligeant l'éditeur à l'enjamber péniblement chaque fois qu'il gagne ou quitte son lieu de travail. Il est convaincu que ce manège ne durera pas longtemps mais Mme Toole tient bon. Face à tant d'opiniâtreté, l'éditeur cède et consent à lire le manuscrit tout en avertissant que, s'il le juge mauvais, il ne le publiera pas.

Il lit. Trouve le texte excellent. Le publie. Et *La Conjuration des imbéciles* remporte le prix Pulitzer.

L'histoire ne s'arrête pas là. Un an plus tard, l'éditeur publie un nouveau roman signé John Kennedy Toole, *La Bible de néon,* d'où sera d'ailleurs

tiré un film. Un troisième roman paraît encore l'année suivante.

Je me suis demandé comment un homme mort de contrariété parce qu'il ne parvenait pas à faire publier son unique roman pouvait continuer à produire par-delà la tombe. En fait, l'éditeur se reprochait tellement de ne pas avoir découvert John Kennedy Toole de son vivant qu'il avait fait main basse sur les tiroirs de son bureau et publiait tout ce qu'il y trouvait, nouvelles et même rédactions scolaires.

Edmond Wells,
***Encyclopédie du Savoir Relatif et Absolu*, tome IV.**

186. UN INSTANT

Il était temps de rentrer au Paradis.

Jacques, mon Jacques, vient de rencontrer Nathalie Kim, la Nathalie Kim de Raoul ! Pure coïncidence. Il n'y a pas que des hasards issus de volontés supérieures, il y a aussi de véritables hasards dus aux aléas de la vie.

Nos œufs en main, Raoul et moi nous empressons de nous installer face à face pour observer la suite des événements. Nos écrans sphériques s'éclairent.

— Ah, ces humains ! dit Raoul. Ce qui me navre le plus, c'est leur prétention à faire des couples. Les hommes et les femmes sont pressés de se mettre en couple alors qu'ils ne savent même pas qui ils sont. C'est souvent la peur de la solitude qui les y pousse. Les jeunes qui se marient à vingt ans sont comme des chantiers au premier étage d'un immeuble qui décideraient de s'élever ensemble, convaincus d'être toujours au diapason et que, lorsqu'ils parviendront au toit, des ponts se seront constamment établis entre eux. Or, les chances de réussite sont rarissimes. Voilà pourquoi les divorces se multiplient. À chaque passage, à chaque évolution de conscience, chacun estime avoir besoin d'un partenaire différent. En fait, pour bâtir un couple, il faut être quatre : un homme plus sa part de féminité, une femme plus sa part de virilité. Deux êtres complets ne recherchent plus chez l'autre ce qui leur manque. Ils peuvent s'associer sans fantasmer sur une femme idéale ou un homme idéal puisqu'ils les ont déjà trouvés en eux, déclame mon compagnon de célestitude.

— Tu te prends pour Edmond Wells ? plaisanté-je. On commence par déclamer et on finit par écrire des encyclopédies, je te préviens.

Il se rengorge et fait semblant de ne pas avoir entendu ma remarque.

— Il se passe quoi, chez toi ?

— Ils parlent, ils discutent entre eux.

— Il est comment, ton Jacques ?

— Pas très frais. Il a un bandage autour de la tête.

187. JACQUES. 26 ANS

J'ai un bandage autour de la tête, mais ça va mieux. Nathalie Kim parle, je l'entends de loin.

— Ce que j'ai ri avec cette scène dans votre livre avec le chat obèse et débile qui passe toutes ses journées à regarder la télévision !... Où allez-vous chercher tout ça !

De l'autre côté du guéridon, je n'arrive pas à détacher mes yeux d'ELLE. Je sens mon cœur qui fait des bonds. Je n'arrive pas à articuler un seul mot. Tant pis, ma tête bandée me servira d'alibi. Je l'écoute. Je la vois. Je la bois. Le temps s'arrête. Il me semble que je la connais déjà.

— J'espérais depuis longtemps vous rencontrer dans un Salon du Livre mais vous n'en fréquentez pas souvent, n'est-ce pas ?

— Je... je...

— D'où vous vient cette passion pour le Paradis et l'au-delà ? me demande-t-elle tandis que j'inspire et expire l'air de mon mieux.

Nathalie avale pensivement quelques gorgées de thé vert.

— J'ai lu dans une interview que vous utilisiez vos rêves. Alors, je vous signale que vos rêves ressemblent aux miens. Lorsque j'ai lu votre dernier livre, j'ai été frappée que vous ayez décrit le Paradis exactement tel que je me l'imagine : une spirale de lumière avec des zones de différentes couleurs à traverser.

— Je... je...

Elle agite ses longs cheveux noirs en signe de compréhension. J'arrive enfin à parler. Nous parlons longtemps. Nous parlons de nos vies. Elles aussi se ressemblent. Tous les hommes que Nathalie a connus l'ont déçue. Elle a fini par choisir de vivre seule.

Elle me dit avoir l'impression de me connaître depuis toujours. Je lui dis ressentir moi aussi cette impression de retrouvailles après un long voyage. Nous baissons les yeux, gênés d'avoir exprimé si tôt cette commune intuition. Les secondes s'alourdissent. Je vis la scène comme au ralenti. Je lui confie qu'aujourd'hui, le 18 septembre, c'est mon anniversaire. Que je n'aurais pu recevoir plus beau cadeau pour mes vingt-six ans que cette conversation avec elle. Je lui propose de marcher un peu. Mona Lisa III attendra sa pâtée. Je ne vais pas me laisser tyranniser par un chat.

Nous déambulons plusieurs heures.

Elle me parle de son travail. Elle est hypnothérapeute.

— Soixante-dix pour cent de ma clientèle est composée de patients qui veulent s'arrêter de fumer, me dit-elle.

— Et ça marche ?

— Uniquement avec ceux qui avant de venir me voir avaient déjà décidé de s'arrêter de fumer.

Je souris.

— J'aide aussi les dentistes. Il y a des gens qui ne supportent pas les anesthésiques. Je leur apporte le secours de l'hypnose.

— Vous remplacez l'anesthésique ?

— Tout à fait. Autrefois, je programmais les patients de telle sorte que le sang ne coule pas lors de l'arrachage de dents mais, du coup, aucun caillot ne se formait et la mâchoire ne se cicatrisait pas. Maintenant, je leur demande : « Trois gouttes, trois gouttes seulement. » Notre cerveau maîtrise vraiment tout. Il ne s'écoule que trois gouttes de sang, pas une de plus.

— La tabagie, les dents arrachées et quoi d'autre ?

— Sous hypnose, j'incite les gens à remonter dans leur passé et ils me révèlent le « bug », l'erreur de programmation qui les a placés dans des situations d'échec dont ils ne parviennent pas à s'échapper. Quand ça ne suffit pas, je vais rechercher le « bug » dans leurs vies antérieures. C'est assez amusant.

— Vous vous moquez de moi.

— Je sais que cela peut paraître un peu... bizarre. Je ne tire pas de conclusions. Mais si on s'en tient à la stricte observation, je constate que mes patients relatent de façon très détaillée des histoires de leurs différentes personnalités passées, et qu'ensuite ils se portent mieux. En quoi ai-je besoin de vérifier si cette histoire est exacte ? Qu'ils me la racontent constitue déjà une thérapie suffisante.

Elle sourit.

— J'ai vu beaucoup de gens basculer dans l'irrationnel : des mystiques, des charlatans, des inspirés, des illuminés... J'ai fréquenté des clubs, des associations, des guildes, des sectes. À ma façon, je suis une touriste de la spiritualité. Je pense qu'il faudrait introduire un peu de déontologie dans tout ce fatras.

Elle me parle de ses vies antérieures. Elle a été danseuse à Bali et auparavant toute une kyrielle de personnages, d'animaux, de végétaux et de minéraux. Elle pense être née avant le big-bang dans une autre dimension, dans un autre univers jumeau du nôtre.

Ça m'est égal si ses confidences sont de pures affabulations. Je me dis que cela nous fera de belles histoires à nous raconter au coin du feu les longues soirées d'hiver. J'ai tellement de choses à apprendre d'elle. Aurons-nous assez d'une vie pour tout nous raconter, considérant que nous ne pouvons consacrer que cinq ou six heures par jour à la conversation ?

Je ferme les yeux et j'approche mes lèvres des siennes. C'est quitte ou double. Soit je me prends une gifle, soit...

Ses lèvres frôlent les miennes. Ses prunelles sombres pétillent. Une étincelle scintille au niveau de son cœur et je la perçois avec ma propre étincelle.

Nathalie. Nathalie Kim.

À 22 heures 56 je lui prends la main. Elle étreint la mienne. À 22 heures 58, je tente un baiser plus profond et elle y répond. Je presse mon corps contre le sien pour apprendre ses formes. Elle m'étreint encore plus fort.

— Je t'ai attendu si longtemps, murmure-t-elle dans mon oreille.

Je me dis que si ma carrière littéraire ne m'a rapporté que ce seul instant, elle en valait la peine. Toutes mes déceptions, tous mes rejets, tous mes échecs s'effacent d'un coup.

À 22 heures 59, pour la première fois de ma vie,

je pense que « c'est peut-être quand même bien ma planète ».

188. ENCYCLOPÉDIE

L'HISTOIRE VÉCUE ET L'HISTOIRE RACONTÉE : L'histoire qu'on nous enseigne à l'école, c'est l'histoire des rois, des batailles et des villes. Mais ce n'est pas la seule histoire, loin de là. Jusqu'en 1900, plus des deux tiers des populations vivaient en dehors des villes, dans les campagnes, les forêts, les montagnes, les bords de mer. Les batailles ne concernaient qu'une partie infime des populations.

Mais l'Histoire avec un grand « H » exige des traces écrites et les scribes étaient le plus souvent des scribes de cour, des chroniqueurs aux ordres de leur maître. Ils ne racontaient que ce que le roi leur disait de raconter. Ils ne consignaient donc que des préoccupations de rois : batailles, mariages princiers et problèmes de successions au trône.

L'histoire des campagnes est ignorée ou presque car les paysans ne disposant pas de scribes et ne sachant pas écrire transmettaient leur vécu sous forme de sagas orales, de chants, de mythologies et de contes pour coin du feu, de blagues même.

L'histoire officielle nous propose une vision darwinienne de l'évolution de l'humanité : sélection des plus aptes, disparition des inaptes. Elle sous-entend que les aborigènes d'Australie, les peuples des forêts d'Amazonie, les Indiens d'Amérique, les Papous ont historiquement tort parce qu'ils ont été militairement plus faibles. Or il se peut qu'au contraire ces peuples dits primitifs puissent nous

apporter par leurs mythologies, leurs organisations sociales, leurs médecines, des apports qui nous manquent pour notre bien-être futur.

Edmond Wells,
***Encyclopédie du Savoir Relatif et Absolu*, tome IV.**

189. LES ANGES

Les yeux dans nos œufs, nous assistons au baiser. Derrière nous, Edmond Wells nous concède :

— Vous avez rattrapé la sauce de justesse, mais quand même, vous avez eu la chance de tomber sur de « bons » clients.

190. VENUS. 35 ANS

Je ne parviens pas à tomber enceinte.

Comme nous souhaitons tous deux un enfant, Raymond opte donc pour une fécondation *in vitro*. On m'a implanté sept œufs fécondés dans le corps afin qu'un, au moins, aille jusqu'au bout de ma grossesse.

Dès lors mon ventre enfle et je deviens difforme.

Sans Raymond, j'aurais très mal vécu cette expérience. Elle me rappelait mes phases boulimiques. Être enceinte constitue l'expérience la plus intense que j'aie jamais connue. Grâce aux échographies, je distingue parfaitement cinq fœtus filles et deux garçons. Il paraît que, lorsqu'on a des filles, c'est qu'on aime sa maman. Je l'aime donc à cinq sur sept. Les garçons sont calmes. Les filles s'agitent. Il y en a même une qui se livre à des entrechats dans le liquide amniotique, une réincarnation de Salomé, peut-être.

Tout mon corps se modifie. Il n'y a pas que mon ventre qui gonfle, mes seins aussi et mon visage s'arrondit. Mon esprit également.

Contrairement aux prévisions des médecins, les sept fœtus vivent. Je suis donc transformée en une grosse barrique plus facile à rouler qu'à faire marcher. Ces septuplés, c'est vraiment la meilleure blague que pouvait nous réserver le destin. Comment mieux régler mes problèmes avec mon double qu'en observant comment eux les régleront avec les leurs ?

Le beau jour de la naissance arrive. Raymond pratique une césarienne et sort une par une sept petites boules roses gluantes et bientôt glapissantes.

Je comprends mieux maintenant ma maman. Parent, c'est un métier dans lequel il est impossible de réussir. Il faut se contenter de faire le moins de mal possible.

La nuit, Raymond se lève pour nourrir toute la couvée au biberon.

Nous sommes bien tous les neuf. Les septuplés grandissent gentiment et je reste à la maison pour les surveiller. Le soir Raymond rentre toujours soit avec des fleurs, soit avec des chocolats, soit avec des jouets pour les petits, soit avec des cassettes vidéo qu'on se passe au lit avant de dormir.

Je n'ai plus aucun souhait à formuler. Tout ce que je désire, c'est que demain soit un autre aujourd'hui. Surtout pas d'évolution, pas de surprise, pas de changement. Je rêve que la vie soit comme un disque tournant en rond à l'infini, que tous les matins je retrouve Raymond Lewis me préparant mon petit déjeuner avec les céréales, le jus d'orange frais pressé, le lait froid, les bananes.

J'ai rarement ressenti une telle plénitude. Pour m'assurer d'échapper aux surprises, j'ai complètement renoncé à mon métier d'actrice. C'est parfait. Les gens ne me verront pas vieillir et conserveront toujours l'image de Miss Univers qu'ils ont adulée dans mes films.

J'aime Raymond Lewis et il m'aime. Nous nous comprenons à demi-mot. Tous les dimanches, nous allons pique-niquer au même endroit. Tous les vendredis soir la famille de mon mari nous convie à un grand repas plantureux. Tout est bien.

Je ne vois plus maman car elle a trop de sautes d'humeur.

Avec le recul, je crois que j'ai toujours rêvé d'être fermière. Comme Ava Gardner vers la fin de sa vie : cultiver mon jardin, faire pousser des choux et des tomates. Arracher les mauvaises herbes. Vivre au milieu de la nature. Posséder des chiens.

Ma beauté m'a empêchée de développer mes goûts simples. Ma beauté a été longtemps ma malédiction. Si je devais renaître, je choisirais de me réincarner laide. Pour être tranquille. Dans le même temps, j'ai la hantise de vieillir et de devenir moins belle. Les actrices finissent toutes en momies et il y a toujours des paparazzi pour voler la photo qui anéantira toute une carrière. Je souhaite que ma beauté ne se fane pas.

Raymond m'offre un voyage en France.

Nous nous promenons en voiture du côté de Nice, près d'un petit village qui s'appelle Fayence. Nous avons laissé les enfants à sa mère et nous avons loué une décapotable pour profiter du bon air. Les cigales chantent sur les bas-côtés de la route et je respire des odeurs de lavande.

Il fait beau. Pourvu que le temps ne change pas !

191. JACQUES. 35 ANS

Nathalie est si belle !

Il y a maintenant neuf ans que nous vivons ensemble et c'est exactement comme au premier jour. Elle est au volant de notre vieille guimbarde familiale. Ma main est posée sur la sienne. Il fait beau. Nous poursuivons la conversation entamée au premier instant et qui ne s'est jamais interrompue depuis entre nous.

— Tu affirmes n'être pas croyant, tu penses donc diriger ta vie avec ton seul libre arbitre ? me demande-t-elle à brûle-pourpoint.

— Je crois que le libre arbitre des hommes consiste à choisir la femme qui décidera de leur vie à leur place, dis-je.

Elle rit pour se moquer de moi et se penche pour m'embrasser.

192. ZUT !

Attention, Jacques et Nathalie, ce n'est vraiment pas le moment de vous embrasser !

193. VENUS

Qu'est-ce qui se passe avec cette voiture en face ? Elle zigzague ! Elle ne tient plus sa droite.

194. JACQUES

Je ferme les yeux. Nous nous embrassons.

195. ZUT ! ZUT !

Mais ils vont se... Je me dépêche d'impulser à Jacques une intuition alarmante. Raoul s'empresse de même auprès de Nathalie. Nous envoyons des images pour qu'ils cessent de s'étreindre mais eux continuent de s'embrasser de plus en plus passionnément.

Raoul et moi nous leur expédions des flashes inquiétants, des visions de carambolages catastrophiques, mais ils ne sont pas en train de rêver et ne réceptionnent rien.

Ils n'ont même pas bouclé leurs ceintures de sécurité. Vite, le chat ! Je lui lance un signal directif. Mona Lisa III bondit de la banquette arrière et griffe Nathalie de son mieux.

La diversion fonctionne. Nathalie aperçoit le véhicule qui arrive droit devant en sens inverse. Elle appuie de toutes ses forces sur le frein et braque son volant pour éviter le choc frontal. Nathalie qui roulait à gauche se frotte contre les rochers. Venus et Raymond qui tenaient leur droite patinent côté mer et leur voiture quitte la corniche pour chuter dans le vide.

196. ENCYCLOPÉDIE

MUTATION : La découverte récente d'une espèce de morue ayant des mutations ultrarapides a surpris les chercheurs. Cette espèce vivant dans des eaux froides s'avère, en effet, bien plus évoluée que celles vivant tranquillement dans les eaux chaudes. On pense que les morues vivant dans les eaux froides et subissant un stress du fait de cette température ont laissé s'exprimer en elles des capacités de survie inattendues. De même qu'il y a trois millions d'années les hommes ont développé des capacités de mutations complexes, mais celles-ci nc sc sont pas toutes exprimées parce que tout simplement elles sont pour l'instant inutiles. Elles sont stockées en réserve. Ainsi l'homme moderne possède en lui d'énormes ressources cachées au fond de ses gènes mais inexploitées parce qu'il n'a pas de raison de les réveiller.

Edmond Wells,
***Encyclopédie du Savoir Relatif et Absolu*, tome IV.**

197. VENUS. 35 ANS

J'ai entendu le docteur dire qu'on ne pouvait plus rien pour moi. Des morceaux de tôle se sont enfoncés dans mes organes vitaux. Je vais bientôt mourir.

J'ai reçu les débris du pare-brise en pleine figure. Je suis née belle et je meurs défigurée. J'ai souhaité un jour qu'une rivale connaisse pareil sort. Ça m'est arrivé à mon tour. Quelle ironie ! Peut-être que tout le mal que nous souhaitons aux autres est comptabilisé quelque part et nous revient plus tard en boomerang.

Étrange qu'à l'heure de mon dernier souffle je songe au mal que j'ai souhaité à Cynthia Cornwell, la rivale que j'avais oubliée.

C'est la fin. Je m'étais imaginé qu'on pouvait vivre à l'abri des dangers, mais on n'est à l'abri nulle part. Même en conduisant prudemment, dans une voiture sûre, dans un pays démocratique, avec une ceinture de sécurité, avec un mari protecteur, avec tous les progrès de la médecine, de la technologie, de l'humanité, on n'est nulle part en sécurité totale.

Aurait-il fallu qu'avec Raymond nous ne partions jamais en vacances ? Aurions-nous dû demeurer paisiblement enfermés chez nous ?

Raymond.

J'ai réussi au moins ça : mon couple. Je sais que je vais mourir. En cet ultime instant, je sens la foi m'envahir. Faut-il être proche de la mort pour croire en Dieu ? Il me semble que oui. Je croyais aux anges quand je n'avais que de petits tracas, je crois en Dieu quand surviennent les gros ennuis.

198. JACQUES. 88 ANS

J'ai quatre-vingt-huit ans et je sais que je vais mourir. Pourquoi ai-je duré si longtemps ? Parce que j'en avais besoin pour mener à bien ma « mission ».

Trente-sept livres. Je voulais en publier un par an, j'y suis presque arrivé.

Je rédige mon dernier, celui qui explique et relie tous les autres. Mes lecteurs comprendront pourquoi il y avait toujours dans mes livres des personnages portant les mêmes noms de famille. En fait, tous mes livres étaient une prolongation les uns des autres et, de ce fait, il n'y a jamais eu rupture. J'explique enfin le lien qui unit mes livres sur les rats à mes livres sur le Paradis, à celui sur le cerveau et à tous les autres encore.

Sur l'ordinateur portable que j'ai demandé à l'hôpital qui m'accueille, j'ai inscrit la chute définitive : « Fin. »

L'idéal aurait été que j'expire en frappant ce mot, tel Molière mourant sur scène. Moi j'attends. La mort diffère. Pour patienter, je me livre à un énième bilan. Je suis toujours un anxieux mais, avec Nathalie, j'ai évolué. Je suis parvenu à sortir de la solitude car, avec elle, les bons ingrédients étaient réunis pour réaliser la formule magique : 1 + 1 = 3.

Tous deux, nous sommes autonomes. Tous deux nous sommes complémentaires. Tous deux nous avons renoncé à changer l'autre et accepté nos défauts respectifs.

Elle m'a appris à améliorer encore mon lâcher-prise. Je parviens maintenant à tenir plus de vingt secondes en ne pensant à rien et c'est très reposant. Avec Nathalie, j'ai su ce qu'est un couple authentique. Il se résume à un mot : « Complicité. » « Amour » est trop galvaudé pour conserver encore un sens.

Complicité. Connivence. Confiance.

Nathalie a toujours été ma première lectrice et ma meilleure critique. Elle, qui se passionne pour l'hypnose, pratique des régressions et affirme que nous nous étions déjà connus dans des vies antérieures, en tant qu'animaux et en tant qu'humains. Voire même en tant que végétaux. J'étais pollen, elle était pistil. Elle dit que nous nous sommes aimés en Russie et aussi dans l'Égypte antique. Je n'en sais rien, mais il me plaît d'y réfléchir.

En dehors de ses « tours », Nathalie ne m'agace que

sur un point. Elle a toujours raison, et quoi de plus crispant que ça !

Ensemble, nous avons eu trois enfants, deux filles et un garçon. Je leur ai laissé faire ce qu'ils voulaient. Par ailleurs, je n'ai jamais renoncé à ma démarche de guetteur du futur. Au départ, je me suis servi de la science comme outil. J'estime à présent que les scientifiques ne sauveront pas le monde. Ils ne trouveront pas les bonnes solutions, ils ne feront qu'indiquer les dégâts provoqués par les mauvaises solutions.

Il est trop tard pour jouer les révolutionnaires. J'aurais dû apprendre à m'énerver et à tonner quand j'étais jeune. La colère est un don de naissance. Je laisse à d'autres, à ma fille aînée particulièrement vindicative et révoltée par exemple, le soin de poursuivre cette quête.

Professionnellement, je crois que j'ai eu tout ce que je voulais. J'ai été ce rat autonome que je rêvais de devenir. Pour ne pas avoir de subalternes ni de chefs, j'ai payé. Mais ça me semble normal. À mes enfants, j'ai dit : « Le plus beau cadeau que je puisse vous offrir, c'est de vous donner l'exemple d'un père heureux. »

Je suis heureux parce que j'ai rencontré Nathalie.

Je suis heureux parce que ma vie a été sans cesse renouvelée, pleine de surprises et pleine de remises en question qui m'ont contraint à évoluer.

Dans cet hôpital, je me délabre. Je sais que grâce aux nouvelles conquêtes de la médecine je pourrais vivre plus longtemps, mais je n'ai plus envie de me battre, même contre des microbes. Ils ont fini par gagner la guerre contre mes lymphocytes. Ils ne se prélasseront pas dans mon intestin.

Mon vieux cœur me lâche doucement. Le temps est venu de rendre mon tablier. J'ai donc rendu peu à peu tout ce qui m'a été donné. J'ai légué tous mes biens à ma famille et à des associations caritatives. J'ai demandé à être inhumé dans mon jardin. Pas n'importe comment, à la verticale. Les pieds vers le centre de la Terre, la tête vers les étoiles. Pas de cercueil, pas de sachet protecteur, que les vers puissent me manger à la bonne franquette. J'ai demandé aussi qu'on plante un arbre fruitier sur ma tête.

Il me tarde maintenant de reprendre ma place dans le cycle de la nature.

Lentement, je m'apprête au grand saut. Je suis grand malade depuis neuf mois maintenant, le même temps que pour une naissance. Un par un je me libère de mes vêtements, couche par couche, protection par protection.

À mon arrivée à l'hôpital, j'ai délaissé mes costumes de ville pour enfiler un pyjama. Comme les bébés. J'ai abandonné la position debout pour rester au lit. Comme les bébés.

J'ai rendu mes dents, mon dentier plutôt car mes dents sont tombées depuis belle lurette. Mes mâchoires sont nues. Comme les bébés.

Vers la fin, j'ai rendu ma mémoire, compagne de plus en plus volage. Je ne me souvenais que du passé lointain. Ça m'a beaucoup aidé à partir sans regret. J'ai eu peur d'être frappé de la maladie d'Alzheimer, lorsqu'on ne sait plus reconnaître les siens ni se souvenir qui l'on est. Ç'a été ma grande hantise. Dieu merci, cette épreuve m'a été épargnée.

J'ai rendu mes cheveux. De toute façon, ils étaient devenus blancs. Je me suis retrouvé chauve. Comme les bébés.

J'ai rendu ma voix, ma vision, mon ouïe. J'ai fini par devenir pratiquement muet, aveugle, sourd. Comme les nouveau-nés.

Je redeviens un nouveau-né. Comme un nouveau-né, on m'emmaillote, on me nourrit de bouillies et je perds mon langage pour gazouiller. Ce qu'on qualifie de « gâtisme », ce n'est que se repasser le film à l'envers. Tout ce qu'on a reçu, on doit le rendre comme on remet un costume au vestiaire, la pièce de théâtre terminée.

Nathalie est ma dernière couche protectrice, mon dernier « vêtement ». Je dois donc la repousser pour que ma disparition ne la chagrine pas trop. Elle ne m'écoute pas, elle reste insensible à mes récriminations, elle hoche la tête en souriant comme pour dire : « Je m'en fiche, je t'aime quand même. »

Le médecin qui s'occupe de moi apparaît un jour accompagné d'un prêtre. C'est un jeune à la peau pâle et qui transpire beaucoup. De but en blanc, il me propose l'extrême-onction. Il paraît qu'on a fait le même coup à Jean de La Fontaine. Sur son lit de mort, on l'a obligé à renier ses ouvrages érotiques s'il voulait être enterré décemment dans un cimetière au lieu d'être jeté à la fosse commune. Jean de La Fontaine a cédé. Pas moi.

J'explique mon point de vue. Tous ceux qui ont la foi m'énervent. Cette prétention de s'imaginer connaître la dimension au-dessus !

Je suis convaincu que les religions sont démodées mais alors, quelle cause mérite qu'on s'y intéresse ? Je lève les yeux vers le plafond et aperçois une araignée qui tisse sa toile. Quelle cause mérite qu'on s'y intéresse ? La réponse me parvient, fulgurante : « La vie. »

La vie telle qu'on la voit. C'est suffisamment magique pour n'avoir pas besoin d'inventer quelque chose de plus.

— Ne voulez-vous pas qu'on parle plutôt de votre peur de mourir ? demande le prêtre.

— On a peur de mourir tant qu'on sait que ce n'est pas le moment. Maintenant, je sais que c'est le moment. Alors, je n'ai plus peur.

— Croyez-vous au Paradis ?

— Désolé, mon père. Je crois qu'après la mort il n'y a rien.

— Quoi ! se récrie-t-il. Vous qui avez écrit sur le Paradis, vous ne croyez à rien ?

— C'était juste un roman, rien qu'un roman.

Le soir même, je suis mort. Nathalie était là et elle s'est endormie en me tenant la main. Mon corps s'est recroquevillé en position fœtale. Ma dernière pensée a été : « Tout va bien. »

199. ENCYCLOPÉDIE

KARMA LASAGNE : Il m'est venu une idée bizarre. Le temps n'est peut-être pas linéaire mais « lasagnique ». Au lieu de se succéder, les couches du temps s'empilent. Dans ce cas, nous ne vivons pas une incarnation puis une autre mais une incarnation ET simultanément une autre.

Nous vivons peut-être simultanément mille vies dans mille époques différentes du futur et du passé. Ce que nous prenons pour des régressions ne sont en fait que des prises de conscience de ces vies parallèles.

Edmond Wells,
***Encyclopédie du Savoir Relatif et Absolu*, tome IV.**

200. LE JUGEMENT DE MES CLIENTS

Igor et Venus se sont attardés longtemps dans le Purgatoire à réfléchir sur leur vie. Certaines âmes sont pressées de comparaître devant le tribunal des archanges, d'autres préfèrent panser d'abord leurs plaies. Igor et Venus entrent dans cette catégorie.

Ça, c'est l'explication technique. Plus prosaïquement, je dirais que tous deux avaient besoin de discuter avec des morts proches. Igor avait encore à parler avec sa mère, Venus avec son frère. À moins que, conscients de l'existence de Jacques, leur frère karmique, ils l'aient attendu afin d'être jugés tous les trois ensemble.

Quand Jacques est décédé, Venus et Igor l'ont accueilli comme s'ils étaient tous membres d'une même famille enfin recomposée. Des clients qui s'attendent les uns les autres pour comparaître ensemble, c'est émouvant.

Étrange, en tout cas, de voir Igor si jeune, Venus un peu plus mûre et Jacques le vieillard se congratuler comme des amis de toujours qui se retrouvent.

Ils ont tout compris. Avant d'être jugés, je sais qu'ils se sont déjà jugés eux-mêmes. Et je me demande d'ailleurs à quoi servent les archanges. On devrait laisser chacun trouver son propre verdict.

Avocat de la défense, je me tiens à la place jadis occupée par Émile Zola. Mes trois clients seront appelés l'un après l'autre à la barre dans l'ordre chronologique de leur mort.

D'abord Igor. L'audience se déroule à toute allure. Dans ses vies antérieures, il a été à 470. Il s'est, certes, délivré de son obsession contre sa génitrice mais cela ne l'a pas fait remonter pour autant. Il a tué une kyrielle de gens, il a violé des femmes en pagaille, enfin il s'est suicidé. Ça fait lourd. Il stagne. Il était à 470, il reste à 470.

Pour lui, c'est raté. En plus, les archanges nous révèlent qu'il était doué d'un talent de ténor qu'il n'a jamais songé à exploiter.

— À la réincarnation.

Pour Venus, j'ai davantage d'arguments à faire

valoir. Elle a réussi sa vie de couple. Elle a élevé convenablement sept enfants.

Elle était à 320. Elle passe à... 321. Dur. Seulement un point de progrès ? Elle n'est même pas au niveau 333 de l'humanité.

Les archanges me signalent qu'elle avait un talent inné pour le dessin. Cela faisait plusieurs vies qu'elle rêvait de devenir peintre et elle s'était préparée à cette mission depuis longtemps. Or, en guise de peinture, tout ce qu'elle a su faire c'est se maquiller !

Je monte au créneau. Je plaide que ma cliente a su créer dans ses films une nouvelle image de femme dynamique. Les archanges me rétorquent qu'elle a souhaité pis que pendre à une rivale, qu'elle a fait souffrir des hommes en se jouant de leurs sentiments, qu'elle a consulté un médium branché sur les âmes errantes.

— Mais c'est grâce à cette visite qu'elle a trouvé le bonheur avec Raymond !

L'archange Raphaël me toise, guère convaincu.

— Et alors ? C'est pire encore. Vous avez vu leur couple ? À quoi bon un bonheur léthargique ? Votre cliente n'a pas évolué, elle s'est figée. Stagner est pire encore que de régresser. 321/600. À la réincarnation !

Je m'approche de Venus. De près, elle est encore plus belle que dans la sphère d'observation. Je me penche pour un baise-main.

— D'ici, j'ai vu votre vie se dérouler ainsi que tous vos films. C'était vraiment... splendide, lui dis-je respectueusement.

— Merci. Si j'avais su... que les anges peuvent voir les films...

Je suis tellement gêné de la voir ainsi échouer.

— La prochaine fois, ça ira mieux, j'en suis persuadé, chuchoté-je à son oreille.

C'est le genre de phrase que des millions d'anges avocats ont déjà dû dire à des cohortes d'âmes perdantes mais, sur le coup, je ne trouve pas mieux comme réconfort.

— Jacques Nemrod.

Son cas est considéré comme sans intérêt. Il a vécu dans l'angoisse. Il était maladroit, lâche, solitaire, indécis. Il s'est pratiquement trompé partout où l'on pouvait se tromper et, sans l'aide de Nathalie Kim, il serait probablement devenu une loque.

Je fourbis mes arguments pour le défendre.

— Il a su utiliser les rêves, les signes et son chat pour percevoir nos messages.

Les archanges font la moue.

— Oui, et alors ?

— Il a utilisé le seul talent qu'il avait : l'écriture.

— Tous ses livres ne sont pas bons, dit l'archange Gabriel. Ces délires sur le Paradis, permettez-moi de vous le dire, mon cher Michael, nous ont tout autant agacé que les vôtres.

— Même s'il n'avait commis qu'un seul livre de passable, il a accompli ce pour quoi il était venu.

Les trois archanges réclament une suspension de séance pour discuter tranquillement entre eux. Leurs échanges paraissent vifs. L'interruption se prolonge. J'en profite pour m'approcher de Jacques.

— Michael Pinson, votre ange gardien, pour vous servir.

— Enchanté. Jacques Nemrod. Désolé, j'ai évoqué tout ce folklore dans mes livres, parce que j'étais persuadé que ça n'existait pas. Et eux, ce sont...

— Les archanges, oui. Vous les imaginiez ainsi ?

— Pas vraiment. Je n'aurais jamais cru que le Paradis était aussi « kitsch ». Dans mon roman, j'avais décrit un lieu beaucoup plus d'avant-garde, façon *2001 : l'Odyssée de l'espace.*

— Évidemment. Remarquez qu'en général personne ne se plaint. Vous ne me croirez pas d'ailleurs si je vous dis...

Je suspends ma phrase. Les archanges reviennent.

— Jacques était à 350, il passe à 541.

— 541 ? Mais pourquoi pas 542 ou 550 ?

— C'est le jugement des archanges.

Je sens une colère monter en moi. Moi qui n'ai jamais su me mettre en colère dans ma vie de chair, je sens que c'est le moment ou jamais. Et puis, c'est plus facile de se mettre en colère pour les autres que pour soi. Je prends un peu d'élan puis m'élance en demandant à l'esprit d'Émile Zola de continuer à m'éclairer.

— Et moi, je dis que ce jugement est inique, scandaleux, antisocial. Je dis que c'est une mascarade de justice qui se livre dans le lieu le plus sacré de tous et que...

J'essaie de me remémorer tous les trucs d'Émile Zola. S'il réussit, c'est qu'on peut réussir. C'est peut-être cela qu'il y a de formidable avec les archanges, c'est qu'ils sont finalement assez « humains ». Je sens bien que je les surprends. Voyant que ça marche, je m'avance. Ils me voient venir, mais ne savent pourtant pas comment me contrer.

Je me souviens de la phrase de Murray Benett, l'avocat, compagnon temporaire de ma Venus. « Les clients coupables sont beaucoup plus intéressants à défendre que les innocents. »

C'est quitte ou double. Si je rate ce procès, il me faudra attendre encore combien de clients avant de pouvoir passer la porte d'Émeraude ?

Si Jacques a pu bondir de 200 points, c'est qu'il est un client sauvable ! Et puis ça embêterait tellement Raoul si je gagnais le pari de sauver un client avec lequel j'ai testé la carotte davantage que le bâton. Il ne faut pas lâcher le morceau. Enfonçons le clou.

— Mon client a été certes maladroit, mais il avait sa technique à lui. Toujours se tromper pour déduire la bonne formule. Un peu comme au jeu du Mastermind, c'est quand on a tout faux qu'on peut trouver la bonne voie.

— Mais il n'a rien trouvé du tout. Il a cherché, mais chercher cela vient du latin *circare*, aller autour.

— Il a trouvé une voie originale qui est la sienne et qui, comme l'a signalé l'un de ses concurrents, le célèbre Auguste Mérignac, devrait faire florès plus tard. Même euh... si c'est dans très longtemps.

Pas brillant... J'enchaîne sur une série de « j'accuse » qui achève d'énerver les trois juges. Au summum de mes efforts, je lâche enfin :

— J'accuse cette cour de ne pas faire correctement son travail, j'accuse les archanges Gabriel, Raphaël et Michel de...

— Assez ! dit un archange. Si vous voulez sauver votre client, donncz-nous des faits.

C'est alors que j'ai un flash ; les sphères du destin. Je propose qu'on examine objectivement l'influence de Jacques sur les sphères. Elle est de 0,000016 %.

— C'est peu..., relance l'archange Gabriel.

C'est là que je donne le coup de grâce.

— Oui, mais une goutte d'eau peut faire deborder l'océan, chaque âme qui s'élève élève l'humanité entière !

Cette fois, les trois juges hésitent.

De guerre lasse, ils m'accordent les 600 points. Jacques Nemrod est donc délivré de sa prison de chair, même si ce n'est que de justesse.

J'ai réussi quant à moi à sortir une âme du cycle des réincarnations !

— Euh, dit mon petit écrivain, me prenant par le coude, je fais quoi maintenant ?

Il ne songe même pas à me féliciter. Quels égoïstes, ces clients !

« Je sais ce qu'il y a après la mort. C'est très simple, d'un côté le Paradis pour les personnes qui se sont bien comportées, les gentils, de l'autre, l'Enfer pour les méchants. Le Paradis, c'est blanc. L'Enfer, c'est noir. En Enfer, les gens souffrent. Au Paradis, ils sont heureux. »

Source : individu interrogé dans la rue au hasard d'un micro-trottoir.

201. ADIEUX À MES AMIS

Je me dirige vers la porte d'Émeraude, aussi guilleret qu'Émile Zola jadis. Enfin je vais savoir. Qu'y a-t-il au-dessus ?

En chemin, je suis arrêté par Edmond Wells qui m'assène de grandes tapes dans le dos.

— Je suis fier de toi. J'ai toujours pensé que tu réussirais.

— Je ne sais comment vous remercier.

— Tu n'as de merci à dire qu'à toi-même. Tu l'ignorais, mais c'est toi qui m'as choisi comme instructeur, tout comme les enfants choisissent leurs parents.

— Et vous, Edmond Wells, qu'allez-vous faire à présent ?

Il me confie que ce qui préoccupe essentiellement les anges pour l'heure c'est la mise au point d'un nouveau levier, le sixième : le « minéral-assisté ».

— Tout a commencé avec le minéral et c'est peut-être avec le minéral que tout va continuer. L'alliance homme-minéral, matérialisé par l'informatique, est un nouveau terrain de conscience, m'explique-t-il.

— Minéral ? Vous voulez parler du silicium contenu dans les puces des ordinateurs ?

— Bien sûr, des cristaux aussi. Les cristaux de quartz qui servent à cadencer les flux d'électrons sont à la pierre ce que l'homme sage est à l'homme brut. L'union de la roche-cristal et de l'homme-conscient produit l'ordinateur-vivant. C'est une voie d'évolution.

— Mais les ordinateurs sont des objets inertes ! Il suffit de les débrancher pour que tout s'arrête.

— Détrompe-toi, Michael. Grâce à Internet, il existe maintenant des programmes qui comme des virus prolifèrent sur le réseau et peuvent se nicher dans n'importe quel circuit de machine à laver ou de distributeur de billets de banque. De là, ils se reproduisent comme des animaux, mutent, évoluent sans que l'homme intervienne. Le seul moyen de les arrêter serait d'éteindre simultanément toutes les machines du monde, ce qui est désormais impossible. Après la « biosphère », « l'idéosphère », voici qu'apparaît la « computo-sphère ».

Je ne savais pas qu'au Paradis aussi on pouvait se passionner pour l'informatique.

— Pour l'instant, d'ici, nous n'avons pas grande influence sur les ordinateurs, nous parvenons seulement à créer des « pannes inexpliquées ». Les ordinateurs sont cependant en train de se sophistiquer. Tout comme le docteur Frankenstein avec son monstre, l'homme fait de l'ordinateur sa créature de relais. Il introduit ce qu'il a de meilleur en lui dans ces minuscules fragments de quartz, de silice et de cuivre, si bien que la conscience est en passe d'apparaître dans ces machines. Même ton Jacques Nemrod en a parlé, souviens-toi : « Pie 3,14 », le pape informatique, c'était déjà l'idée.

Cela me donne à refléchir. Je crois comprendre.

— L'homme normal, 4, pourra devenir un homme

sage, 5, grâce à l'aide du minéral. On pourrait dire que 4 + 1 = 5.

— Parfaitement. Après le minéral, le végétal, l'animal, l'humain, nous évoluons vers « l'homme allié au minéral ». Nous aurons peut-être ensuite « l'homme allié au végétal », puis « l'homme allié à l'animal » et, pourquoi pas, des tryptiques « minéral-végétal-homme » ou des quatrites « minéral-végétal-animal-homme ». Tout ne fait que débuter. Le minéral conscient dans les ordinateurs constitue le prochain levier mais, bientôt, la conscience s'exprimera dans ces nouvelles formes de vie en « alliages ». Tiens, il faut que j'en parle dans mon *Encyclopédie du Savoir Relatif et Absolu*. Tu connais mon grand ouvrage, n'cst-ce pas ?

J'acquiesce. Je suis content qu'il ne m'ait pas tenu rigueur d'avoir perturbé son scribe, Papadopoulos. Il a dû probablement lui trouver un remplaçant.

— Dans les projets en chantier, nous avons aussi l'intention d'utiliser un autre animal en plus du chat, comme médium auprès des humains. Nous hésitons entre les dauphins et les araignées. Personnellement je suis pour les araignées, c'est plus original, mais je crois que ce sera quand même les dauphins. Ils ont une très bonne image auprès du grand public et ils émettent des sons d'une grande subtilité.

Je le fixe intensément.

— Tu peux me le dire, maintenant : c'est quoi un 7 ? Un dieu ? Es-tu toi-même un 7 ?

Edmond Wells me considère avec un sourire amical.

— Je suis de niveau d'élévation de conscience 7, mais j'ai choisi d'être instructeur dans la dimension au-dessous. Tu te souviens que lors de ton jugement de mortel, on t'a proposé le choix entre retourner sur Terre pour y être un « GI », un Grand Initié aidant directement les humains en vivant parmi eux, ou bien de devenir un ange les secourant depuis une dimension supérieure. Il en est allé de même pour moi. En tant que 7, on m'a offert de revenir parmi les anges pour y être une sorte d'Ange Grand Initié, en fait un archange.

— Les archanges sont des Anges Grands Initiés ?

— Oui. Nous sommes des 7 volontairement restés à l'étage au-dessous pour aider les autres anges à monter. Moi, Edmond Wells, je suis un archange au même titre que Raphaël, Gabriel ou Michel. Donc, j'avais le choix entre devenir un archange ou bien passer au-dessus pour vous contrôler de haut. J'ai opté pour la première solution. Et toi, que choisis-tu ?

Avec détermination, je réponds :

— Je veux savoir ce qu'il y a au-dessus !

Nous traversons le Paradis pour nous rendre à la porte d'Émeraude. Sur le chemin, Raoul Razorbak, Freddy Meyer et Marilyn Monroe me saluent. Raoul Razorbak est partagé entre l'admiration et la jalousie.

— Autant pour moi. Il nous est donc possible de sauver nos clients en usant de la manière douce. Tu as gagné ton pari, Michael.

— Et toi, où en est ta Nathalie Kim ? Ça ne doit pas être trop mal non plus.

Il retourne sa paume et fait venir la sphère de la compagne de mon ancien client.

— Elle en est à 590. Je fonde de grands espoirs sur elle. Pour l'instant, elle porte le deuil de ton Jacques. Elle l'aimait vraiment, sais-tu ?

— Je te souhaite de réussir afin que nous nous retrouvions de nouveau ensemble pour de nouvelles aventures.

— Maintenant que je sais qu'on peut gagner, je ne vais pas me gêner, tiens ! dit Raoul.

Et, en esprit, il me chuchote en me montrant la porte d'Émeraude : « Si tu peux, tâche de me faire savoir ce qu'il y a là-bas. »

Freddy Meyer me serre dans ses bras. Il s'occupe à nouveau de ses clients.

— On te rejoint bientôt, Michael. Nous ferons encore des virées ensemble sur Rouge.

Marilyn m'adresse un dernier signe d'amitié, mais je sens qu'il ne faut pas prolonger trop longtemps ces adieux.

— Saluez Zoz de ma part quand vous le reverrez, dis-je.

Et, Edmond Wells à mes côtés, je passe hardiment le seuil de la porte d'Émeraude.

Et maintenant, qu'est-ce que je vais découvrir ?

202. ENCYCLOPÉDIE

Réalité : « La réalité, c'est ce qui continue d'exister lorsqu'on cesse d'y croire », énonçait l'écrivain Philip K. Dick. Il doit donc exister quelque part une réalité objective qui échappe aux savoirs et aux croyances des hommes. C'est cette réalité-là que je veux comprendre et approcher.

Edmond Wells,
***Encyclopédie du Savoir Relatif et Absolu*, tome IV.**

203. DERNIÈRES RÉVÉLATIONS

Edmond Wells me met une main sur l'épaule.

— Pourquoi n'acceptes-tu pas d'être surpris ? Pourquoi veux-tu tout connaître par avance ? N'apprécies-tu donc pas de cheminer sans savoir ce qu'il y aura derrière le virage ? N'apprécies-tu donc pas d'être étonné par ce que tu ignores ? Je vais te dire... bientôt tu vas devenir autre chose... de mieux. C'est tout ce que tu dois savoir pour l'instant.

J'essaie de biaiser :

— Bon, alors juste une dernière question. Vous ne me répondez que si vous le souhaitez : croyez-vous en Dieu ?

Il éclate de rire.

— J'y crois comme on croit aux chiffres. Est-ce que le chiffre 1 existe ? Est-ce que tu pourras un jour rencontrer l'incarnation du chiffre 1, ou du chiffre 2, ou 3 ?

— Non. Ce sont juste des concepts.

— Eh bien même si le chiffre 1, les chiffres 2 ou 3 ne sont, comme tu dis, que des « concepts », ils permettent d'apporter des solutions à beaucoup de problèmes. Qu'importe dans ce cas si on y croit du moment que ça aide...

— Ce n'est pas une réponse.

— C'est pourtant la mienne.

Là-dessus, il me pousse en avant.

— Où me conduisez-vous ?

— Sachant que la curiosité est le trait premier de ton caractère, je vais t'apporter un début de réponse à la plus grande question que tu te poses.

Il me mène dans une pièce circulaire avec en son centre une grande sphère lumineuse où s'entassent des sphères plus petites.

— Voici la sphère du destin des anges, annonce-t-il.

Il retourne sa paume et une bulle sort de la sphère pour atterrir sur sa main.

— Voici... ton âme, précise-t-il. Regarde qui tu es vraiment, commande mon instructeur.

Je m'approche. Pour la première fois, je vois distinctement mon âme, boule transparente avec à l'intérieur un noyau brillant. Mon mentor m'enseigne à lire mon âme et à apprendre son histoire depuis la nuit des temps.

Avant d'être réincarné en Michael Pinson, discret pionnier de la thanatonautique, j'ai été médecin à Saint-Pétersbourg de 1850 à 1890. Je me suis beaucoup soucié d'améliorer l'hygiène durant les opérations chirurgicales. J'ai été l'un des premiers praticiens à suggérer de se laver les mains avec des savons désinfectants et de porter des masques pour protéger les patients des postillons. À l'époque, c'était assez nouveau. J'ai enseigné cette hygiène dans les universités et puis je suis mort de tuberculose.

Avant d'être docteur en médecine, j'ai été ballerine à Vienne. Une danseuse très belle, séduisante, aguichante, passionnée par les relations entre hommes et femmes. Je manipulais volontiers mes soupirants. J'ai fait marcher beaucoup d'hommes. Les autres filles de mon corps de ballet me prenaient pour confidente. Je voulais comprendre les leviers de l'amour et percer les mystères de l'inconscient. Je me croyais reine des cœurs et pourtant, finalement, je me suis suicidée par amour pour un bel indifférent.

Au douzième siècle, j'ai été samouraï au Japon. Je me suis exercé aux arts martiaux jusqu'à trouver des gestes parfaits. Je ne réfléchissais pas et ne faisais qu'obéir aveuglément à mon shogun. Je suis mort en duel à la guerre.

Au huitième siècle, j'ai été un druide avide de percer les secrets des plantes. J'ai enseigné à plusieurs disciples comment soigner les maladies avec des herbes et des fleurs. J'ai assisté à une attaque de Barbares de l'Est. J'ai été tellement choqué par la violence des hommes que j'ai préféré me suicider plutôt que de continuer à vivre parmi eux.

Dans l'Égypte antique, j'ai été odalisque dans le harem d'un pharaon. J'errais, sereine, gâtée et désœuvrée, dans les jardins du palais en m'efforçant de soutirer à mon eunuque favori sa science de l'astronomie. Avant de mourir de vieillesse, j'ai transmis mon savoir à une favorite de mes amies.

Autant de vies, autant de volonté d'accroître les connaissances humaines, autant d'échecs.

Edmond Wells me réconforte :

— À travers le temps et l'espace, tu as toujours cherché le moyen de diffuser le savoir. Tu viens enfin de l'entrevoir après tant de vies, tant d'expériences, tant de douleurs et tant d'espoirs.

Il me révèle que la galaxie de la Voie lactée compte douze planètes habitées. Mais pas forcément par des êtres de chair, de type humanoïde.

— La Terre du système solaire est un lieu de villégiature très couru par les âmes car elles y connaissent l'expérience la plus forte : celle de la matière.

— La matière ?

— Bien sûr. Même si tu as vu Rouge, il n'y a pas que des planètes où les âmes sont incarnées. L'expérience de la matière n'est pas si répandue que ça ! C'est pour cela que tu as dû parcourir tant et tant d'années-lumière pour trouver de la vie. Les âmes, même très évoluées, sont très impressionnées lorsqu'elles goûtent pour la première fois le bonheur d'être dans de la chair et de sentir le monde. Le plaisir des cinq sens est l'une des expériences les plus fortes de l'univers. Ah ! sentir un baiser ! J'ai même la nostalgie de respirer l'air marin ou de sentir le parfum délicat d'une rose. Enfin...

Il arbore un air un peu triste puis se reprend :

— Mais l'ensemble de l'humanité terrestre est en retard et doit s'élever. On envoie, en conséquence, des âmes des onze autres planètes notées à plus de 500 pour gonfler la population terrienne qui traîne à 333. C'est par exemple le cas de Nathalie Kim, une âme d'excellence venue de loin.

Edmond Wells pose mon âme sur la pointe de son index et joue avec comme s'il s'agissait d'une balle de jongleur. Puis, tout d'un coup, il a un geste terrible. Il enfonce cette sphère de lumière dans mon poitrail !

204. ENCYCLOPÉDIE

LE CHAT DE SCHRÖDINGER : Certains événements ne se produisent que parce qu'ils sont observés. Sans personne pour les voir, ils n'existeraient pas. Tel est le sens de l'expérience dite du « chat de Schrödinger ».

Un chat cst enfermé dans une boîte hermétique et opaque. Un appareil délivre de manière aléatoire une décharge électrique assez puissante pour le tuer. Mettons-le en marche, puis arrêtons-le. L'appareil a-t-il délivré sa décharge mortelle ? Le chat est-il encore en vie ?

Pour un physicien classique, le seul moyen de le savoir est d'ouvrir la boîte et de regarder. Pour un physicien quantique, il est acceptable de considérer que le chat est à 50 % mort et à 50 % vivant. Tant que la boîte n'a pas été ouverte, elle contient donc une moitié de chat vivant.

Mais par-delà ce débat sur la physique quantique, il est une créature qui sait si le chat est mort ou si le chat est vivant sans avoir à ouvrir la boîte : c'est le chat lui-même.

Edmond Wells,
***Encyclopédie du Savoir Relatif et Absolu*, tome IV.**

205. VERS LE MONDE DU DESSUS

Mon âme scintille en moi comme un petit soleil. Est-il possible que je sois rendu à moi-même ? Est-il possible que je n'aie plus de marionnettiste ? Au début, je ressens cette entrée dans le total libre arbitre comme quelque chose d'affolant. Je comprends que cette liberté que j'ai toujours réclamée, je n'ai jamais été éduqué pour l'assumer et que cela m'arrangeait bien de penser que quelque part en haut d'autres êtres mystérieux plus intelligents que moi s'occupaient de me protéger et de me guider. Mais ce geste terrible d'Edmond Wells me force à m'assumer seul. J'aurais su que c'était cela la récompense des « 6 » j'aurais peut-être ralenti mon ardeur. Commc cette liberté est effrayante ! Comme il est difficile d'accepter qu'on puisse devenir le seul et unique maître de soi-même !

Mais je n'ai pas le temps de réfléchir davantage, mon mentor m'entraîne vers le fond du couloir.

Celui-ci s'achève comme un vase de Klein, en une boucle qui se retourne pour s'enfoncer au flanc d'une bouteille, de sorte qu'en sortant du goulot on revient à l'intérieur. Et je me retrouve au beau milieu du... lac des Conceptions.

— Je ne comprends pas, dis-je.

— Souviens-toi de l'énigme que tu soulevais dans *Les Thanatonautes* : comment dessiner d'un seul trait un cercle sans lever le stylo ? Une simple énigme enfantine a priori. Tu fournissais la solution : plier la pointe de la feuille, l'envers servant de passerelle entre le point et le cercle. Dès lors, il suffit de tracer une spirale. En fait, avec ta petite énigme, tu résolvais la plus grande énigme entre toutes. Pour évoluer, il faut changer de plan.

Tout devient clair. Le 6 de la spirale. Six-Spirituel. Spiritualité. La spiritualité, c'est d'aller de la périphérie vers le centre grâce à une spirale. Je suis allé vers mon centre. Je vais maintenant vers celui du pays des anges.

— Suis-moi ! intime Edmond Wells.

Nous nous retrouvons donc sous l'eau du lac des Conceptions. Je distingue, au-dessus de la surface, des anges instructeurs qui amènent là leurs nouveaux anges élèves pour qu'ils y choisissent leurs âmes. Je reconnais même Jacques Nemrod. Il a donc choisi de devenir un ange...

— Eux ne nous voient pas ? demandé-je.

— Non. Pour voir, il faut être capable de concevoir. Qui penserait à rechercher ce qu'il y a dans les profondeurs du lac des Conceptions ?

Je prends conscience du temps perdu.

— Alors, j'aurais pu venir directement ici ?

— Bien sûr. Dès le premier jour, Raoul et toi vous auriez pu tout découvrir en explorant « au milieu et au-dessous » au lieu de « loin et au-dessus ».

Nous évoluons dans une eau à peine plus visqueuse que l'air. Edmond Wells me guide vers le centre du lac. Tout au fond brille une petite étoile rose.

— En se concentrant, on touche le centre. Et en touchant le centre, on le traverse pour déboucher sur la dimension supérieure. Chaque fois que l'on passe d'une périphérie à un centre, on change de dimension et donc de perception du temps et de l'espace. Toi qui as exploré tout ce qui était explorable dans cet univers, viens avec moi, je vais t'en montrer un autre.

— Nous... nous allons vers le monde des dieux ?

Il fait semblant de ne pas avoir entendu ma question.

Nous nous rapprochons de la lueur rose. Et, à ma grande surprise, je découvre qu'à l'intérieur il y a...

« La science explique très bien pourquoi les gens ont des visions au moment de mourir. Rien de très mystérieux là-dedans. Seulement une décharge d'endor-

phines venue abréger les ultimes douleurs de l'agonie. Cette décharge a pour effet d'agir sur l'hypothalamus en provoquant des successions d'images psychédéliques. Un peu comme un gaz anesthésiant avant une intervention chirurgicale. »

Source : individu interrogé dans la rue au hasard d'un micro-trottoir.

206. PERSPECTIVE

Une étoile filante passe.

Sur son balcon la vieille dame la suit des yeux et prononce un vœu.

Sa petite-fille la rejoint en brandissant une grande cage.

— Qu'y a-t-il, Mylène ?

— Je voulais te montrer le nouveau jouet que j'ai reçu pour Noël, mamie.

La vieille dame se penche et examine l'intérieur de la cage. Elle aperçoit trois hamsters effrayés qui se cachent de leur mieux. Ils essayent de sculpter du papier journal avec leurs pattes et leurs incisives pour le transformer en cavernes protectrices.

— Il paraît qu'ils ont été sauvés exprès pour moi. Sinon ils étaient livrés à des laboratoires pour servir à des expériences de vivisection.

Un œil immense s'approche des prisonniers.

— Tu les as appelés comment ?

— Il y a deux mâles et une femelle. Je les ai baptisés Amédée, Denis et Noémie. Ils sont mignons hein ?

L'œil géant se retire.

— Tu sais, élever des hamsters, c'est une responsabilité. Il faut s'occuper d'eux, les nourrir, les empêcher de se battre, nettoyer leurs déjections, sinon, ils dépérissent.

— Ils mangent quoi ?

— Des graines de tournesol.

La petite fille pose la cage par terre, revient avec une boîte de graines grises qu'elle vide dans le distributeur, remplit l'abreuvoir d'eau. Au bout d'un moment, rassuré, un hamster s'introduit dans la grande roue et la fait tourner de plus en plus vite.

— Pourquoi Amédée s'agite-t-il ainsi ? s'étonne Mylène.

— Tu sais, ils ne savent pas trop quoi faire d'autre de leur journée, soupire la vieille dame.

La petite fille esquisse une moue.

— Dis, mamie, tu crois qu'on peut les faire sortir de leur cage pour qu'ils se dégourdissent un peu les pattes dans l'appartement ?

La vieille dame caresse les cheveux de la petite fille.

— Non. Ils seraient perdus. Ils ont toujours vécu en cage. Ils ne sauraient où aller.

— Alors, que peut-on faire pour les rendre plus heureux ?

— C'est une bonne question...

Le regard de Nathalie Kim quitta sa petite fille pour se diriger vers le firmament. Quand elle fixait le ciel, elle se sentait toujours apaisée.

« Jacques est peut-être là-haut », se dit-elle.

Un minuscule point blanc, près de la Lune, se déplaça à toute vitesse. Ce n'était pas une étoile filante. Pas de vœu. Ce n'était pas non plus un satellite. Elle savait ce que c'était. Un gros avion de transport. Sans doute un Boeing 747.

La petite fille se serra contre sa grande-mère.

— Dis, mamie, tu crois qu'un jour mes hamsters mourront ?

— Tsss... Il ne faut pas y penser, Mylène.

— Mais quand même, il faudra bien qu'on fasse quelque chose à ce moment-là, non ? On va quand même pas les jeter... à la poubelle ! Moi, je crois qu'il y a un Paradis pour les hamsters...

Nathalie Kim rectifia la longue mèche blanche qui lui tombait sur les yeux. Puis, avec tendresse, elle releva le menton de sa petite-fille. Elle lui désigna la voûte céleste dans son immensité panoramique.

— Chut, regarde les étoiles et apprécie, toi, d'être vivante.

07. ENCYCLOPÉDIE

Croire : « Croire ou ne pas croire, cela n'a aucune importance. Ce qui est intéressant, c'est de se poser de plus en plus de questions. »

Edmond Wells,
***Encyclopédie du Savoir Relatif et Absolu*, tome IV.**

208. AUTRE PERSPECTIVE

Les trois hamsters cessèrent leurs activités et, surmontant leur terreur naturelle, fixèrent à travers les barreaux les grandes formes mouvantes qui, là-haut, s'agitaient et émettaient des sons graves.

REMERCIEMENTS :

Professeur Gérard Amzallag, Françoise Chaffanel-Ferrand, Richard Ducousset, Patrice Lanoy, Jérôme Marchand, Nathalie Mongins, Monique Parent, Max Prieux, Frank Samson, Reine Silbert, Jean-Michel Truong, Patrice Van Eersel, mon père, François Werber, qui m'a appris à jouer aux échecs, et mon ange gardien (s'il existe).

Musiques écoutées durant l'écriture de cet ouvrage : *La Musique du Livre du Voyage,* Loïc Étienne, *Incantations*, Mike Oldfield, *White Winds*, Andreas Wollenweider. *Shine on You Crazy Diamond*, Pink Floyd, *Une nuit sur le mont Chauve*, Moussorgski, *Real to reel*, Marilion, *Moment of Love*, Art of Noise. Musique des films *Braveheart, Waterworld, Jonathan Livingstone le goéland.*

Événements survenus durant l'écriture du roman et ayant influé sur sa rédaction : plongée avec des dauphins sauvages aux Açores, tournage à Paris et à Ermenonville du film *La Reine de nacre* en tant que réalisateur (première expérience de création collective), longue marche dans la vallée des Merveilles en Provence, observation de l'éclipse solaire à l'observatoire d'astronomie de Nice, passage du millénaire.

Sites internet : www.albin-michel.com
www.werber.imaginet.fr

Du même auteur

Aux Éditions Albin Michel

LES FOURMIS, roman, 1991
(Prix des lecteurs de *Science et Avenir*)

LE JOUR DES FOURMIS, roman, 1992
(Prix des lectrices de *Elle*)

LE LIVRE SECRET DES FOURMIS
Encyclopédie du Savoir Relatif et Absolu, 1993

LES THANATONAUTES
roman, 1994

LA RÉVOLUTION DES FOURMIS
roman, 1996

LE LIVRE DU VOYAGE
roman, 1997

LE PÈRE DE NOS PÈRES
roman, 1998